나만 따라오면 부자되는 공매

그 누구도 가르쳐주지 않는
법테크의 비밀

김찬우·이택준·김지원

박영사

추천사

나만 따라하면 부자되는 공매

　　20여 년 전 초보 법조인이던 시절에 민법책 2권을 집필하여 출간한 적이 있습니다. 고시 수험생용 주관식 민법 문제집 상·하권이었는데 민법총칙·물권법·채권총론·채권각론은 물론 친족·상속법까지 민법의 전 분야를 망라한 적이었습니다. 미흡하기는 하였지만 민법 전반을 조망하여 공부할 수 있는 기회이기도 하였습니다. 그 후 긴 법조인 생활을 하면서 위 책의 집필 경험이 큰 도움이 되었습니다. 세월이 흘러 이제 후배 법조인들이 민법 관련 특정 분야의 책을 집필한다는 소식을 듣고 남다른 감회를 가지게 되었습니다.

　　법조인들은 글로 일을 삼고, 글로 말을 대신합니다. 대학이나 연수원 동기라도 업무에 치여 자주 만나지 못하고, 사건을 처리하다 그가 쓴 서면으로 마주 대하는 일이 오히려 잦습니다. 사람을 판단하는 것은 身言書判이라 하였는데, 법조인들이야말로 서로를 오롯이 글로써 판단하게 되는 직역일 것입니다. 그렇게 생각해 보면, 법조인들의 글이 대신하는 것은 그들 스스로일지도 모릅니다. 김찬우 대표와 이택준 변호사, 김지원 변호사는 집단 소송 등 민사 분야에서 탁월한 분석능력과 뛰어난 서면작성 능력의 소유자들입니다. 의뢰인의 어떤 이야기라도 끝까지 듣고 반영하는 마음 씀씀이와 그것을 재판부에 호소력 있게 전달하는 빼어난 문장을 갖추었으되, 반드시 단단한 법리를 다져 그 위에 쓰는 것을 경험하였습니다.

　　이번에 그들이 공경매에 관한 법률서적을 쓴다 하여, 기꺼이 감수를 맡았습니다. 법정이 아닌, 세상에 제출되는 그들의 서면을 가장 먼저 읽어보고 싶었기 때문입니다. 법무연수원장을 지내면서 항상 고민했던, '법 다루는 법'에 대해 법률전문가가 아닌 누구나 읽자마자 배울 수 있도록 서술해 놓았습니다.

　　검사로 30년을 살아오는 동안, 항상 법이라는 무기를 가까이 두면서 경계해왔는데 이 책은 삶의 터전을 일구는 쟁기로서 법을 소개하고 있습니다. 이것이 국민들의 생활에 얼마나 큰 영향을 미칠지, 지금으로서는 예측하기는 어렵습니다. 아무쪼록 새로운 시대를 여는 젊은 법조인들의 목소리가, 이 책을 읽는 모든 이들의 마음에, 그리고 삶 속에 닿아 변화를 일으킬 것을 소망하며 기대합니다.

2017년 9월

전 대검찰청 차장검사
전 법무연수원장
현 법무법인 산우 대표변호사
임정혁

머리말

플랫폼을 지배하는 자가 미래를 지배한다

법테크 시리즈를 기획한 지는 꽤 오래되었다. 로스쿨 제도의 도입, 스마트 폰 시대의 도래로 법률이라는 영역 자체가 일반인들에게 개방되었을 때, 법률의 역할이 어떻게 변화할 것인지를 고민하면서부터이다. 답은 간단했다. 바로 '돈', 돈을 버는 것이 곧 가치를 쌓는 일로 인식되는 오늘날, 법률 역시 돈을 버는 수 단으로 인식되기 시작했다는 판단이었다. 그래서 철저히 실무진들로만 필진을 구성했다. 최종적인 분쟁해결, 즉 소송을 수행하는 변호사들은 물론이고, 실무 일선에서 수십 년간 투자를 업으로 해온 실무가들이 투입되었다.

그런데 막상 필진이 구성되고 나자 의견이 분분했다. 과연 어떤 책부터 내어야 하는가. '무엇을' 사야 할지 추천하는 것이 우선인가, '어떻게' 사야 하는지 가르치는 것이 우선인가.

생각보다 금방 답이 나왔다. 수요조사 결과, '어디서' 사야 하는지부터 가르쳐 달라는 독자가 압도적이었던 것이다. 동네 부동산에 가야 하는지, 법원 경매장에 가야 하는지, 사모펀드에 가입해야 하는지, 돈을 벌려면 대체 어디에 가야 하는지부터 모르는 사람이 우리 경제인구의 대부분이라는 사실을, 우리는 그제야 깨달았다.

사실 이런 현상은 지극히 당연한 것이었을지도 모른다. 전문가들이 0.001

밀리미터 얇고 0.01초 빠르다며 열을 올릴 때, 스티브 잡스는 '애플 생태계'를 들고 나와 세계를 제패했다. 빠르고, 간편하고, 온갖 서비스를 해준다는 수많은 앱들 사이에서 '카카오톡'은 '다들 이거 쓴다'는 명제만으로 시장을 지배했다. 플랫폼을 지배하는 자가 미래를 지배하는 것. 우리 전문가들은 또 한 번 시장의 진리를 외면하고 있었던 걸지도 모른다.

그래서 처음으로 선정된 것이 바로 '공매' 가이드다. 일반인도 쉽게, 전문가와 격차 없이 경쟁할 수 있는 시장. 그러면서도 부동산부터 동산, 자동차까지 선택의 폭이 넓은 시장. 동시에 공공기관이 안정성을 갖고 운영하는 시장. 바로 한국자산관리공사(캠코)의 온비드 공매가 그런 시장이었다.

법테크 시리즈의 첫 책인 만큼, 필진들 역시 비용을 감수하고 각 분야의 정상급 전문가들이 직접 동원되었다. 컴퓨터와 스마트폰으로 참여하고 운영되는 것이 캠코 공매의 특징인 만큼, 프로그래머 출신으로 국가 관련 소송을 전담해온 김지원 변호사가 온비드 시스템 전체를 분석하여 주었으며, 작가 출신으로 대형 부동산 소송을 전문으로 하는 이택준 변호사가 거기에 글을 붙이고 다듬어 주었다. 이 자리를 빌려 위 필진들에게 다시 한 번 감사드린다.

그리고 무엇보다, 한국자산관리공사(캠코)의 온비드 공매 시스템에 무한한 애정을 갖고 책이 나오기까지 세심한 조언과 독려를 아끼지 않은 전 한국자산관리공사 사장, 장영철 교수님께 더없는 경의와 감사를 표한다. 이 훌륭한 시스템을 구축한 한국자산관리공사 직원과 관계자 여러분의 앞날에도, 이 책을 들고 법테크에 처음 뛰어드는 독자 여러분의 앞날에도 행복이 가득하기를 기원한다.

2017년 9월

(전)법무법인 성우 대표변호사 김찬우

Prologue

재테크의 꽃, 법테크

살면서 흔히 듣는 말이 '법 몰라서 당했다'는 말이다. 자매품으로는 '법 때문에 손해 봤다'가 있고, 격한 표현으로는 '뭐 이런 법이 있나'가 있다.

그런데 이 말을 잘 생각해 보면 조금 묘하다. 경제란 것이 제로섬 게임인 이상, 누군가 손해를 보았다면, 누군가는 반드시 이익을 보았을 것이다. 그렇다면 법을 몰라서 손해 본 자의 반대편에는 항상, '법을 알아서 이익 본 자'도 있을 것이다.

이것이 재테크의 단면이다. 사람들이 가진 지식의 양이 같다면, 서로 이익도 손해도 생기기 어렵다. 거래는 모두 정가로 이루어질 것이다. 그러나 현실은 공평하지도, 이상적이지도 않다. 내가 모르는 것을, 누군가는 반드시 알고 있다. 그리고 바로 그것을 이용해서, 아는 자가 이익을 본다. 동시에 모르는 자는 그만큼 손해를 보게 된다. 이렇게 정보의 비대칭이 자본의 비대칭을 확대재생산한다. 아는 만큼 보인다는 말보다 자본주의적인 말도 없다. 우리는 아는 만큼 벌고, 모르는 만큼 잃는다.

이렇게 보면 재테크란 결국, 누가 더 많이 알고 있는가의 경쟁에 가깝다. 익숙하지 않은가? 우리가 유치원부터 대학교까지 해왔던 경쟁, 알고 있는 바를 겨루는 경쟁, 바로 시험이다. 다만 이번에는 성적이 아닌, 인생을 걸고 하는 시험일 뿐. 자본주의 사회에서 재테크란, 피할 수 없는 거대한 시험인 것이다.

어차피 치러야 할 시험, 이왕이면 잘 보아야 할 것이다. 시험을 잘 보기 위해서는 어떻게 했었나. 기억을 떠올려 보자. 무엇보다도 전략과목을 잡아야 한다. 시험에는 반드시 '중요한 과목'이 있기 마련이다. 시험 결과에 가장 큰 영향을 미치는 과목, 다른 걸 모두 망쳐도 이것 하나만 잘 보면 합격할 수 있는, 반대로 다른 걸 아무리 잘 보아도 여기서 실패하면 탈락하는 핵심 과목. 재테크라는 거대한 시험에서, 어떤 과목이 가장 중요할까? 여러분은 이미 답을 알고 있다.

그렇다. 법이다, 법. 여러분 스스로 수없이 답을 말해왔다. 법조문 한 줄에 인생을 망쳤다느니, 판결 몇 줄에 백억을 날렸다느니, 계약서 한 줄을 고쳐서 건물을 뺏겼다느니… 이 모든 증언들이 바로 '법'과목 하나 때문에, 인생을 건 시험을 망쳤다는 간증이 아닌가.

사실, 법의 중요성은 필연이다. 돈 걸리면 부모자식도 몰라본다거나, 큰돈 걸린 송사는 대부분 집안싸움이라는 서초동 격언들이, 도덕이나 인륜으로는 돈 문제를 해결할 수가 없다는 사실을 방증한다. 돈을 놓고 벌어지는 혈투에서 승부를 정하기 위해 인류가 만들어낸 최종병기가 법인 셈인데, 이 룰을 이해하지 못한 채 이겨 보려는 것 자체가 어불성설이다. 결국 법대로 하고, 법으로 끝장을 보는 것. 그런 의미에서 자본주의의 종국은 법치주의인 셈이다. 국회의원의 권력이 어째서 막강한가? 법을 만들 수 있는 권한 하나만을 가졌지만, 그것이야말로 법치주의 사회를 지배하는 궁극의 권력이 아닌가. 이런 '법의 힘'을 알고 있으면서, 사람들은 재테크에 있어서 그 힘을 활용할 생각을 하지 못한다.

아니, 정확히는 '제대로'하지 못한다. 당장 서점에 가서 재테크 서적들을 둘러보라. 손해 안 보는 법, 안 당하는 법, 안 뺏기는 법… 모두 법으로부터 소극적으로 피하고, 숨고, 도망치는 법들만을 소개하고 있다. 당당하게 법을 활용하여 얻어내고, 받아내고, 차지하는 법, 진짜 '법 활용법'을 가르치는 책이 없다. '법테크'를 가르쳐주는 곳이 없다.

이 책은 철저하게 실전적으로 쓰여졌다. 실무서라기보다는 실전서라고 해야 옳을 것이다. 실제 투자를 담당하는 자산운용사, 실제 부동산 거래의 최전선에 있는 공인중개사, 실무의 종결을 책임지는 변호사들이 직접 나섰다. 법으로 밥 벌어먹는 사람들이 총출동한 셈이다. 그들은 법 앞에서 당당해지라고 말한다. 법을 만드는 국회의원은 내 손으로 뽑았으면서, 왜 그렇게 만들어놓은 법을 쓰지 않고 묵혀두느냐고 반문한다. 내 집 지키는 법이 아니라, 내 집 싸게 사는 법, 내 집 비싸게 파는 법을 배워서 진정한 내 집 마련을 하라고 주문한다. 어쩌면 그것이 법이 만들어진 이유일 것이다. 그렇게 쓰라고 만들어진 법을, 우리가 그간 너무 두려워하고 멀리했던 것일지도 모른다.

이 책이 갖는 의미는 작지만 거대하다. 법 만드는 주권을 국회에 맡겨놓고 잊어버렸던 국민들에게, 그동안 맡겨놓은 법, 찾아가서 잘 쓰시라고 돌려주는 첫걸음이다. 그들만 알고 써먹던 법, 이제 우리도 알 때가 되었다는 선언문이다. 돈을 버는 것이 곧 삶의 의미를 구축하는 것이 되어버린 시대에, 재테크의 끝이라는 법테크의 등장은 오히려 시대의 필연일지도 모른다. 그들이 공개하는 '법 쓰는 법'이 독자들에게 경제적 부뿐만 아니라, 가정의 평안까지도 가져다주기를 기대할 뿐이다. 그리하여 언젠가, '법 덕분에 생긴' 행복의 소식을 들을 수 있다면 더 바랄 게 없겠다.

2017년 9월
변호사 이택준
변호사 김지원

차례

나만 따라하면 부자되는 공매

chapter 2   등기부 보는 법

chapter 1

공매절차

은주엄마

다음 달에 아들 장가간담서? 결혼 준비는 다 되어가남? 오전 10:30

오전 10:32 안 그래도 아들래미 결혼 때문에 요즘 내가 골치가 아퍼.

 은주엄마

아니 경사가 났는데 왜 골치가 아프고 그랴? 오전 10:33

다른 건 대충은 되겠는디… 아들네 살 집이 마땅치가 않어. 집은 내가 꼭 좀 해서 보내야 쓰겄는디… 오전 10:35

 은주엄마

하긴 거시기 집값이 하늘 높은 줄을 모르니께. 아이고 맞다! 혹시 캠코 공매라고 들어봤나 민석엄마? 캠. 코.? 오전 10:37

캠코 공매? 그게 뭐신가? 법원에서 빚쟁이들 집 갖다가 하는 경매 같은 거당가? 오전 10:40

 은주엄마

그라지 그 법원 경매 같은 건데, 다르다니께! 안방에 앉아서 컴퓨터로 하는 거여. 법원 경매하는 거랑 하늘과 땅 차이로 쉽제. 오전 10:42

그래? 그렇게 있단 말여? 나도 당장 배워봐야 쓰겄네. 뭐 어디서 가르쳐 주나? 오전 10:45

1 캠코와 공매

한국자산관리공사 캠코는 『금융회사 부실자산 등의 효율적 처리 및 한국자산관리공사의 설립에 관한 법률』에 따라 설립되어 금융회사 부실채권 인수, 정리 및 기업구조조정업무, 금융소비자의 신용회복지원업무, 국유재산관리 및 체납조세정리 업무를 수행하고 있는 준정부기관입니다. 복잡하죠? 그냥 국가에서 운영하는 엄청 커다란 기업이라고 생각하시면 됩니다.

캠코에서는 여러 가지 일들을 하는데요, 그 중에서 우리가 관심을 가져야 할 것은 바로 '공매'입니다. 법원에서 진행하는 경매는 많이들 들어보셨죠? 옛날에는 부동산 전문가들만 알음알음 하시던 재테크였는데, 이제는 경매 학원도 생기고 서점에 가면 경매 입문서가 수두룩하죠. 그런데 공매라고 하면 좀 생소하실 독자들도 많으실 겁니다. 그런데 사실은 이름만 다르지, 본질은 비슷해요. 법원이 하면 경매고, 캠코가 하면 공매인 겁니다.

'공매'를 한자로 풀어보면 '公賣' 공적으로 판매한다는 뜻인데요. 넓게 해석하면 국가기관·공기업 등 공공기관이 주체가 되어 그 소유한 재산 등을 매매하는 것을 뜻합니다. 많이들 들어보신 법원경매도 넓게 보면 공매의 일종이라고 할 수 있지요. 법원도 국가기관이니까요. 하지만 이 책에서는 '공매'의 의미를 캠코에서 진행되는 공매를 뜻하는 것으로 하겠습니다. 그럼 캠코가 하는 공매는 법원이 하는 경매와 무엇이 다르고, 어떤 장점들이 있을까요?

2 공매와 경매의 차이점

캠코가 진행하는 공매는 여러 유형이 있지만 가장 큰 비중을 차지하는 것은 '압류재산 공매'입니다. 일단은 압류재산 공매와 법원에서 진행하는 경매를 한번 비교해 봅시다.

국세징수법에 의한 압류재산 공매는 체납된 조세를 징수할 목적으로 국가기관이 수행하는 강제집행 절차를 말합니다. 쉽게 말하면, 세금 안 내는 사람의 재산을 뺏어와서 공개적으로 파는 거죠. 반면 민사집행법에 의하여 법원에서 수행하고 있는 경매는 개인 간의 채권채무관계에 국가가 개입하여 처리하는 강제집행 절차입니다. 쉽게 말하면 빚 안 갚는 사람의 재산을 뺏어와서 공개적으로 파는 거죠. 결국, 양자 모두 채무자(빚 못 갚은 사람) 혹은 체납자(세금 안 내는 사람)가 소유하고 있는 재산을 법에 의하여 압류하여 매각한 후 그 채권 혹은 세금을 처리한다는 점, 즉 국가의 강제력에 의한 강제집행절차(뺏어와서 파는 절차)라는 측면에서 동일합니다.

또한 법원 경매와 캠코의 압류재산 공매는 모두 공개적인 입찰 경쟁을 통해 가장 비싼 가격을 부른 사람에게 매각되고, 매수자가 나오지 않으면 가격을 낮춰 다시 매각절차를 진행한다는 점에서도 유사한 제도라고 할 수 있습니다.

정리하면 압류재산 공매는 세금을 안 낸 경우 체납자의 재산을 강제로 팔아서 미납된 세금을 받아내는 것이고, 법원의 경매는 돈을 안 갚는 경우 채무자의 재산을 강제로 팔아서 채무에 충당하는 것이죠.

물론 법원 경매와 캠코의 압류재산 공매는 다른 점도 많아요. 일단 절차 진행의 주체가 전혀 다릅니다. 법원 경매는 말 그대로 법원이 하는 겁니다. 채권자의 요청에 의해 경매법원이 그 주체가 되어 매각절차를 진행합니다. 그런데 캠코의 압류재산 공매는 채권자가 국가입니다. 국가 돈을 갚지 않으면(보통 세금을 내지 않아서 진행되는 경우가 많죠), 국세청 등 공공기관이 체납된 세금을 회수할 목적으로 캠코에 매각을 맡기고, 캠코는 이를 대행하는 것입니다. 뿐만 아니라 법원의 경매절차는 경합하는 일반채권에 대한 할당변제에 의한 사법적 해결을 그 본지로 함에 반하여, 압류재산 공매는 행정기관에 의한 조세채권의 신속한 만족을 위한 절차라는 점에서 차이가 있습니다. 또한 그 근거법령이 다르므로 세부적인 절차에 있어서도 다소 차이가 있습니다. 표로 정리해놓았으니, 한번 눈으로

비교 항목	경매	압류재산 공매
근거법률	민사집행법	국세징수법
법적 성격	채권·채무의 조정	공법상의 행정처분
매각기관	법원	캠코
매각방법	현장입찰	인터넷입찰
기입등기	경매개시결정 기입등기	공매공고 등기촉탁
현황조사	집행관	세무공무원
매각대상 정보	매각물건명세서, 현황조사보고서, 감정평가서	공매재산명세서 (현황조사 및 감정평가서 포함)
입찰보증금	최저입찰금액의 10%	입찰금액의 10%
입찰금액 저감률	전차가격의 20~30%	최초매각예정가격의 10% (50%까지 진행)
공유자우선매수 신고	o (매각기일의 종결고지 전)	o (매각결정 기일 전)
차순위매수 신고	o (매각기일의 종결고지 전)	x
대리입찰	o	x
농지취득자격증명	매각결정 전 제출 필요 (미체출시 매각불허)	매각결정 전 제출 불필요 (미제출시 소유권이전 불가)
매각결정	매각기일로부터 1주일 이내	개찰일부터 3일 이내
대금납부 상계처리	o	x
매수대금 지연이자	o	x
납부기한	매각허가결정일로부터 1월 이내	매각결정을 한 날부터 7일 이내 (30일 한도)
납부기한 경과 후 대금납부 여부	o (재매각기일 3일 이전)	x
몰취 보증금 처리	배당할 금액에 포함	체납액 충당, 잔여금액은 체납자 지급
이의제기	배당기일의 배당종결 전	배분기일이 끝나기 전
이의제기 절차	배당이의의 소	행정처분에 대한 불복
대금 미납한 전매수인의 매수제한	o (입찰불가)	x (입찰가능)
인도명령 제도	o	x

훑어보세요.

　압류재산 공매 외에도 캠코는 국유재산, 수탁재산, 유입자산 공매 역시 진행합니다. 이들 공매의 경우 압류재산 공매와는 그 절차에서 다소 차이가 있지요. 하지만 이 책에서는 주로 압류재산 공매를 중점으로 살펴보기로 하죠. 캠코 공매의 대부분이 압류재산 공매이기 때문에, 압류재산 공매만 잘 알아도 캠코 공매는 거의 다 할 수 있게 되니까요.

공매의 장점

그렇다면 공매는 경매에 비해서 어떤 장점들이 있을까요?

일단, 사람들이 아직 잘 모릅니다! 조금 우습지만, 이 점이 의외로 대단한 메리트가 됩니다. 캠코 공매는 법원 경매보다 상대적으로 널리 알려져 있지 않아서 입찰경쟁률이 법원 경매보다 상당히 낮습니다. 그렇기 때문에 법원 경매보다는 상대적으로 낮은 가격으로 낙찰을 받게 되지요. 낙찰가가 낮다는 얘기는 그만큼 높은 수익을 얻을 수 있다는 뜻이구요. 따라서 처음 재테크를 시작하는 신규 투자자, 재테크에 많은 시간과 비용을 투자할 수 없는 개인 투자자 입장에서는 경쟁이 심한 경매보다 캠코 공매가 훨씬 좋은 투자방법이 될 겁니다.

뿐만 아니라 캠코 공매는 '온비드'라는 캠코의 인터넷 매각시스템을 통해서 물건 검색부터 입찰까지의 모든 절차를 진행할 수 있습니다. 법원 경매의 경우 매각기일에 법원에 찾아가서 현장입찰을 하여야 하는 것과는 다르죠. 집에서, 직장에서, 하다못해 스마트폰으로도 물건 찾고, 입찰 참가하고, 결제해서 낙찰받는 모든 걸 할 수 있는 겁니다.

'인터넷으로 다 된다!'라는 게 얼마나 큰 장점인지 한번 체감해 볼까요? 현장에서 직접 입찰을 하게 되는 경우 시간과 공간이라는 두 가지 측면에서 제약을 받게 되는데요. 가령 '부산'에서 '월요일 12:00' 진행되는 경매가 있다고 가정하여 봅시다. 이 경우 서울에서 근무하는 직장인이 그 경매절차에 참여하기 위해서는 휴가를 쓰고 부산으로 직접 내려가서 경매에 참여하든지, 변호사 등에게 대리입찰을 맡길 수밖에 없지요. 반면 온비드에서 진행되는 공매의 경우 시간과 장소에 제한받지 않고 온라인으로 입찰에 참여할 수 있습니다. 이러한 장점 때문에 경매에 참여할 수 없었던 직장인들도 공매에 점점 많은 관심을 가지고 있어요.

    또한 공매는 경매와 달리 매각절차가 매우 신속하게 진행된답니다. 경매의 경우 유찰이 되면 1개월이 지나야 다시 매각절차가 진행되지만, 공매는 대부분 매각절차가 1주일 단위로 진행되기 때문에 신속하게 원하는 물건을 낙찰받을 수 있지요. 바로 이 점 때문에 경매학원을 다니다가 공매를 전문적으로 배우려고 하시는 분들도 많습니다. 개인 투자자들에게 몇천만원이라도 큰 돈인데, 큰 돈이 몇 달씩 묶여 있으면 자금 회전이 되질 않아 울며 겨자먹기로 싸게 팔거나 권리를 포기하기도 하거든요. 그런데 공매는 매주 재매각이 진행되기 때문에, 그야말로 눈 깜짝할 사이에 권리가 넘어옵니다. 물건만 제대로 고르면, 바로바로 팔아서 원금과 이익을 회수할 수 있다는 뜻이지요. 법원 경매처럼 물건 하나에 1년 내내 유찰, 재매각을 반복하느라 속이 타들어가는 일이 없습니다. 사실 실무자 입장에서는, 자금 회전이 빠르다는 점이 가장 큰 장점이라고 하는 분들도 많지요.

    그리고 무엇보다도 간단합니다! 모든 공매 물건이 다 간단한 건 아니지만, 캠코 공매 중 '유입재산'과 '수탁재산' 공매의 경우에는 법원 경매와 달리 소유권을 이전할 때 복잡한 권리관계를 따지지 않아도 됩니다. 유치권, 가등기, 가압류, 가처분, 법정지상권, 소액임차인최우선변제권 … 이런 것들을 공부하실 필요조차 없는 거예요. 이러한 자산의 경우에는 법원의 경매 과정을 거쳐 해당 물건에 있던 복잡한 권리관계가 이미 말소된 후 공매에 나오기 때문이죠. 이런 공매 물건의 경우에는 공매에 관한 전문지식이 부족한 투자자도 쉽게 투자할 수 있겠지요.

아하. 그니께 사람 돈 떼먹으면 법원 경매로 가고, 국가 세금 떼 먹으면 캠코 공매로 가는 것이구먼. 그런데 국가에서 하는 것이다 보니께 인터넷으루다가 할 수 있게 시스템을 딱 정리해부렀네잉. 맞제?

오전 11:32

 은주엄마

그렇지. 우리 같이 법 같은거 잘 모르는 아줌마들도 쉽게 경매로 살 수 있는 게 많아.

오전 11:33

그라믄 당장 싸게 신혼집 한번 찾아봐야제! 그런데 아까 뭐라 그 랬지? 온비듬인가 뭐시긴가? 컴퓨터에서 인터넷 들어가면 되나?

오전 11:35

 은주엄마

아이구. 비듬이 아니라 비드! 영어로 경매가 비드여 비. 드. 그 래서 온비드! 일단 인터넷 주소창에 http://www.onbid.co.kr를 치고 엔터를 딱 눌러서 온비드 홈페이지 접속해봐!

오전 11:37

 은주엄마

오전 11:38

4 ✔ 온비드 시스템

과거에는 여러 공공기관들이 자체적으로 각자 자기 나름대로 공매를 진행했습니다. 그러나 이런 방식은 복잡하기도 하고, 일반 대중이 접근하기에 어려운 점이 많았지요. 그래서 최근에는 이러한 공매를 대부분 캠코에 매각을 위임하여 처분하고 있습니다. 공공기관 물건들은 죄다 캠코로 모이는 거죠. 그러면 캠코는 이 물건들을 모아서 공매를 진행하는데, 전국의 입찰자들이 죄다 캠코 건물로 모일 수는 없으니, 인터넷에서 진행하도록 시스템을 만들게 되었습니다. 그것이 바로 전자처분매각시스템인 온비드(Onbid)인 것이지요.

온비드(Onbid)는 Online Bidding의 약어로 캠코의 온라인 입찰 시스템입니다. 온비드는 캠코의 수년간의 공매노하우와 첨단 정보화시스템을 바탕으로 전국 공공기관의 다양한 공매정보를 통합하여 인터넷에서 직접 공매에 참여할 수 있도록 만든 공매포털시스템이죠. 공매의 네이버라고 생각하시면 됩니다. 온비드에서는 전국 공공기관의 공매 관련 정보를 통합 제공하고, 공매물건검색 · 입찰참가 · 입찰진행 · 계약체결 등 입찰 절차 전 과정을 온라인을 통해 쉽고 편리하게 처리할 수 있도록 지원하고 있습니다. 검색부터 입찰까지, 모두 인터넷에서 끝내버릴 수 있는 거죠.

사실 온비드 시스템 자체가 공매의 최대 장점입니다. 법원경매와 달리 인터넷을 통해서 공매정보를 확인하고, 바로 입찰할 수 있어서 굉장히 편리하죠. 최근에는 홈페이지뿐만 아니라 모바일 앱을 통해서 24시간 공매정보를 조회할 수도 있답니다. 법원에 시간 맞춰 가서 게시판 보고 경매장에 초조하게 서서 기다리는 대신, 출퇴근길에 스마트폰으로 모든 걸 처리할 수 있는 겁니다. 재테크를 하는 개인들은 회사와 달리 시간을 내서 어딜 간다든가 하는 것이 어려운데, 이것만으로도 부동산 재테크의 혁명이라 할 수 있지요.

하지만 컴퓨터 자체에도 별로 익숙하지 않은 분들을 위해, 이 책에서는 아예 온비드 시스템의 화면 하나하나를 직접 보여드리면서 설명하기로 하지요. 온비드 시스템은 아래와 같은 절차로 입찰에 참여할 수 있습니다.

입찰참가 절차

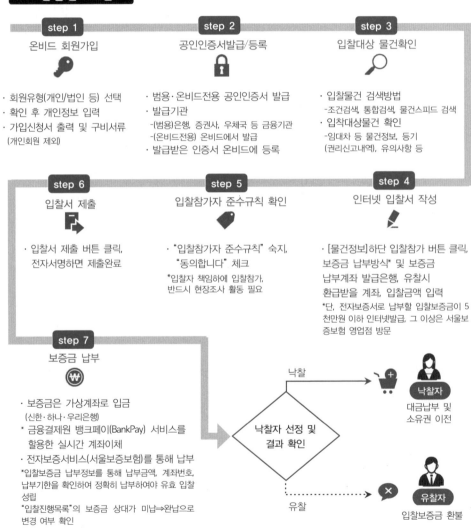

step 1
온비드 회원가입

· 회원유형(개인/법인 등) 선택
· 확인 후 개인정보 입력
· 가입신청서 출력 및 구비서류
　(개인회원 제외)

step 2
공인인증서발급/등록

· 범용·온비드전용 공인인증서 발급
· 발급기관
　-(범용)은행, 증권사, 우체국 등 금융기관
　-(온비드전용) 온비드에서 발급
· 발급받은 인증서 온비드에 등록

step 3
입찰대상 물건확인

· 입찰물건 검색방법
　-조건검색, 통합검색, 물건스피드 검색
· 입착대상물건 확인
　-임대차 등 물건정보, 등기
　(권리신고내역), 유의사항 등

step 6
입찰서 제출

· 입찰서 제출 버튼 클릭,
　전자서명하면 제출완료

step 5
입찰참가자 준수규칙 확인

· "입찰참가자 준수규칙" 숙지,
　"동의합니다" 체크
*입찰자 책임하에 입찰참가,
반드시 현장조사 활동 필요

step 4
인터넷 입찰서 작성

· [물건정보]하단 입찰참가 버튼 클릭,
　보증금 납부방식 및 보증금
　납부계좌 발급은행, 유찰시
　환급받을 계좌, 입찰금액 입력
*단, 전자보증서로 납부할 입찰보증금이 5
천만원 이하 인터넷발급, 그 이상은 서울보
증보험 영업점 방문

step 7
보증금 납부

· 보증금은 가상계좌로 입금
　(신한·하나·우리은행)
* 금융결제원 뱅크페이(BankPay) 서비스를
　활용한 실시간 계좌이체
· 전자보증서비스(서울보증보험)를 통해 납부
*입찰보증금 납부정보를 통해 납부금액, 계좌번호,
납부기한을 확인하여 정확히 납부하여야 유효 입찰
성립
"입찰진행목록"의 보증금 상대가 미납⇒완납으로
변경 여부 확인

낙찰자 선정 및
결과 확인

낙찰 → **낙찰자**
대금납부 및
소유권 이전

유찰 → **유찰자**
입찰보증금 환불

아 그러니까 공공기관 공매는 캠코에서 죄다 모아서 진행하는데, 캠코 건물에 갈 필요 없이 온비드 홈페이지에 정보가 다 뜨고, 우리는 온비드 홈페이지만 보면 검색도 다 되고 입찰하는 것까정 다 된다 이 말이네?.

오후 12:10

 은주엄마

아따 민석이가 엄마 닮아서 존 학교 들어갔나베?
민석엄마 똑똑해서 한방에 알아듣는구먼!   오후 12:11

그런데 내가 법만 모르는 게 아니라 컴퓨터도 몰러. 온비드 이거 하려면 뭘 먼저 해야 하쟈? 컴맹이 되어놔서 하나도 모르겠구먼.

오후 12:13

오후 12:14

뭐 회비 같은 것도 내야 하려나?

오후 12:15

 은주엄마

일단 온비드 홈페이지에 회원가입부터 해야 써! 그리고 무료서비스이니까 걱정은 하덜 말고. 컴퓨터 켜고, 인터넷 더블클릭하고, 이제 나만 따라해봐 민석엄마.   오후 12:17

[5] 회원가입 신청하기(만 14세 이상 개인회원)

온비드를 이용하려면 일단 온비드 홈페이지에서 회원 가입을 해야겠지요?
물론 무료입니다. 온비드 회원은 크게 4가지 유형으로 나눌 수 있습니다. '개인/
개인사업자', '법인/비법인단체'. '외국인', '공익단체'입니다. 각 회원별로 승인절
차나 제공서비스가 다르므로 절차에 유의하여 가입하여야 합니다. 아래에서는 일
단 만 14세 이상의 개인회원이 회원가입을 신청하는 방법에 대해서 알아보도록
하겠습니다.

① 온비드 홈페이지에서 '회원가입' 버튼을 클릭합니다.
② 다음 화면에서 회원의 유형 중 '개인'을 클릭합니다.
③ 다음 화면에서 성명과 주민번호를 입력한 후 개인정보의 수집 및 이용 동
   의에 체크한 후, 휴대폰 인증, 공인인증서 인증, I-PIN인증 중 1가지를 클
   릭하여 본인 확인을 받습니다.
* 휴대폰인증, 공인인증서인증의 경우 반드시 본인 명의의 것을 사용하여야 합니다.
* 법인, 비법인단체, 공익단체, 외국인 등록번호 미보유자의 경우 인증과정이 생략
   됩니다.

④ 본인 인증 후 아래쪽의 이용약관, 개인정보 수집 및 이용, 고유식별정보
   수집 및 이용, 개인정보 제3자 위탁에 필수로 체크하여야 하고, 개인정보
   제3자 제공동의의 경우 선택하여 체크한 후 다음 버튼을 클릭합니다.
⑤ 다음 화면에서 기본입력사항을 빠짐없이 입력한 후 확인 버튼을 클릭하면
   회원가입이 완료됩니다.

6 추가 회원가입승인 절차가 필요한 경우

만 14세 이상의 개인회원 및 외국인등록번호를 보유한 외국인은 가입신청 완료 즉시 자동승인되어 온비드를 이용할 수 있습니다. 그러나 만 14세 미만 개인 회원, 개인사업자, 법인, 비법인단체, 공익단체, 외국인 등록번호 미보유자의 경우 추가서류를 홈페이지를 통해 제출하고, 관리자가 이를 승인하여야 온비드를 이용 할 수 있습니다. 아래에서 추가서류를 제출하는 방법을 살펴보도록 하겠습니다.

① 온비드 홈페이지에서 '회원가입' 버튼을 클릭합니다.
② 가입상태조회 버튼을 클릭합니다.
③ 가입신청한 아이디와 패스워드를 입력한 후 조회버튼을 클릭합니다. 이후 필요한 제출서류를 추가한 후 제출버튼을 클릭합니다.

구분	제출서류
만 14세 미만 개인	회원가입동의서 주민등록등본 또는 건강보험증(만 14세 미만자 인명 기재)
개인사업자	회원가입신청서 사업자등록증
일반법인	법인명의 회원가입신청서 법인인감증명서 사업자등록증 또는 고유번호증 사본 (고유번호증 사본을 제출하는 경우에는 법인등기부등본 첨부)
비법인단체	대표자 명의 회원가입신청서 사업자등록증 또는 고유번호증 사본 부동산등기용 등록번호등록증명서 (부동산 등기용 등록번호등록증명서가 없는 경우에는 정관 기타규약 및 대표자 또는 관리자를 증명하는 서면을 제출)
공익단체	공동제출서류: 회원가입신청서, 고유번호증

	단체유형별제출서류 사회복지시설: 시설신고증 또는 위탁협약서, 모법인의 법인설립허가증 비영리민간단체: 비영리민간단체등록증 비영리법인: 법인설립허가증 비영리법인지부: 법인설립허가증, 지부설립증 또는 등기부등본 지역자활센터/사회적기업: 지정서(사회적기업의 경우 노동부인증만 가능) 아동/노인보호전문기관: 지정서 협동조합: 협동조합 설립인가증 그 외 민간단체: 전년도 사업보고서
외국인등록번호 미보유 외국인	해당국 사회보장카드 또는 운전면허증 사본

오후 12:32

이제 회원가입 했으니까, 나도 온비드 회원이지? 이제 아들래미 집 찾아봐야겠네.

 은주엄마

검색만 하면 끝이당가? 좋은 집 찾아서 입찰까지 하려면 하나 또 해야 혀.

오후 12:33

오후 12:35

회원가입하고 나서 또 할 일이 있어?

 은주엄마

인터넷에서 뭐 살라믄 공인인증서 넣잖아? 공매도 공인인증서 등록을 해야 입찰을 하지.

오후 12:37

오후 12:40

아하! 인증서라면 인터넷 뱅킹하려고 받아놓은 인증서가 있지.

 은주엄마

아무 인증서나 다 되는 것이 아니라 '범용공인인증서' 혹은 '온비드 전용 공인인증서'를 사용해야 혀. 우리 같은 아줌마들헌티는 딱 이여 딱.

오후 12:42

오후 12:45

인증서는 다 같은 거 아녀?

 은주엄마

어이구 인증서도 뭐 종류가 있잖여. 이리와봐 내 가르쳐줄 팅게.

오후 12:47

공인인증서 발급(범용 또는 온비드 전용)

　　우리나라 국민이라면 공인인증서 하나쯤은 갖고 있기 마련인데, 혹시 발급받으실 때 '범용'인지 아닌지 확인하셨나요? 아마 범용 공인인증서가 천원 정도 더 비쌌을 텐데, 기능은 별 차이가 없어 "괜히 천원 더 냈네"하고 아까우셨던 기억이 있으실 겁니다. 그러나 그 천원이 오늘 톡톡히 값어치를 하는 날입니다. 바로 온비드 입찰에서 말이지요!

　　온비드를 통하여 인터넷 입찰에 참여하기 위해서는 반드시 본인 명의의 전자거래 범용공인인증서 또는 온비드 전용 공인인증서를 사용하여야 합니다. 따라서 전자거래 범용공인인증서가 있는 경우에는 이를 등록한 후 사용하면 되고, 없는 경우에는 범용공인인증서 또는 온비드 전용공인인증서를 발급받은 후 등록하여야 합니다. 은행용, 증권용 등으로 특정한 용도가 지정된 인증서는 사용하실 수 없습니다.

　　다만, 온비드 전용인증서를 신청하시는 경우, 본인확인 시간이 다소 소요될 수 있습니다. 따라서 입찰기일이 얼마 남지 않은 경우 공인인증서를 발급받지 못하여 입찰을 놓칠 수도 있으니 입찰시 여유를 두고 발급받으시길 바랍니다.

① 온비드 홈페이지에 접속하여 로그인합니다.
② 로그인 후 입찰/이용안내 ▶ 공인인증서 등록안내를 클릭합니다.
③ 인증서 신청 버튼을 클릭합니다.
④ 자신이 원하는 인증서 종류를 선택하여 신청하기 버튼을 클릭합니다.

* 인증서 발급을 위해서는 서류제출을 위하여 한국정보인증 본사나 은행을 방문하여야 하지만, 은행계좌를 보유한 개인 고객은 서류를 제출하지 않고 해당 은행 홈페이지에서 바로 범용인증서 발급이 가능하므로 이를 이용하는 것이 편리합니다.

* 전자거래 범용 공인인증서는 수수료는 비싸지만 온비드뿐만 아니라 인터넷뱅킹, 온라인카드결제, 온라인주식거래, 전자민원 등 다양한 전자거래에 사용할 수 있습니다. 반면 온비드 전용공인인증서의 경우 수수료는 저렴하지만 실시간계좌이체, 전자상거래 등 온비드 이용 이외의 용도로는 사용할 수 없습니다.

구분	기능	가격
전자거래범용 (개인)	공인인증서가 필요한 모든 거래에서 사용가능 (인터넷뱅킹, 온라인신용카드결제, 온라인주식거래, 전자민원서비스 업무)	4,400원/12월
전자거래범용 (사업자, 기업, 법인)		88,000원/12월
온비드 전용 (개인)	온비드(www.onbid.co.kr)에서만 이용 가능 (실시간계좌이체 등 금융 거래 불가) 기타 타 전자상거래 이용불가	1,100원/12월
온비드 전용 (사업자, 기업, 법인)		11,000원/12월

공인인증서 등록

전자거래 범용 혹은 온비드 전용 공인인증서를 발급받았다고 하여도, 그 공인인증서를 온비드 홈페이지에서 등록하여야 정상적으로 입찰에 참여할 수 있습니다.

① 로그인 후 나의 온비드 버튼을 클릭합니다.
② 공인인증서관리 ▶ 인증서 등록/삭제를 클릭합니다.
③ 등록 버튼을 클릭합니다.
④ 자기 명의의 범용 또는 온비드 전용공인인증서를 선택하고, 인증서 암호를 입력한 후 확인을 클릭하면 등록이 완료됩니다.

✅⑨ 공인인증서 갱신/재발급

　　인증서의 갱신이란 인증서 유효기간 만료가 도래되기 이전에 유효기간을 1년 더 연장하는 것을 말합니다. 인증서를 발급받은 해당 인증기관 홈페이지에 접속하여 갱신하시면 되고, 갱신 후에는 온비드에 등록된 기존의 인증서를 삭제하고 갱신된 인증서를 다시 등록하여 사용하여야 합니다.

　　공인인증서 재발급이란 공인인증서의 유효기간이 남아있는 상태에서 저장매체의 손상(고장·분실·삭제)이나 공인인증서 암호를 분실하여 새로운 공인인증서로 다시 발급받는 것을 말합니다. 재발급절차는 인증서 신규 발급 절차와 동일합니다.

　　아래에서는 공인인증서 갱신을 설명합니다.

①　온비드 홈페이지에 접속하여 로그인합니다.
②　로그인 후 입찰/이용안내 ▶ 공인인증서 등록안내를 클릭합니다.
③　인증서갱신/재발급을 클릭합니다.
④　인증서를 발급받은 해당기관의 링크를 클릭합니다.
⑤　해당기관 홈페이지의 공인인증서 > 갱신 매뉴를 클릭하여 안내된 절차대로 인증서를 갱신합니다.

아따 간단하네 그거. 회원가입하고, 공인인증서 등록하고. 은행 가입할 때보다 쉽네 그랴?

오후 12:55

 은주엄마

그냥 인터넷 사이트 하나 쓰는 거랑 똑같은 거여. 그러니까 우리 같은 아줌마들도 집 사고 땅 사고 하는 거라니께.

오후 1:01

 은주엄마

자, 이제 입찰준비 완료니까 검색해서 물건 찾아보고 입찰만 하면 끝이여!

오후 1:02

오후 1:05

으응. 어떤 좋은 물건들이 있는지 한번 검색해보자고!

 은주엄마

아차차차, 이게 홈쇼핑이 아니여 민석엄마. 검색을 그렇게 마구잡이로 하지 말고, 딱 우리가 필요한 물건만 찍어서 검색해야지!

오후 1:07

10 통합검색

온비드 사이트에서는 필요에 따라서 여러 가지 방법으로 물건을 검색할 수 있습니다. 좋은 물건을 찾기 위해서는 다양한 검색방법을 잘 다룰 수 있어야겠죠. 일단은 가장 기본적인 검색방법인 통합검색을 통해서 물건을 검색하는 방법을 배워보도록 하겠습니다.

통합검색을 하면 해당 키워드가 들어간 [입찰물건, 입찰결과, 공고, 마감된 공고, 정부재산공개, 자료실, FAQ, 게시판]의 자료들을 모두 볼 수 있습니다.

① 초기화면에서 상단을 보면 검색창을 확인할 수 있습니다. 검색창 좌측의 검색방법을 통합검색으로 선택합니다.
② 검색창에 키워드를 입력하여 검색 버튼을 클릭합니다.

* 검색어자동완성: 키워드를 입력하면 검색창 하단으로 연관 검색어가 자동으로 성되는 것을 확인할 수 있습니다. 그 중 검색하고 싶은 키워드가 있다면 그것을 클릭하면 됩니다.
* 검색연산자: 검색연산자를 사용하여 보다 정확하게 검색을 할 수 있습니다. 연산자와 단어 사이에는 공백을 입력하여야 합니다.

기호	예제	설명
& 또는 공백	서울 & 오피스텔	'서울'과 '오피스텔'이 모두 들어가 있는 콘텐츠 검색
|	서울 | 부산	'서울' 또는 '부산'이 들어있는 콘텐츠 검색
!	서울 ! 강남구	'서울'이라는 단어가 들어 있는 콘텐츠 중에서, '강남구'가 들어있는 콘텐츠는 제외하여 검색
( )	((서울 & 강남구) | 부산) ! 강남	'서울', '강남구'가 포함된 콘텐츠 또는 '부산'이 들어 있는 콘텐츠 중 '강남'이 포함된 콘텐츠는 제외하여 검색

③ 해당 키워드가 들어간 [입찰물건, 입찰결과, 공고, 마감된 공고, 정부재산 공개, 자료실, FAQ, 게시판]의 자료들을 모두 확인할 수 있습니다.

④ 검색된 자료가 너무 방대하거나, 검색된 자료 중에서 한 번 더 검색하고 싶은 경우 결과내재검색에 체크하고, 키워드를 검색창에 다시 입력한 후 검색을 누르면, 결과 내에서 재검색된 자료를 확인할 수 있습니다. 예를 들어, 통합검색으로 '서울'을 검색한 후 서울에 소재하는 '자동차'를 확인하고 싶은 경우 결과내재검색 기능을 사용하여 확인할 수 있습니다.

아주 좋구먼! 맨 처음 화면에서 검색만 하면 다 나오네.
오후 1:15

그란디 나는 집만 보면 되는디, 어떻게 집만 한번에 모아 가지고 검색할 수는 없나?
오후 1:16

은주엄마
아따 그걸 말이라고.   오후 1:17

은주엄마
집이면 집, 차면 차. 딱딱 나눠서 내가 살 것만 볼 수 있지!   오후 1:18

워매 온비드 맨든 양반들이 참 똑똑해. 그러니까 공무원 시험 합격했겄제?
오후 1:20

오후 1:22   그거 뭐 어느 버튼 누르면 된당가?

11 ✓ 용도별 검색

통합검색은 한 번에 여러 정보들을 검색할 수 있는 장점이 있지만, 오히려 너무 많은 정보를 보여주는 것은 이용자 입장에서 불편하게 다가올 수 있겠지요. 이런 경우 검색범위를 좀 더 줄여서 특정한 물건들만 검색하는 방법이 있어요.

용도별 검색 기능을 통하여 [부동산, 동산/기타자산, 부동산 수의계약, 동산 수의계약] 물건을 각각 검색하는 방법을 알아보도록 하겠습니다.

① 온비드 초기화면에서 용도별 검색 중 원하는 항목을 클릭합니다.

② 각 항목을 클릭시 해당 물건을 상세 검색할 수 있는 화면으로 이동합니다. 처분 방식, 용도, 소재지를 비롯한 검색 조건을 선택(입력)한 후, "검색"버튼을 클릭하면 공매 진행 중이거나 공매 예정인 물건 정보가 조회됩니다. 입찰기간은 필수 검색 조건으로, 현재 일자를 기준으로 1주로 설정되어 있고, 원하시는 기간으로 변경하여 검색할 수 있습니다.

③ 검색 조건에 맞는 물건 리스트가 화면에 표시됩니다.

* 「최저입찰가율(○○%)」은 이용기관물건 및 공사 압류재산 등의 경우 해당 물건의 감정평가금액 대비 현재 최저입찰가를 표시하며, 공사 국유재산의 경우에만 최초예정가액 대비 현재 최저입찰가를 표시합니다. 단가입찰 물건 및 일괄입찰 물건은 최저입찰가율(○○%)표시를 하지 않습니다.

④ 검색 결과에서 지도보기 버튼을 클릭하면 대상 물건의 상세한 위치를 확인할 수 있습니다.

오후 1:27　그럼 '용도별 검색' 이걸로 아파트만 나오게 할 수 있겄네?

오후 1:29　아들래미가 아파트에서만 살아봐가지고, 신혼집은 아파트로 얻어줘야 하거든.

 은주엄마

그렇지. 용도별로 임자가 보고 싶은 것만 딱딱 클릭해서 봐봐.　오후 1:30

오후 1:32　그란디… 아무리 캠코 공매 요것이 싸도, 서울은 쪼매 무린가 싶어.

오후 1:34　경기도 쪽 아파트만 골라서 봐야 겄는디, 경기도 아파트만 나오게 할 수도 있나?

 은주엄마

그 지역 아파트 볼 거면, '지역별 검색' 요거 하면 아예 지도가 딱 떠부러. 지도 보면서 딱딱 클릭해서 그 지역 아파트 다 검색할 수 있지.　오후 1:37

12 ✓ 지역별 검색

　앞에서 통합검색과 용도별 검색 방법을 알아보았습니다. 통합검색은 여러 가지 정보를 한 번에 볼 수 있다는 점, 용도별 검색은 원하는 물건 종류를 간단히 검색할 수 있다는 점이 장점이었죠?

　지역별 검색은 물건 종류에 상관없이 검색을 원하는 지역에 있는 모든 물건을 검색하는 방식입니다. 내가 살고 있는 지역에 어떤 물건들이 있는지 알아보기 쉽겠지요. 아래에서 검색방법을 배워볼까요.

① 온비드 초기화면에서 지역별 검색 ▶ 바로가기 항목을 클릭합니다.

② 항목을 클릭시 지도를 통해 검색할 수 있는 화면으로 이동합니다. 좌측 지도화면에서 큰 지역을 선택한 후, 우측의 세부지역에서 원하는 항목을 선택합니다.

③ 해당 지역에 있는 물건들이 지도와 함께 표시됩니다. 지도에 표시된 아이콘을 클릭하거나, 지도 우측의 세부지역을 클릭하여 더 세부적인 지역으로 검색할 수 있습니다.

* 지도검색에서 제공하는 지도 및 위치는 참고용으로 정확한 정보는 지적도를 발급받아 확인하시기 바랍니다.

이제 확실히 알겠구먼. 통합검색을 이용하면 여러 가지 정보를 종합적으로 알 수 있고, 용도별 검색을 이용하면 동산·부동산을 나눠서 검색할 수 있고, 지역별 검색을 이용하면 원하는 지역별로 물건을 볼 수 있다는 거지?

 은주엄마 　오후 1:42

역시. 이해가 빠르구먼. 그 외에도 더 간단하게 원클릭으로 검색하는 방법도 있고, 테마별로 물건을 검색해 볼 수 있는 방법도 있어. 　오후 1:45

 은주엄마 　오후 1:47

테마? 무슨 테마여?

이것도 홈쇼핑처럼 해놨당께. 인기있는 물건, 새로 들어온 물건, 세일하는 물건 그렇게 다 정리해서 보여주는 거여. 　오후 1:48

워매, 무슨 백화점에서 옷 사는 것모냥 해놨구먼. 　오후 1:51

 은주엄마

그니께 얼마나 편해. 경매학원 다니고 무슨 권리 뭐뭐 계산하고 그런거 몰라도 딱 컴퓨터에 다 나온다니께. 한번 들어봐 민석엄마. 　오후 1:53

위에서 설명한 통합검색, 용도별검색, 지역별검색을 이용하면 자신이 원하는 물건을 검색할 수 있습니다. 추가적으로 온비드 메인화면에서 인기 있는 물건들을 원클릭으로 검색할 수도 있답니다. 또한 신규물건 검색, 테마물건검색을 통하여 다양한 정보를 얻을 수 있습니다.

⌷₃ 원클릭 검색

① 메인화면 좌측에서 원하는 물건을 선택한다.
② 해당되는 물건을 확인할 수 있습니다.

⌷₄ 신규물건 검색

① 메인화면에서 용도별 검색 ▶ 부동산 혹은 동산/기타자산을 클릭합니다.
② 다음 화면에서 좌측의 신규물건을 클릭합니다.
③ 신규물건을 확인할 수 있습니다.
④ 신규물건이란 최근 2주 동안 신규로 등록된 물건입니다. 신규물건의 경우
   NEW 아이콘이 표시된 것을 확인할 수 있습니다.

⌷₅ 테마물건 검색

① 메인화면에서 용도별 검색 ▶ 부동산 혹은 동산/기타자산을 클릭합니다.
② 다음 화면에서 좌측의 테마물건을 클릭합니다.
③ 테마물건을 확인할 수 있습니다.

테마	내용
관심물건 BEST 20	다른 이용자들이 관심물건으로 가장 많이 등록한 상위 20개의 물건입니다.
클릭랭킹 TOP 20	클릭수가 가장 많은 상위 20개의 물건입니다. 단, 수의계약 대상물건은 제외됩니다. 클릭수는 전일자 기준으로 집계되므로, 현재 조회수와 차이가 있을 수 있습니다.
관심지역 BEST 20	관심지역으로 설정한 지역의 베스트 클릭 수 상위 20개 물건입니다. 관심지역 설정 방법은 아래에서 설명합니다.
50% 체감 물건	최저입찰금액이 감정평가금액 또는 최초예정가액의 50% 이하인 물건입니다. 단, 임대물건 제외됩니다.

16 관심지역 설정

① 온비드 홈페이지에 로그인합니다.

② 메인화면에서 용도별 검색 ▶ 부동산 혹은 동산/기타자산을 클릭합니다.

③ 다음 화면에서 좌측의 테마물건을 클릭합니다.

④ 테마물건 중 관심지역 BEST 20을 클릭합니다.

⑤ 바뀐 화면에서 관심지역 설정하러가기를 클릭합니다.

⑥ 바뀐 화면에서 조건등록을 클릭합니다.

⑦ 관심지역을 설정하여 저장을 클릭합니다.

온비드 이거 한번 들어오면 시간 가는 줄 모르겄어 아주. 이 집도 맘에 들고 저 집도 맘에 들고… 하루에 한 열 개는 찍어놓고 보게 되네.

오후 1:57

 은주엄마

민석엄마 이러다 경매사 되겠네 그랴. 적당히 싸고 맘에 드는 집 나오면 질러부러! 계속 이거보다 좋은 물건 나오겄지 하고 기다리면 한도 끝도 없당께.

오후 2:00

그래야 쓰겄어 이게 마약 같구먼. 딱 이집 사야지 하고 결심혔는데 다음날 찍어보면 딱 그 집보다 좋은 게 귀신같이 뜬다니께!

 은주엄마 오후 2:03

이그 자꾸 그라믄 평생가도 못 사! 눈 딱 감고 하나 정해야 써!

오후 2:05

그란디, 이거를 딱 모아놨으면 좋겄어. 내가 어제 본 집, 그저께 본 집은 기억하겄는디 지난주에 본 집 이런 거는 어디갔는지 안 보인당께. 그럼 팔려부렀나 하고 또 속상해 아주.

오후 2:07

 은주엄마

그럴 때는 관심물건에 등록해 놔야 컴퓨터 껐다 켜도 다음번에 쉽게 그때 그 물건 찾을 수 있지. 매번 검색해서 찾으려면 힘드니까, 하 요거 맘에 든다 싶으면 관심물건이라고 콕 찍어놔부러.

오후 2:09

관심물건 등록하기

위에서 살펴본 통합검색, 용도별검색, 지역별검색 등을 이용하여 물건을 검색하면 물건 목록을 확인할 수 있습니다. 하지만 매번 물건을 검색해서 찾아보면 불편하겠지요. 이런 경우 관심물건에 등록해 놓으면 편하게 찾아볼 수 있습니다.

(1) 검색리스트에서 등록하기

① 온비드에 접속하여 로그인합니다.
② 위에 설명한 검색방법(통합검색, 용도별검색, 지역별검색)을 통해 물건을 검색합니다.
③ 검색된 물건 목록 중 관심 있는 물건 좌측에 있는 선택박스에 체크합니다.
④ 관심물건등록 버튼을 클릭하면 관심물건에 등록됩니다.

(2) 물건 세부정보에서 등록하기

① 물건을 검색하여 상세이동 버튼을 클릭하면 세부정보 화면으로 입력합니다.
② 관심물건 등록 버튼을 클릭합니다.

18 ✓ 관심물건 확인하기

① 관심물건을 확인하기 위해서는 나의 온비드 버튼을 클릭합니다.
② 나의 온비드 화면에서 관심리스트를 클릭합니다.
③ 관심물건 탭을 클릭하면 나의 관심물건을 확인할 수 있습니다.

19 ✓ 물건 비교하기

관심 있는 물건이 2건 이상 있는 경우 2개의 물건을 항목별로 비교하여 볼수 있습니다.

① 위에 설명한 검색방법(통합검색, 용도별검색, 지역별검색)을 통해 물건을 검색합니다.
② 검색된 물건 목록 중 관심 있는 물건 2건의 선택박스에 체크합니다.
③ 물건비교 버튼을 클릭합니다.
④ 물건 비교정보를 확인할 수 있습니다.

이제 대충 검색해서 물건 보는 건 다 됐네. 내 맘에 쏙 드는 게 하나 나왔어.

오후 2:11

은주엄마

그래 그럼 이제 입찰을 해부러야제!　　오후 2:12

그런데 또 아들래미 살 집이니까 신경이 자꾸 쓰여. 뭐 모르는 말만 나오면 뭐 잘못된 물건인가 싶어서 심장이 쿵쾅쿵쾅혀. 압류재산은 뭐고 유입재산은 뭐고. 이거 법적으로 하자있는 물건 아닌가 몰러. 어려운 용어들 투성이야.

오후 2:15

은주엄마

으이그, 그런 것도 온비드 여기서 다 설명이 되어 있어. 법원경매는 내가 공부하고 복덕방 뛰어다니면서 조사하고 그래야 하는디, 온비드 여기는 나라에서 하는 거라 정보가 다 공개되어 있어! 이게 어떤 문제가 있고 어떤 하자가 있고 물건 이력이 쫘악 나와버리니께, 용어만 알면 훤히 보여. 나라에서 전문가들이 다 분석해놓은 거제.

오후 2:17

물건 검색을 하면 물건의 상세 정보를 볼 수가 있습니다. 매각 대상이 어떤 물건인지를 알려주는 이 화면이 공매 과정에 있어서 가장 중요한 화면이라고 할 수 있겠죠. 아직 공매 용어들이 생소한 분들이 많으실 겁니다. 공매화면에 있는 여러 정보들을 하나하나 살펴보도록 하죠.

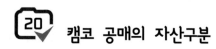

캠코 공매의 자산구분

우선 눈여겨보아야 할 것 중 하나가 바로 "자산구분"입니다. 이는 대상물건이 왜 온비드에 나오게 되었는지 알게 해주는 정보지요.

캠코에 올라오는 공매 물건은 크게는 2가지로 나눌 수 있습니다. 캠코에서 직접 온비드에 등록한 "캠코물건"과 캠코 이외의 기관들이 온비드에 등록한 "이용기관"물건입니다. 쉽게 말하면 이는 해당 물건을 누가 파는지 알려주는 것이죠.

"캠코물건"은 다시 4가지 종류로 나눌 수 있습니다. 압류재산, 국유재산, 수탁재산 및 유입재산이 그것인데요. 각 대상마다 주의해야 할 점과 세부적인 절차들이 조금 다르답니다. 따라서 공매에 참여하기 전에 반드시 해당되는 물건이 어떤 공매 물건인지 확인하는 것이 중요하죠.

(1) 압류재산 공매

우선 압류재산 공매에 대해서 알아보겠습니다. 간혹 공과금을 납부하지 못한 경우 고지서나 독촉장을 받아본 경험들 있으신가요? 이처럼 국세청, 지방세무서, 지방자치단체 및 공과금기관장(국민건강보험, 국민연금보험, 고용 및 산재보험 기관장) 등이 체납조세 및 공과금이 발생하면 일정기간 동안 체납자에게 세금을 납부할 것을 독촉하게 되지요. 그럼에도 불구하고 체납자가 세금을 납부하지 않으면 국세징수법 및 지방세법 등에 의거 체납자의 재산을 압류한 후 체납세금을 징수하기 위해 자산관리공사에 공매대행을 의뢰하게 됩니다. 이러한 절차에 따라 캠코가 진행하는 공매를 "압류재산 공매"라고 합니다. 이 경우 물건의 평가부터 공고 후 배분절차까지의 전 과정을 공개경쟁 입찰방식으로 진행하고 있지요.

(2) 국유재산 공매

다음으로는 국유재산 공매에 대해 알아볼게요. 국유재산이란 국가가 소유하는 재산으로서, 크게 행정재산과 일반재산으로 나누어집니다. 행정재산이란 국가가 직접 공용, 공공용 또는 기업용으로 사용하거나 사용하기로 결정한 재산을 말한답니다.

공용재산은 국가가 직접 그 사무용·사업용 또는 공무원의 주거용으로 사용하거나 사용하기로 결정한 재산이고, 공공용재산은 국가가 직접 공공용으로 사용하거나 사용하기로 결정한 재산이며, 기업용재산은 정부기업이 직접 그 사무용·사업용 또는 당해기업에 종사하는 직원의 주거용으로 사용하거나 사용하기로 결정한 재산을 말합니다. 예를 들면 행정관청이나 고속도로 등을 들 수 있겠지요.

이러한 행정재산은 공공의 목적으로 사용되는 재산이므로 그 처분에 일정한 제한을 받게 되지요. 따라서 원칙적으로 행정재산의 소유권은 매각, 교환, 양여, 신탁, 현물출자 등의 방법으로 국가 외의 자에게 이전할 수가 없어요.

이와는 달리 국유재산 중 행정재산을 제외한 재산을 일반재산이라고 하는데, 일반재산의 경우에는 대부 및 매각이 가능합니다. 일반인들이 재산을 가진 것과 같다고 생각하면 되겠지요. 따라서 캠코 공매에서 말하는 국유재산의 공매란 대부분 국유재산 중 일반재산의 공매를 뜻한다고 보시면 됩니다.

일반재산의 대부 및 매각은 사적매매와 크게 다르지 않으며, 그 처분을 캠코에 위탁하여 진행하는 것뿐이지요. 국유재산 공매의 경우, 공고를 통한 일반경쟁으로도 할 수 있지만, 제한·지명경쟁 또는 수의계약 방법을 통하여 진행되기도 한답니다.

(3) 수탁재산 공매

수탁재산 공매는 크게 두 가지 유형으로 나눌 수 있습니다. 금융회사나 공공기관이 소유하고 있는 비업무용 자산을 캠코에 매각 위임한 경우 캠코가 이를 일반인에게 공개입찰 방식으로 매각하는 경우가 첫 번째 유형입니다.

그리고 두 번째로는, 캠코에 매각을 의뢰하면 양도한 것과 동일하게 인정되어 양도세의 비과세 도는 중과세 제외혜택을 받을 수 있습니다. 따라서 이를 위해 캠코에 매각 위임한 재산을 처분하는 경우가 있습니다.

(4) 유입자산 공매

부실채권정리기금으로 금융회사 등으로부터 인수한 부실채권을 회수하는 과정에서, 그 부실채권의 담보물건을 경매절차에서 캠코가 직접 취득한 재산을 유입자산이라고 하며, 이를 일반인에게 공개경쟁 입찰방식으로 처분하는 것을 유입자산 공매라고 합니다.

입찰방식

위의 자산구분은 공매에 올라온 물건이 어떤 경로를 통해서 캠코 공매에 오게 되었는지 알려주는 정보라고 할 수 있어요. 아래쪽의 입찰방식은 해당 물건을 살 사람을 어떻게 정할지에 대한 관한 내용입니다. 일반적으로 최고가를 써 낸 사람을 낙찰자로 하지만 그 외에도 여러 가지 방법들이 있으니 알아두어야겠죠?

우선 매수인을 결정하는 방식은 크게는 "수의계약"과 "경쟁입찰"로 나눌 수 있습니다.

수의계약이란 경쟁이나 입찰에 의하지 않고 매도인이 일방적으로 상대방을 골라 체결하는 계약을 말합니다. 즉, 물건을 사겠다는 사람이 여러 명 있다면 팔고 싶은 사람이 살 사람을 골라서 파는 것이죠.

반면 경쟁입찰은 일반적으로 일정한 자격을 가진 불특정 다수의 희망자를 경쟁입찰에 참가하도록 한 후 그 중에서 가장 유리한 조건을 제시한 자를 매수인으로 선정하는 방법이에요. 어떠한 조건을 기준으로 할지는 아래 표에 정리해두었습니다.

일반적인 경우에는 입찰자격에 제한을 두지 않지만, 계약의 목적 목적·성질·규모 등에 비추어 필요한 경우에 입찰참가자격을 제한하여 입찰에 참가하도록 제한하는 방법도 있어요.

▶ 일반경쟁입찰: 입찰자격에 제한을 두지 않고 불특정 다수를 대상으로 입찰에 참가하도록 하는 방법
▶ 제한경쟁입찰: 계약의 목적 목적·성질·규모 등에 비추어 필요한 경우에 입찰참가자격을 제한하여 입찰에 참가하도록 제한하는 방법
▶ 지명경쟁입찰: 계약의 성질 또는 목적에 비추어 특정한 자가 아니면 계약의 목적을 달성하기 곤란한 경우, 특정한 입찰대상자를 지명하여 입찰에 참여하도록 하는 방법

공매방법	낙찰방식	내용
경쟁입찰	최고가방식	유효한 입찰자 중 최고금액으로 입찰한 자가 낙찰되는 방식
	호가방식	유효한 입찰자를 대상으로 입찰기간 동안 반복적으로 입찰금액을 서로 높여 제출하는 방법으로, 입찰마감시점에 최고금액을 제출한 입찰자가 낙찰되는 방식
	평가방식	유효한 입찰자 중 평가점수와 입찰가격점수를 합산하여 최고득점자를 결정하는 입찰방식
	추첨방식	유효한 입찰자를 대상으로 무작위 추첨하여 당첨자를 결정하는 입찰방식
수의계약	최고가 방식	일반입찰과 동일하게 입찰기간 등 공고를 설정하고 낙찰자 결정을 하는 방식
	시담방식	온라인으로 시담 진행 후 입찰서를 제출 받아 낙찰자를 결정하는 방식

22 ✔ 총액 / 단가 구분

입찰방식 좌측에 보면 "총액"이라고 되어 있는 경우가 있고, 단가(고정수량)로 된 것도 있습니다. 입찰금액이 물건 전체에 대한 가격인지, 물건의 단위가격인지 나타내주는 것입니다.

예를 들어, 마트에서 고등어 10마리를 바구니에 넣어서 팔고 있다는 가정 아래, 고등어를 사기 위해서 가격을 물어볼 때 "고등어 1바구니 얼마에요?"라고 물어볼 수도 있고, "고등어 1마리 얼마에요?"라고 물어볼 수도 있겠죠. 이때 1바

동산/기타자산 HOME

물건
· 물건검색
· 신규물건
· 금융권담보재산 전용관
· 캠코 국유증권 전용관
· 캠코 압류재산 전용관
· 수의계약가능물건

공고

테마물건

입찰결과

인터넷 등기 서비스
오프라인 대비 최대 50%까지 지원비용 이용
자세히 보기 ▶

고객지원센터
1588-5321
(해외)82-2-3480-0401)
평일 09:00~18:00
고객원격지원 서비스
스파이웨어 무료진단/치료

물건정보 | 입찰이력 | 해당공고 보기 | 해당공고물건 보기

물건관리번호 : 2016-0900-020668   물건상태 : 인터넷입찰진행중   공고일자 : 2016-09-27   조회수 : 43

[미분류기타 / 미분류기타]
주철설(분철)
[일반공고] [매각] [인터넷] [불용품] [일반경쟁] [최고가방식] [단가]

처분방식 / 자산구분	매각 / 불용품
용도	미분류기타
제조사 / 모델명	-
감정평가금액	-
수량	827,500kg
입찰방식	일반경쟁(최고가방식) [단가(고정수량)]
입찰기간 (회차/차수)	2016-09-28 10:00 ~ 2016-10-04 16:00 (1/1)
유찰횟수	0 회
집행기관	한국철도공사
담당자정보	회계통합센터 구매2부 / 박정현 042-615-5139

최저입찰금액(입찰단가)   215원 (1kg 당)

관심물건 등록   입찰

[입찰유형]
□ 전자보증서가능   □ 공동입찰가능
□ 2회 이상 입찰가능   □ 대리입찰가능
☑ 2인 미만 유찰여부   □ 공유자 여부
□ 차순위 매수신청가능

📷 사진   🗺 지도   ⬇ 감정평가서

화면크기 공인인증서 FAQ 관심물건 최근본물건 TOP DOWN

물건 세부 정보 | 입찰 정보 | 부가정보

기본 정보

제조사	-	물품명	주철설(분철)
모델명	-	수량	827,500kg
제조년도	0000년	생산지/원산지	

구니 즉, 물건 전체에 대한 가격을 기준으로 입찰하는 것이 "총액"입찰이고, 1마리, 즉 단위 가격으로 입찰하는 것을 "단가"입찰이라고 합니다.

즉, "총액"입찰이란 경우 물건의 수량에 관계없이 전량을 입찰한 금액으로 낙찰가를 결정하고, 낙찰금액이 계약금액이 되는 입찰방법을 뜻합니다. 일반적으로 토지, 아파트, 건물 등은 총액입찰이 대부분을 차지한다고 볼 수 있겠죠.

"단가"입찰의 경우 다시 두 가지로 다시 나눌 수 있습니다. "수량고정"방식과 "희망수량"방식입니다.

수량고정 방식의 경우 입찰집행기관이 매각하려는 물건에 대해 단가로 입찰하고 단가기준으로 낙찰자를 결정하는 방식입니다. 예를 들어 처분수량을 정확하게 계측하기 어려운 고철이나 농산물의 경우나 관할구역의 재활용품 등을 공매

하는 경우 수량고정 단가입찰 방식을 사용할 수 있겠지요.

희망수량 방식의 경우 입찰시 수량과 단가를 입력하여 입찰하며 단가를 기준으로 낙찰자를 결정하는 방식입니다. 처분물량이 많아서 1인이 매입할 수 없다고 판단되는 경우 여러 차례에 걸쳐 매각하고자 할 때에 유용한 방식이 되겠지요. 다량의 골재나 고철이 좋은 예가 될 것입니다.

입찰방식		내용
총액입찰		수량에 관계없이 전량에 대한 "총액"으로 입찰
단가입찰	수량고정	"단가"를 입력하여 입찰
	희망수량	"수량"과 "단가"를 입력하여 입찰
		낙찰가는 단가가 높은 순으로 결정되며 계약 역시 낙찰된 단가로 계약하게 됩니다. 입찰보증금 = 수량 x 단가 x 입찰보증금률

입찰유형

- ▶ 차순위 매수신청가능: 최초 낙찰자가 대금을 납부하지 않을 경우, 차순위 매수신청자에게 매각결정을 하는 방식입니다.
- ▶ 2인 미만 유찰여부: 2인 이상이 입찰에 참여하여야 유효한 경매가 성립하는 경우입니다. 국·공유재산 관리법 적용을 받는 경우 1인만 입찰하더라도 유효하지만, 국가(지방자치단체)를 당사자로 하는 계약에 관한 법률의 적용을 받는 경우에는 2인 이상 입찰하여야 유효합니다.
- ▶ 2회 이상 입찰가능: 매수희망자가 해당 공매에 여러 차례 입찰을 할 수 있는지를 나타냅니다. 국가(지방자치단체)를 당사자로 하는 계약에 관한 법률의 적용을 받는 경우 1회만 입찰을 할 수 있지만, 국·공유재산의 경우에는 이용기관에 자체결정권한을 부여하고 있습니다.

▶ 공동입찰가능: 해당 물건에 수인이 입찰에 참여할 수 있는지 여부를 말합니다.

▶ 대리입찰가능: 대리인이 입찰을 진행할 수 있는지 여부를 뜻합니다.

아하. 별거 아니구먼. 그냥 단가 비싸게 부른 사람이 사는 거 아녀. 방식만 조금씩 다르구먼. 이제 물건도 정했고~ 입찰만 남았네 어느새?

오후 2:20

은주엄마

그래. 아따 벌써 민석엄마가 입찰을 다 하고. 공매 전문가 다 되어부렀구먼.

오후 2:22

누구 덕분이제. 입찰은 뭐 별거 없제? 그냥 얼마주고 사겠다 이거 아녀.

오후 2:23

은주엄마

그렇지 뭐. 내돈 내가 쓰겠다는데 절차가 어려울 리 있나. 원래 돈쓰는 건 쉬운 법이여.

오후 2:25

오후 2:27

그래도 혹시 모르니께, 그 컴퓨터 화면으로 하나하나 보여줘봐.

이제 입찰단계까지 왔습니다. 공고와 여러 공개된 정보들을 통해서 물건에 입찰해야겠다고 결심을 하였다면 절차에 따라서 입찰에 참여하면 됩니다. 인터넷 입찰도 전혀 어려울 것이 없어요.

입찰하기(최고가 방식의 경우)

① 온비드 로그인 후 입찰하려는 물건의 상세정보로 이동합니다.

② 입찰대상 물건의 상세정보에서 입찰 버튼을 클릭합니다.

③ 입찰자정보를 정확하게 입력한 후, 수정사항을 개인정보에 반영하는 것에 체크합니다.

④ 공고문 확인 버튼을 클릭하여 공고내용을 하고, 입찰참가자준수규칙 전문 보기 버튼을 클릭하여 입찰참가자준수규칙을 확인한 후, 다음 단계 버튼을 클릭합니다.

⑤ 입찰금액을 입력합니다. 입찰금액은 최저입찰가 이상으로 하여야 합니다.

⑥ 입찰금액을 입력 후 보증금계산 버튼을 클릭하면 자동으로 보증금액이 입력됩니다.

⑦ 납부총액확인 버튼을 클릭하면 입찰을 위해 납부해야 할 총액이 계산됩니다.

⑧ 차순위 매수신청을 할 경우 매수신청에 체크합니다.

✦ '차순위 매수신청'이란?

　최고가 입찰방식에서 최고가 낙찰자가 대금납부 기한까지 그 의무를 이행하지 아니하여 매각결정이 취소되면 차순위 매수신청을 한 자의 매수신고에 대하여 매각을 허가하여 달라는 취지의 신고를 뜻합니다. 쉽게 말해서, 입찰했는데 내가 아깝게 2등이 된 경우를 대비해서, 1등이 돈 안 내고 넘어가 버리면 내가 대신 사겠다고 미리 신청해 놓는 것이죠.

✦ 차순위 매수신청인의 결정방법

　단, 낙찰자의 다음 금액으로 입찰을 한 경우라고 하여도 무조건 차순위 매수신청인으로 인정되는 것은 아니고, 일정 하한금액 이상의 입찰을 한 경우라야 합니다. 이는 예상 외의 낮은 가격으로 낙찰되는 것을 막기 위한 조치입니다. 예를 들어 최고가 입찰금액을 1억원으로 하여 낙찰된 경우, 그 다음 입찰금액이 1,000만원이라면 차순위 매수신청인으로 인정되지 않아요.

구체적으로는 입찰시 '차순위 매수신고'를 한 입찰자 중에서 최고가 낙찰금액에서 낙찰자가 실제 납입한 공매보증금을 뺀 금액 이상을 입찰금액으로 쓴 입찰자를 차순위 매수신고인으로 결정합니다. 즉, [입찰금액 ≧ 낙찰금액 – 공매보증금]인 입찰금액을 쓴 경우 그를 차순위 매수신고인으로 결정합니다.

차순위 매수신고인이 2명 이상인 경우에는 입찰금액이 높은 입찰자를 차순위 매수신고인으로 결정하고, 그 입찰금액이 1원 한 푼까지 똑같은 경우에는 온비드에 설치된 난수발생기에 의한 무작위 추첨 방법으로 차순위 매수신고인을 결정합니다.

✦ 유의사항

차순위 매수신고인은 2등이 되더라도 1등이 낙찰을 포기할 경우 대신 낙찰받을 수 있는 기대권이 생깁니다. 대신 그 기대권을 유지하게 위해 보증금은 묶이게 되지요. 즉, 낙찰자가 매각대금을 완납할 때까지 입찰보증금의 환불을 요구할 수가 없고, 낙찰자가 매각대금을 완납한 때에야 비로소 매수의 책임을 벗습니다. 그제서야 이용기관에 입찰보증금을 돌려줄 것을 요구할 수 있는 것이지요. 입찰보증금은 입찰서 제출시 기재한 환불계좌로 이자 없이 환불되며, 이때 타행이체수수료 등이 발생하는 경우에는 입찰보증금에서 이를 공제하게 됩니다. 최초 낙찰자가 대금을 납부하지 않아 매각결정이 취소되면 차순위 매수신고인에게 새로이 매각결정을 하게 되며, 이후 절차에 대해서는 이용기관에 문의하여 진행하시면 됩니다. 해당기간 중 '차순위 매수신고'의 중도취소는 불가하오니 이 점 유의하여 주시구요.

⑨ 보증금 납부방식을 선택합니다. 전자보증서의 경우 해당 공고에서 허용하는 경우에만 선택할 수 있습니다.

⑩ 보증금 납부계좌 은행을 선택합니다.

* 주의사항: 납부계좌로 입찰보증금 납부가 불가능한 경우 은행별로 1회에 한해 타은행의 입찰보증금 납부계좌 추가 발급이 가능합니다. 10억 이상의 입찰보증금을 타행으로 지준이체시 이체가 지연될 수 있으니 입찰마감 전까지 발급받은 납부계

좌로 입금 완료될 수 있도록 주의가 필요합니다.

⑪ 환불계좌를 선택합니다. 등록된 환불계좌가 없는 경우 환불계좌추가 버튼을 클릭하여 환불계좌를 추가합니다.

* 주의사항: 입찰참가 후 낙찰 받지 못한 경우(유찰 혹은 취소) 납부한 입찰보증금은 등록한 환불계좌로 돌려받을 수 있습니다. 환불시 보증금 입금 은행과 환불 은행이 일치하지 않을 경우 은행에서 부과하는 타행이체수수료가 발생할 수 있습니다. 이 경우 이체수수료를 제외한 금액이 입금됩니다. 입찰보증금이 10억 이상인 경우, 입금은행과 환불은행이 다르면 은행 간 계좌이체 한도 제한으로 환불처리가 안 될 수 있으니 가급적 환불계좌는 입금은행의 계좌와 동일하게 사용하는 것이 좋겠지요? 환불계좌는 입찰보증금이 자동 인출되는 계좌가 아닙니다. 또한 환불계좌는 정정/변경이 불가하며, 계좌번호 착오로 인한 책임은 입찰자 부담입니다. 선택하신 환불계좌가 정상적인 거래가 가능한지 여부를 반드시 확인하셔야 합니다!

⑫ 주의사항을 확인한 후 입찰서 최종 제출 동의에 체크한 후, 입찰서 제출 버튼을 클릭합니다.

⑬ 전자서명정보를 확인한 후 확인 버튼을 누릅니다.

⑭ 온비드에 등록된 공인인증서를 선택한 후 비밀번호를 입력하고 확인 버튼을 누르면 입찰이 완료됩니다.

오후 2:29 나 이제 입찰도 해부렀어!

오후 2:31 안방에서 드라마 보믄서 기다리기만 하믄 된당가?

 은주엄마

어이구. 큰일 날 소리. 나라에서 뭘 믿고 민석엄마한테 집을 팔어.
오후 2:32

 은주엄마

우리끼리 식당 예약할 때도 예약금 넣잖애. 보증금 여야지.
보증금을 안 넣으면 입찰을 안 받아줘버려.
오후 2:34

 은주엄마

입찰하구 나서 바로 보증금 넣어야 된다고.
오후 2:35

☑️25 입찰보증금 납부

현금 납부 방식을 선택하신 후, 보증금을 납부하실 계좌 은행을 선택하시면 가상계좌가 발급되며, 입찰 참가수수료가 있는 경우 수수료 포함 입찰마감일시까지 입찰보증금을 납부하셔야 유효한 입찰로 성립합니다.

전자보증서 방식을 선택하신 후 전자보증서발급용 번호신청 버튼을 클릭하시면, 전자보증서 발급용 관리번호가 생성됩니다. 전자보증서발급은 입찰마감 전 영업일 18시까지만 가능하며, 입찰기간이 만료된 보증서는 사용하실 수 없습니다.

* 주의사항: 입찰마감일시까지 입찰보증금을 납부하지 않는 경우 제출된 입찰서는 무효 처리됩니다. (입찰참가수수료가 있는 경우 수수료 포함) 천만원을 초과하지 않는 입찰보증금은 분할납부가 불가하므로 반드시 입찰 참가한 물건에 보증금 납부 계좌번호로 납부할 금액을 한 번에 입금하셔야 합니다. 입찰보증금 납부계좌 번호 착오 및 이중입금에 의한 책임은 입찰자에게 있습니다.

입찰보증금 납부계좌를 추가 발급받으실 경우에는 다음 사항을 주의하여 주시기 바랍니다.

① 입찰보증금 납부계좌 발급은행 장애 등으로 인하여 입찰서 제출시 발급받은 입찰보증금 납부계좌로 입찰보증금 납부가 불가능한 경우 다른 은행의 입찰보증금 납부계좌를 추가 발급받으실 수 있습니다.

② 이 경우 입찰서를 다시 제출하는 것이 아니고 기존 제출된 입찰서의 입찰보증금 납부계좌만을 추가 발급받는 것으로 입찰조건은 동일합니다.

③ 입찰보증금 납부계좌를 추가 발급받은 경우에는 하나의 계좌로만 입찰보증금을 납부하시면 됩니다.

④ 추가 납부계좌를 발급 받은 경우 먼저 입금하신 금액 중 참가수수료를 제

외한 금액이 입찰서상의 입찰보증금이 되며, 먼저 입금된 금액만 납부하신 금액으로 표시됩니다.

⑤ 입찰자의 착오로 입찰보증금을 중복 납부한 경우에는 나중 입금하신 금액 은 입찰취소 또는 집행완료 후 입찰서 제출시 지정하신 환불계좌로 환불처 리 됩니다.

오후 2:35 보증금 그까이꺼 얼마나 한다고.

오후 2:37 내 쌈짓돈으로 바로 넣어버렸네. 나 통큰 아줌마여!

 은주엄마

아따 민석엄마 음식할 때 손만 큰 줄 알았더니 통이 커. 통이. 오후 2:39

 은주엄마

이제 길라임인지 머시깽인지 보믄서 기다리기만 하면 되겠구만. 암것도 안 해두 뒤야. 오후 2:42

 은주엄마

  오후 2:43

26 ✓ 입찰결과 확인

① 온비드 홈페이지에 로그인합니다.

② 나의 온비드 버튼을 클릭합니다.

③ 나의 온비드 메인화면에서 현재 참가중인 입찰 내역 및 개찰완료 내역을
확인하실 수 있습니다.

④ 입찰관리 ▶ 입찰진행내역 버튼을 클릭하면 입찰 내역을 상세히 확인할 수
있습니다.

⑤ 입찰관리 ▶ 입찰결과내역 버튼을 클릭하면 개찰완료된 입찰건에 대한 입
찰결과를 상세히 확인할 수 있습니다. "나의 입찰결과"를 클릭하시면 낙찰
금액, 유효입찰자수, 낙찰가율 등 상세입찰정보를 확인하실 수 있습니다.
또한 낙찰 안내문 확인, 대금 납부정보 및 낙찰 절차에 대한 내용은 "입찰
결과상세"에서 확인이 가능합니다. 압류재산 입찰 참가하신 분들 중 차순
위매수신고가 가능하신 분들께는 차순위매수신고 버튼이 보여집니다.

축하합니다. 이제 건물주가 될 준비가 끝나셨습니다!^^

어떻습니까? 두꺼운 법률 서적이나 경매 학원 없이, 컴퓨터 화면만 보고 따
라했지만 어느새 여러분은 한국자산관리공사 공매절차를 마스터하신 겁니다. 물
론 실제로 건물주가 되려면 돈도 좀 필요하고, 좋은 물건을 알아보는 안목도 필
요하시겠지만, 최소한 '어떻게 사는지'는 확실히 배운 것이죠. 그렇다면 이제부터
는 바통을 변호사님들에게 넘겨서, '무엇을 사야 할지' 배워보도록 합시다.

chapter 2

등기부
보는 법

✓ 부동산을 고르기 전에, 살 수 있는지부터 생각하라
- 등기부 보는 법

안녕하세요. 캠코 공매 어떻게 하는 건지, 제대로 배우고 오셨나요?

이번 시간부터는 캠코 공매에서 뭘 사야 돈이 될지, 뭘 사야 안전한지, 저 이변호사에게 배우게 되실 겁니다. 사실 공매가 참 간단하긴 하지만, 그렇다고 해서 '이걸 사라!'하고 결정을 대신 해주진 않잖아요? 사는 법은 이제 다 배우셨으니, 무엇을 사야 할지 알아봅시다.

우선 캠코 공매에서 가장 사람들 관심이 몰리는, 부동산 보는 법부터 가르쳐드릴게요. 사실 공매가 나오기 전에 경매 하면 법원경매, 법원경매 하면 부동산 경매였거든요. '뭘 살지 모르겠거든 땅을 사라'든가, '땅은 거짓말 하지 않는다'는 말, 많이 들어보셨죠? 공매로 사건 경매로 사건, 여러분은 어쨌든 대부분 부동산을 사고 싶어하시는 분이니까, 그럼 우선 좋은 부동산 고르는 법부터 배워봅시다.

제일 처음은 뭐니뭐니해도 부동산 경매의 꽃, 등기부 보는 법을 배우는 시간입니다!

사실 요새 제 주변에도 부동산 공부한다고 하시는 분들이 많아요. 옛날에는 부자들만 하는 부동산 '투기'였는데, 이제는 경매, 공매를 가르치는 책, 학원, 인터넷 사이트들이 많아져서, 웬만한 분들은 모두 재테크로 부동산 '투자'를 하시더라구요. 주식 투자보다는 훨씬 안전하고, 은행 이자보다는 훨씬 돈이 잘 불어나니까, 부동산 투자, 할 만하죠.

" 위험해! "   **" …애걔? "**

주식투자   은행이자

공경매

국가가 하니 안전
잘되면 대박!
안 되도 은행보다는 좋다

그런데 부동산 공부하신다는 분들을 보면, 변호사인 저로서는 조금 의아한 부분이 있습니다. 언제 개발되는지, 지금 땅값이 얼마인지, 도로가 지나가는지 이런 것만 열심히 분석하시더라구요. 그러니까, '좋은 땅인지'만 생각하시더라구요.

물론 좋은 땅을 사야죠. 그래야 돈을 벌죠. 그런데 말입니다. 좋은 땅이건 뭐건, 일단 땅을 '살 수 있어야' 돈을 버는 게 아닐까요? 살 수 있는 땅인지 먼저 알아보고, 그 중에 좋은 땅을 고르는 거지, 돈만 내고 땅을 못 받는다면? 받았는데 애초에 사려고 했던 그런 땅이 아니라면? 투자는 아무 의미가 없지 않을까요?

다시 말해서, "좋은 땅을 사야 한다"라는 말에서, '좋은 땅'도 중요하지만, '사야 한다'는 부분이 훨씬 더 중요하다는 거죠. 부동산 투자하다가, 쫄딱 망했다는 소문, 종종 들으실 텐데, 그게 다 결국에는 돈 내고, 정작 그 땅을 받아오질 못해서 그런 겁니다.

그래서 저는 등기부 보는 법을 가장 강조합니다. 좋은 땅 고르는 법을 배우려면 지도, 신문, 인터넷 뉴스, 찌라시 등등… 다 살펴보고 진짠지 가짠지 판단해야 하죠? 그런데, 땅을 확실하게 가져오는 방법은 등기부 하나에 다 나와 있거든요. 등기부는 국가가 만들고 인터넷으로 전국민이 찾아볼 수 있는 거라 편하고 가짜 걱정도 없어요. 등기부만 잘 볼 줄 알아도 최소한 사기 당할 일 없고, 생돈 날릴 일 없다는 거죠.

실제로 외부 강연을 나가도 자주 받는 요청이 등기부 보는 법을 기초부터 가르쳐 달라는 겁니다. 결국 문제가 발생하면 최종적으로 사건을 처리하는 사람이 변호사니까, 변호사에게 직접 배우고 싶다는 분들의 마음도 이해합니다. 저도 시간이 나면 항상 누구나, 학생부터 직장인, 어르신들까지 쉽게 이해할 수 있도록 책을 쓰고 싶다고 생각했는데 이 장을 통해 부족하나마 꿈을 이룰 수 있어 다행이네요. 최대한 쉽게, 반드시 알아야 할 내용만 간결하게 말씀드리겠습니다. 어차피 엄청나게 복잡한 판례 같은 건 결국 관련 법률을 공부하셔야 이해하실 수 있고, 그 정도 판례가 필요한 사건이면 그냥 변호사를 고용해서 자문받는 편이 안전하니까요. 여기서는 반드시 알아야 할 개념, 의미, 활용례, 필수판례 등만 엄선해서 가르쳐드릴 테니, 저를 믿고 출발해 봅시다!

2 등기부를 아십니까

우선 등기부란 무엇인지 대충 알고 계시나요? 등기부란 간단히 말해서, 부동산의 호적 같은 겁니다. 부동산이 언제 만들어졌고, 누구에게 팔렸다가, 누가 사서, 누가 근저당을 걸었다가, 언제 경매에 들어가서 누가 낙찰받고, 지금 누구 것인지, 누가 가압류를 해 놓았는지 … 그런 모든 권리관계가 모조리 기록된 서류입니다.

이런 등기부는 단돈 몇백 원이면 발급받으실 수 있습니다.

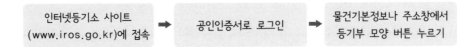

그러고 나면 열람만 할 것인지 발급받을 것인지 선택하는 창이 뜨는데, 발급을 누르면 프린터로 출력됩니다. 참 쉽죠?

③ ✓ 등기부는 깡패다

　여러분, 등기부, 등기부 하니까 왜 변호사가 그렇게 강조하나 싶죠? 종이 한 장에 뭘 그리 벌벌 떠나 싶기도 하구요. 그런데 생각해 보세요. 사람들이 가장 무서워하는 게 뭘까요? 마누라여~하시는 아버님들 많으신데, 왜 무서우세요? 하고 여쭤보면 '우리집 판사니께'하고 말씀하십니다. 그렇죠. 살면서 제일 무서운 게 판결문이죠? 판사님 말씀이 제일 무서운 거 아닙니까. 그런데 판사님도 사람이잖아요. 온갖 사건이 다 들어오는데, 판사님이라고 모든 걸 다 아실 수가 없죠. 타임머신 타고 가서 그때 무슨 일 있었나 보고 오실 수가 없단 말이에요. 그러니까 판사님도 뭔가 증거자료를 참고해서 판결을 내립니다. 그럼 판사님이 중요하게 생각하는 자료일수록, 무서운 힘을 갖고 있지 않을까요? 그 증거들 중 넘버원이 바로 등기부입니다.

　자, 쉽게 생각해 볼게요. 우리가 판사가 되었다고 칩시다. 사건이 들어왔어요. '이게 내 땅이다, 아니다 내 땅이다'하고 싸우는 두 사람이 법정에 왔습니다. 그런데 양쪽이 열심히 증거를 제출하고 주장을 하니까, 이것만 봐선 도저히 알 수가 없어요. 두 사람 다 맞는 말을 하는 거 같습니다. 그러면 우리는 어떻게 해야 할까요?

　판사님도 인간입니다. 솔로몬처럼 모든 사건에서 딱! 판단이 서는 게 아니겠지요. 둘 다 나름대로 억울한 점이 있는 거 같고, 둘 다 진실을 말하는 거 같고… 한 쪽으로 결정내리기 어려울 때가 더 많을 겁니다. 그렇다고 솔로몬처럼 둘이 나누어 가져라~이렇게 판결할 수는 없습니다. 어느 한 쪽이 진실이라고 판단을 해주어야 합니다. 그게 판결이잖아요.

　이럴 때를 대비하여 우리나라 민사소송법은 '입증책임'이라는 개념을 도입하고 있습니다. 즉, 당사자 쌍방이 판사에게 확신을 심어주는 데 실패했을 때(이걸 가리켜 쌍방 모두 입증에 실패했다고 합니다), 어떻게든 승패는 판단해야 한다는 거죠. 쌍방 모두 입증에 실패했을 때, 어느 쪽이 패소라는 책임을 져야 하는가? 하는 문제가 바로 입증책임이에요. 흔히 '너가 입증책임을 진다'고 하는 말이 바로, '입증 안 되면 너가 진 걸로 할 거야'라는 말과 같은 거죠.

그리고 이런 입증책임은, 그 입증의 대상을 주장하는 사람이 지게 되어 있습니다. 주장한 사람이 증명도 하라는 거죠. 어떻게 보면, 굉장히 당연한 말입니다. 멀쩡히 자기 땅에서 농사지으면서 잘 살고 있는 사람에게, 어떤 사람이 갑자기 나타나서 '이거 내 땅이니까 내놔!' 말한다면 어떨까요? 자기 땅에 살던 사람이 이게 내 땅이란 사실을 입증해야 할까요? 아니죠? 상식적으로, 뜬금없이 나타나서 자기 땅이라고 주장하는 사람이 자기 주장을 입증하고, 못 하면 억지 부린 책임을 지는 것이 맞겠죠. 바로 이게 입증책임입니다. 뭔가 법률상 주장을 하는 사람이, 그 주장이 진실이라는 것을 입증할 책임을 지는 거죠.

이런 입증책임은 '추정력'과 밀접한 관계가 있어요. A라는 사실이 있으면, B라는 사실이 일단 있다고 추정되는 것이 추정력입니다. 그러면 B가 아니라고 주장하는 사람이 그것을 입증해야 할 입증책임을 지는 거죠. 예를 들어, 홍길동의 땅이라고 팻말이 박혀 있다면, 홍길동 땅이라고 추정이 되는 겁니다. 그러면 홍길동 땅이 아니라 내 땅이라고 주장하는 사람이 그걸 입증할 책임을 지는 거예요. 홍길동이 자기 땅이라고 입증하려 애쓰고 돌아다닐 필요는 전혀 없는 거죠. 홍길동은 그냥 홍길동 이름이 적힌 팻말만 들어 보이면 팻말의 추정력을 인정받아서, 가만히 상대의 입증을 느긋하게 기다리면 되는 겁니다.

바로 이런 팻말, 즉 사람들에게 '내 꺼야'라고 공시하는 것, 추정력을 발생시키는 것이 등기부입니다. 등기부에 내 명의로 등기가 되어 있으면, 내 것이라고 추정되는 거예요. 그 추정을 뒤집고 싶은 사람이 입증을 해야 하는 입증책임을 집니다. 나는 등기부만 보여주면서 느긋하게 기다리면 되는 거예요. 상대가 판사를 설득하고 입증을 완료할 때까지 말입니다. 이 추정력을 뒤집고 판사에게 새로운 심증을 갖게 하는 게, 그리 쉬운 게 아니거든요.

바로 이게 등기부가 가진 진정한 힘, 추정력입니다. 등기부에 내 땅이라고 기재되어 있다면, 기재된 게 진실일 거라고 모두가 믿어주는 효력을 갖는다는 거죠. 그걸 뒤집으려면 온갖 증거를 가져와서 판사님을 설득해야 합니다. 그러나 사실상 거의 어렵죠. 이런 강력한 추정력 때문에, 등기가 깡패라고 불리는 겁니다. 이제 등기부가 얼마나 중요한 서류인지, 잘 아셨죠? 증거의 깡패, 아니 증거의 세종대왕님이 등기부라는 사실을 명심하시기 바랍니다.

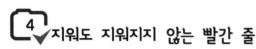

4 ✓지워도 지워지지 않는 빨간 줄

- 말소사항

등기사항전부증명서(말소사항 포함) - 토지

[토지] 충청북도 청주시 흥덕구 복대동 837-27   고유번호 1501-1996-133708

【 표 제 부 】		(토지의 표시)			
표시번호	접 수	소 재 지 번	지 목	면 적	등기원인 및 기타사항
1 (전 2)	1979년2월19일	충청북도 청주시 복대동 837-27	대	182㎡	
					부동산등기법 제177조의 6 제1항의 규정에 의하여 1999년 12월 03일 전산이기
2	.	충청북도 청주시 흥덕구 복대동 837-27	대	182㎡	1995년1월1일 행정구역변경으로 인하여 2000년 2월 8일 등기

【 갑 구 】			(소유권에 관한 사항)	
순위번호	등 기 목 적	접 수	등 기 원 인	권 리 자 및 기 타 사 항
1 (전 4)	소유권이전	1984년7월24일 제42864호	1984년7월23일 매매	소유자 노만식 531030-******* 청주시 복대동 837-27
				부동산등기법 제177조의 6 제1항의 규정에 의하여 1999년 12월 03일 전산이기
1-1	1번등기명의인표시변경		2000년1월29일 전거	노만식의 주소 청주시 상당구 용암동 1496 205호 2000년2월22일 부기
2	소유권이전	2000년2월22일	2000년2월1일	소유자 안세혁 530423-*******

열람일시 : 2016년06월29일 11시54분46초.   1/7

자, 드디어 등기부가 나왔습니다. 이게 말로만 듣던 등기부입니다. 정식 이름이 맨 위에 쓰여 있죠? 등기사항전부증명서. 이걸 줄여서 등기부, 등기부 하고 부르는 겁니다.

그런데 뒤에 말소사항 포함은 무슨 뜻일까요? 등재되었다가 지워진 사항도 기록되어 있다는 뜻입니다. 예를 들어 땅 주인이 돈이 없어서 은행에 돈을 빌리고 근저당을 잡혔다 칩시다(이걸 정확한 법률용어로는 근저당권설정등기를 경료하였다고 하죠). 그러면 근저당권 등기가 기록되겠죠? 그런데 돈을 다 갚으면? 근저당을 지워줘야겠죠?(정확히는 말소등기를 경료하였다고 하죠). 그런데 완전히 지우는 것이 아니라, 등기부상으로는 빨간 줄을 그어두게 되어 있습니다. 그러면 언제 어떤 근저당이 있었고, 왜 지워졌는지 알 수 있거든요.

　　이런 말소사항을 왜 남겨둘까요? 나중에 소송을 통해서 사실은 다 같은 게 아니었다거나 하는 사정이 밝혀지면 회복등기를 시켜야 하기 때문이죠. 또, 이 말소사항을 통해 부동산의 역사를 쉽게 알 수도 있습니다. '에이, 다 지워진 건데 뭘 신경써?' 하고 넘어가시면 안 됩니다. 고수분들은 등기부만 보고도 당시 부동산 소유자가 돈이 없었구나, 이 사람이 이때는 공유자였는데 팔고 빠지면서 저당권 잡았던 거구나 하고 금방 '맥'을 짚어내시거든요.

　　부동산의 현재를 보는 것은 간단합니다. 요새는 인터넷이 발달해서, 집안에서 항공사진, 로드뷰 보고, 지도 보고, 아니, 그냥 공시지가만 검색해도 충분하죠. 현재 얼마인가?가 궁금하신 거잖아요?

　　그런데 부동산의 과거를 보는 것도 그만큼, 아니 그 이상 중요합니다. 이 건물이 어쩌다 경매에 나왔는지, 채권자가 경매대금 배당을 받겠다는 것인지, 경매로 가격을 떨어뜨려 직접 낙찰받으려는 것인지, 낙찰받아서 철거를 시키려는 것인지, 팔아먹겠다는 것인지, 내가 누구에게 연락해서 입찰전략을 짜야 하는지 등등… 부동산 투자자에게 중요한 모든 것이 그 부동산의 과거 권리관계, 즉 등기부에 나와 있거든요. 그리고 말소사항들은 그 소중한 과거를 보여주는 증거들이구요. 등기부를 보실 때, 말소사항도 차분하게 읽고 넘어가는 습관, 꼭 들이시길 바랍니다.

[5] 등기부도 부동산마다 개성이 있다

　　부동산 하면 뭐가 생각나십니까? 아니, 애초에 부동산이란 무엇일까요? 토지, 건물. 두 개가 떠오르시죠? 맞습니다. 외국에는 토지 위에 건물이 지어져 있으면 하나의 부동산으로 쳐서 등기부를 한 개만 만들기도 하는데, 우리나라는 토지와 건물을 별개의 부동산으로 봅니다. 그래서 토지 위에 건물이 지어져 있으면, 토지 등기부 하나, 건물 등기부 하나 해서 총 두 개의 등기부가 만들어지죠.

　　그런데 하나, 예외가 있습니다. 여러분 중에 아파트나 빌라 사시는 분들 많으시죠? 여러 세대가 한 지붕 아래 모여서 사는 건물 말입니다. 그런 아파트 같은 건물을 '집합건물'이라고 부릅니다. 구분해 보면 세대별로 집 하나씩인데, 그 집들이 모여서 만들어진 집들의 집합이라는 거죠. 이런 집합건물은 덩치가 크고, 소유자들이 많아서 권리관계가 복잡할 수밖에 없습니다. 그리고 집합건물들은 실제 주거공간인 경우가 많아서, 함부로 입주자들이 쫓겨나거나 철거당하지 않도록 보호할 필요성도 많겠지요.

　　그래서 집합건물을 규율하는 법을 따로 만들었어요. 그게 바로 집합건물법입니다. 이 집합건물법을 쉽게 말하면, 땅과 집합건물을 한 세트로 만들어 버리는 법이라고 이해하시면 됩니다. 집합건물과 그 부지를 하나로 묶어서, 사든지, 팔든지, 근저당 잡든지, 어쨌든 모든 처분을 한 세트로 묶어서 하라는 거죠.

　　왜 그렇게 땅과 건물을 묶어놓으려고 하는 걸까요? 땅과 건물 소유자가 달라졌다고 생각해 봅시다. 땅 소유자는 내 땅에서 나가라고 하고, 건물 소유자는 이 비싼 건물을 철거하라니 말이 되냐고 싸우겠죠? 그런데 아파트 같은 집합건물은 가격도 엄청나게 비싸고, 이해관계자도 많기 때문에, 그런 불상사가 생기지 않도록 한 세트로 묶어서 사고 팔도록 법으로 정해놓은 겁니다. 그래서 아예 등기부도 묶어버렸어요. 집합건물이 완성되면, 그 아래 토지는 집합건물에 붙어버립니다. 토지 등기부는 폐쇄되어 버리고, 집합건물등기부 대지권표시란에만 나와요. 물론 그 땅이 집합건물에 합체되어버리기 전 과거를 알고 싶으시면, 폐쇄등기부를 따로 열람하거나 출력할 수도 있습니다. 제가 주로 집합건물 소송을 하는데, 폐쇄등기부를 자주 보게 되죠. 보통 집합건물 소송이 땅을 건물에서 억지로 떼어내려다 생기는 문제가 많아서, 떼어낼 방법이 있는지, 반대로 방어하는 입장에서 다시 붙여버릴 방법이 있는지 살펴볼 때 봅니다. 나중에 이런 고급 테크닉(?!)들도 가르쳐 드릴게요. 천천히 따라오세요!

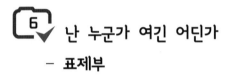

6 ☑ 난 누군가 여긴 어딘가

- 표제부

등기사항전부증명서(말소사항 포함) - 토지

[토지] 충청북도 청주시 흥덕구 복대동 837-27

고유번호 1501-1996-133708

【 표　제　부 】 （토지의 표시）					
표시번호	접　수	소　재　지　번	지　목	면　적	등기원인 및 기타사항
~~1~~ ~~(전 2)~~	~~1978년2월18일~~	~~충청북도 청주시 복대동 837-27~~	~~대~~	~~182㎡~~	
					부동산등기법 제177조의 6 제1항의 규정에 의하여 1999년 12월 03일 전산이기
2		충청북도 청주시 흥덕구 복대동 837-27	대	182㎡	1995년 1월1일 행정구역변경으로 인하여 2000년 2월8일 등기

【 갑　　구 】 （소유권에 관한 사항）				
순위번호	등 기 목 적	접　수	등 기 원 인	권 리 자 및 기 타 사 항
1 (전 4)	소유권이전	1984년7월24일 제42864호	1984년 7월23일 매매	소유자 노만식 531030-******* 청주시 복대동 837-27
				부동산등기법 제177조의 6 제1항의 규정에 의하여 1999년 12월 03일 전산이기
1-1	1번등기명의인표시변경		2000년1월29일 전거	노만식의 주소 청주시 상당구 용암동 1496 205호 2000년 2월22일 부기
2	소유권이전	2000년2월22일	2000년2월1일	소유자 안세혁 530423-*******

열람일시 : 2016년06월29일 11시54분46초

1/7

등기부는 크게 세 부분으로 나닙니다. 표제부, 갑구, 을구죠. 표제부는 쉽게 말해서 이름표입니다. '나는 어디 사는 누구입니다'라는 거예요. 부동산의 주소가 나와 있고, 면적이 나와 있고, 용도가 나와 있습니다. 부동산은 토지 아니면 건물인데, 이 부동산은 토지네요. 주소는 충청북도 청주시 흥덕구 복대동 837-27이군요. 지목은 대, 면적은 182㎡군요. 뒤에 전산이기 어쩌고저쩌고 하는 부분은 뭘까요? 원래 종이 등기부에 공무원이 손으로 쓰던 것을, 컴퓨터가 도입되면서 전산으로 옮겨 입력했다는 뜻입니다. 그 다음 행정구역변경은 무슨 뜻인지 아시겠죠? 1번 등기에 빨간 줄이 그어져 있잖아요. 원래 청주시 복대동이었는데, 행정구역이 청주시 흥덕구 복대동으로 바뀌면서 과거 이름표는 말소하고, 새 이름표를 붙여주었다는 뜻입니다. 어려운 거 하나도 없죠? 이제 본격적으로 실제 학생분들의 질문을 통해 배워봅시다!

표제부 하나하나 뜯어보기

 표시번호는 그냥 순서인가요?

 네. 그냥 들어온 순서예요. 그래도 무시하면 안 됩니다. 저당권 같은 건 순서가 생명이잖아요. 저당권 순위 가지고 싸우는 거 많이 보셨죠? 먼저 들어온 애가 형이니까, 하루라도 먼저 등기되면 이길 수가 없어요. 저당권은 물건에 등기되는 물권이라서, 채권자들처럼 나눠먹고 그런 것도 없이 형이 다 가져가는 겁니다. 예를 들어서 각 1억씩 빌려준 채권자 두 분이 있다고 쳐요. 경매해서 1억이 나오면 5천만원씩 나눠 받겠죠? 이게 채권자평등주의예요. 그런데 저당권은 물권이라서, 이 물권을 가진 채권자는 우선배당을 받아요. 저당권 1억을 잡아놓았으면 혼자 1억 다 가져가 버리는 거죠.

 그럼 뒤에 다른 채권자가 저당권을 걸어놓으면요? 저당권자들끼리는 공평하게 나눠 갖나요?

 아닙니다. 채권자는 평등주의지만, 물권자는 순위주의예요. 무조건 번호 순서대로 가져갑니다. 하루라도 먼저 저당권 잡아놓은 채권자가 1억 전부 가져가고, 후순위 저당권자는 받아갈 게 없는 거죠.

 접수는 그냥 접수한 날짜 말하는 거예요?

 네 맞아요. 말 그대로 서류를 등기공무원에게 들이민 날짜를 말하는 거예요. 그런데 나중에 접수일자 말고 등기원인일자도 나오거든요? 그게 두 개가 달라요. 접수를 하게 된 원인이 등기원인이라고 생각하시면 돼요. 예를 들어 제가 땅을 샀어요. 그러면 소유권이전등기를 받아야겠죠? 그 소유권이전등기를 접수한 날짜는 접수일이고, 땅을 사기로 계약한 날은 등기원인일자에 들어가는 거죠.

 소재지번 이건 나도 알겠구먼. 주소 아녀?

 네, 주소죠. 그런데 요새는 인터넷이 발달해서, 주소만 알아도 많은 걸 할 수가 있어요. 예를 들면 인터넷 포털사이트에 지도 있잖아요? 그 지도에 주소를 치시면 바로 컬러 항공사진으로 나와요. 그러면 비행기에서 내려다본 사진이 나오니까, 그 땅에 도로가 나 있는지, 주위에 도시가 있는지, 근처 아파트가 많은지 상권이 형성되어 있는지… 그런 거 다 보실 수 있어요.

오, 주소만 알면?

네. 포털사이트 가서 지도 메뉴 들어가신 다음에 지번 치시면 됩니다. 거기서 오른쪽 위에 보시면 로드뷰 보는 게 있어요 로드뷰.

로드뷰가 뭐당가?

항공사진은 비행기에서 내려다본 거잖아요? 그러면 주위 환경이나 상권 같은 건 잘 보이지만, 저희가 걸어다니면서 보는 것처럼 가까이서 볼 수는 없겠죠? 그래서 포털사이트 직원들이 자동차 타고 다니면서 다 사진을 찍어놨어요. 그걸 로드뷰라고 해요. 로드뷰 클릭하시면 바로 눈앞에서 보는 것처럼 건물이나 거리 풍경 사진이 다 나와요. 실제로 건물이 어떻게 생겼고, 몇 층이고, 어떤 상가 들어와 있고, 사람들 많이 지나다니는지… 그런 거 다 보여요.

지목? 이건 뭐야?

지목이란 건 용도예요. 이 땅의 용도. 이거 중요한 건 다 아시죠? 우리나라는 엄격해서, 땅에 용도를 다 지정해 놓고 그 용도로만 쓸 수 있게 해놨어요. 예를 들어 지목이 답(논)인데 거기다가 아파트를 지을 수는 없는 거죠. 지목 변경신청도 가능한데 허가받기가 쉽지 않으니까… 그래서 보통은 대가 비싸요. 대.

대?

네. 대지의 준말이에요. 건물 지을 수 있는 땅을 대지라고 해요. 전은 밭, 답은 논 같은 거죠. 특히 전이나 답 사실 땐 주의하셔야 해요. 전답은 농지잖아요?

아, 그건 나두 알어. 농지자격 어쩌고 서류 필요한 거 아녀?

네, 잘 아시네요! 실제로 농사짓는 곳은 농민만 살 수 있다 이런 법이 있어요. 그래서 농지를 경매로 사시려면 농지취득자격증명원이라는 서류를 발급받아서 제출하셔야 돼요.

면적은 나도 알어, 변호사 양반.

 네. 그래도 아직 '평'으로 계산하시는 분들은 간혹 '㎡' 단위랑 혼동하시기도 하니까, 주의하세요!

 갑구에 있어야 갑질을 하나?

등기사항전부증명서(말소사항 포함) - 토지

[토지] 충청북도 청주시 흥덕구 복대동 837-27

고유번호 1501-1996-133708

【 표 제 부 】		(토지의 표시)			
표시번호	접 수	소 재 지 번	지 목	면 적	등기원인 및 기타사항
1 (전 2)	1979년2월19일	충청북도 청주시 복대동 837-27	대	182㎡	
					부동산등기법 제177조의 6 제1항의 규정에 의하여 1999년 12월 03일 전산이기
2		충청북도 청주시 흥덕구 복대동 837-27	대	182㎡	1995년1월1일 행정구역변경으로 인하여 2000년2월8일 등기

【 갑 구 】		(소유권에 관한 사항)		
순위번호	등 기 목 적	접 수	등 기 원 인	권 리 자 및 기 타 사 항
1 (전 4)	소유권이전	1984년7월24일 제42864호	1984년7월23일 매매	소유자 노만식 531030-******* 청주시 복대동 837-27
				부동산등기법 제177조의 6 제1항의 규정에 의하여 1999년 12월 03일 전산이기
1-1	1번등기명의인표시변경		2000년1월29일 전거	노만식의 주소 청주시 상당구 용암동 1496 205호 2000년2월22일 부기
2	소유권이전	2000년2월22일	2000년2월1일	소유자 안세혁 530423-*******

열람일시 : 2016년06월29일 11시54분46초

1/7

[토지] 충청북도 청주시 흥덕구 복대동 837-27   고유번호 1501-1996-133708

순위번호	등 기 목 적	접 수	등 기 원 인	권 리 자 및 기 타 사 항
		제15007호	매매	청주시 흥덕구 복대동 874-4
2-1	2번등기명의인표시변경		2000년 3월 28일 전거	안세혁의 주소 청주시 흥덕구 복대동 837-27 2006년12월20일 부기
3	소유권이전	2006년12월20일 제91105호	2006년 11월 18일 매매	소유자 이춘모 420511-******* 　　서울 도봉구 쌍문동 130-70 동일빌라 201호 매매목록 제2006-918호
3-1	3번등기명의인표시변경		2006년 12월 26일 전거	이춘모의 주소 충청북도 청주시 흥덕구 가로수로1380번길 45(복대동) 2013년 4월 25일 부기
4	소유권이전	2013년 4월 25일 제53993호	2013년 3월 13일 매매	소유자 오소口 710516-******* 　　충청북도 청주시 흥덕구 과상마로72번길 17, 1층 102호 (봉명동) 매매목록 제2013-1146호
4-1	4번등기명의인표시변경	2014년 9월 1일 제117059호	2013년 5월 20일 전거	오소口의 주소 충청북도 청주시 흥덕구 가로수로1380번길 45(복대동)
5	가압류	2014년9월19일 제93281호	2014년9월18일 청주지방법원의 가압류결정(2014카단899)	청구금액 금5,204,035원 채권자 신한카드 주식회사 110111-0412926 서울 중구 소공로 70 (충무로1가) (대전송무)
6	5번가압류등기말소	2014년 3월 26일 제37233호	2014년 3월 25일 해제	

열람일시 : 2016년06월29일 11시54분46초   2/7

자, 이제 갑구랑 을구 보실 건데, 이게 진짜 등기부예요.

그럼 지금까지는 가짜였당가?

아니에요.

농담이여. 설명해 보더라고.

네. 표제부란 건 아까 보셨죠?

글치. 나이는 먹었어도 아직 건망증은 없으니께. 이름표 같은 거잖여. 주소 면적 뭐 그런거.

맞습니다. 이름표 같은 거죠. 그런데 제가 등기부는 권리관계 적혀 있는 거라고 했잖아요? 누가 소유권 갖고 있고 누가 저당권 걸어놓고 이런거. 그런 권리관계는 갑구랑 을구에 다 나와 있어요.

[토지] 충청북도 청주시 흥덕구 복대동 837-27

고유번호 1501-1996-133708

순위번호	등 기 목 적	접 수	등 기 원 인	권리자 및 기타사항
7	강제경매개시결정	2014년6월9일 제74577호	2014년6월9일 청주지방법원의 강제경매개시결정(2014 타경9468)	채권자 주식회사한울석관 121111-0110110 서울 금천구 시흥대로59길 95 , 상가동 203호(시흥동, 남서울건디아파트)
8	7번강제경매개시결정등기말소	2014년12월31일 제181343호	2014년12월30일 취하	
9	임의경매개시결정	2016년6월17일 제72625호	2016년6월17일 청주지방법원의 임의경매개시결정(2016 타경7572)	채권자 조은새마을금고 150144-0004586 청주시 서원구 충렬로 48 (사직동)
10	파산선고	2016년6월22일 제74348호	2016년5월11일 청주지방법원의 파산선고결정(2015하단8 4)	

【 을 구 】			(소유권 이외의 권리에 관한 사항)	
순위번호	등 기 목 적	접 수	등 기 원 인	권 리 자 및 기 타 사 항
1 (전 2)	근저당권설정	1991년9월16일 제86661호	1991년9월16일 설정계약	채권최고액 금칠백오십만원 채무자 이원갑 청주시 사창동 291-4 근저당권자 한국주택은행 서울 중구 태평로1가 61-1 (청주지점)

열람일시 : 2016년06월29일 11시54분46초

3/7

 그럼 갑구는 뭐고 을구는 뭐여?

 갑구에는 소유권, 을구에는 나머지라고 생각하시면 쉬워요 아버님. 소유권 관련된 건 다 갑구에 있어요. 역대 소유자도 다 갑구에 있고, 그 소유권을 뺏으려고 가압류해놓은 거, 가등기, 가처분해놓은 거… 죄다 갑구죠. 을구에는 저당권, 지상권 이런 게 있구요.

 갑구가 주인이여? 그럼 갑구가 갑질하는 놈들 명단이구만.

 음, 꼭 그런 건 아니에요. 사실 저희가 주로 경매 다루는데, 경매에 나온 물건들은 다 소유자들이 빚 못 갚아서 경매당하는 거잖아요? 그러니까 을구에 있는 저당권자가 오히려 소유자한테 갑질하는 사람일 수도 있는 거죠. 뭐 어쨌든 부동산에 다른 권리를 가지는 것보단 확실하게 소유권 갖는 게 좋다는 분들도 있구요. 생각해 보니 제 꿈도 건물주니까, 제 꿈도 건물등기부 갑구에 이름 올려놓는 거네요. 하하.

젊은 사람이 벌써부터 돈 밝히고 그럼 못써.

 네. 근데 이거 돈 버는 책인데…ㅜㅜ

 저기 등기원인 저게 그때 말한 건가?

 기억하시네요 아버님! 네 맞습니다. 매매계약을 한 날이 등기원인이고, 그 등기원인의 결과 실제로 등기소에 가서 등기신청을 접수한 날이 접수일자예요.

 그럼 나는 언제 주인이 되남?

 좋은 질문이에요. 안 그래도 이게 진짜 중요하다고 말씀드리려고 했는데. 이 등기란 게 법적 효력이 있어서 무서운 거잖아요? 그 등기의 법적 효력은 접수일 기준으로 발생합니다.

 아니, 내가 매매계약하고 돈 낸거는 한참 전인디?

 그래도 등기를 딱 하셔야 법적으로 주인이 되시는 거예요. 왜냐면 이 등기란 게, 공시하는 거든요. 공식적으로 내가 이 땅 주인이다! 하고 모든 사람에게 알리는 게 공시예요. 그러니까 다른 사람이 언제부터 아버님이 이 땅 주인인지 알 수 있는지가 중요하죠. 다른 사람들은 아버님이 매매계약서 사인하고 돈 내시고 그런 거 알 수가 없잖아요. 등기부에 올라와야 알게 되는 거죠. 그래서 법적으로 효력 발생일은 등기 접수일자 기준이에요.

 경매는 머시기 좀 다르다며?

 공부 많이 하셨네요! 맞습니다. 경매로 부동산을 사실 땐 등기가 필요 없어요. 정말 좋죠? 우리나라 민법은 법률행위, 그러니까 사람들 사이에 의사표시로 소유권을 사고 파는 거랑, 법률규정이나 경매로 어떤 사람에게 새로운 소유권을 부여하는 걸 다르게 취급하거든요. 주로 전자를 승계취득, 후자를 원시취득이라고 해요. 이건 어려운 개념이니까 나중에 필요하실 때 다시 물어보시구요, 아무튼 법률행위로 권리가 넘어갈 때는 등기를 꼭 해야 돼요. 법률행위 당사자들 말고는 모르잖아요. 공시가 안 되죠.

 그런데 경매 그런거는 법으로 딱 해버리는 거니까 공시가 자동으로 된다, 이거여?

 바로 그거죠! 토지수용 같은 것처럼 법률로 주인 바꿔버리는 거나, 경매절차 거쳐서 주인 바뀌는 건 그 자체가 공시 기능이 있잖아요. 그래서 경매로 부동산 낙찰

받으시면, 그 낙찰대금 완납하는 즉시 바로 소유권이 아버님께 넘어가요. 등기가 나중에 기입되긴 하는데, 그 등기일자가 언제든 돈 다 내신 날이 건물주 되신 날인 거죠.

경매가 좋긴 좋구먼. 돈만 내면 국가가 다 알아서 해주니께.

그렇죠. 일반 매매로 사시면 아무래도 일반 사인끼리 하는 거니까 여러 문제가 생길 수 있고 사기 위험도 크죠. 경매는 그런 위험이 적은 게 장점이죠.

저기 순위번호가 1번은 뭐고 1-1은 뭐여?

네. 가지번호란 거예요. 보시면 1번은 노모씨 명의 소유권등기잖아요? 그런데 이 노모씨가 이사를 가셨네요. 2000년 1월 29일 '전거'라고 나오잖아요. 전거가 주거지를 옮겼다는 뜻이에요. 그런데 이걸 별도등기로 하긴 좀 그렇잖아요? 1번 등기의 내용을 변경하는 거지, 새로운 권리변동이 있었던 게 아니니까요. 그래서 1-1번으로 가지번호를 매긴 거예요.

그럼 저기 2번으로 소유권 가져간 안모씨도 이사가면 2-2번이 생기나?

그렇죠, 그렇죠.

가압류도 갑구에 있구먼?

네, 가압류, 가등기, 가처분 다 갑구에 있어요. 셋 다 소유권에 태클을 거는 거잖아요? 가압류는 너 소유권 다른 데 넘기지마! 이거고, 가등기는 너 소유권 내가 가져갈 거야! 이거고, 가처분은 가압류랑 비슷한 거. 그래서 셋 다 소유권에 관한 제한이니까 갑구에 등기됩니다. 이걸 보시고 대충 스토리를 그려내실 수 있어야 돼요. 보니까 채권자가 카드회사네요. 카드대금 연체됐단 소리죠. 그런데 어지간하면 가압류까지 안 했겠죠. 꽤나 오래 연체했겠죠? 그런데 청구금액이 5백이에요. 5백을 못 갚아서 부동산에 가압류가 걸린다는 의미는 뭘까요? 부동산 소유자의 경제상황이 매우 어렵다는 거죠. 이 부동산, 곧 경매 나올 수도 있겠네요. 5백을 못 갚아서 가압류 걸릴 정도면 이미 근저당권은 상당히 잡혀 있는 상태일 거구요.

그런데 6번으로 가압류 말소했네?

네. 그래도 땅 주인인데 5백 정도는 해결할 수 있었다는 거죠. 그걸 어떻게 아냐면, 등기원인을 보세요. 해제라고 되어 있잖아요? 돈을 갚았으니까 해제를 해준 거죠. 5백도 못 갚을 정도였다면 해제를 못 받았겠죠. 그대로 경매에 넘어가고, 경매되면 가압류는 죄다 말소되니까 경매에 의해서 말소가 되었을 거예요.

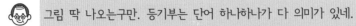 그림 딱 나오는구만. 등기부는 단어 하나하나가 다 의미가 있네.

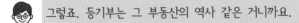 그렇죠. 등기부는 그 부동산의 역사 같은 거니까요.

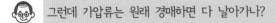 그런데 가압류는 원래 경매하면 다 날아가나?

음, 이건 경매에 의해 말소되는 권리, 인수되는 권리를 따로 공부하셔야 되는데요. 이것도 정확하게 배우시는 게 좋으니까, 따로 챕터 만들어서 설명해드리구, 여기서는 핵심만 말씀드릴게요. 가압류는 쉽게 말해서, 돈 안 갚는 채무자 재산을 채권자가 묶어놓는 거예요. 다른 데 못 넘기게. 그래서 경매에 넣어버리고 경매 대금을 채권자들끼리 나눠 갖는 거죠. 애초에 경매시켜서 돈 받는 게 목적이니까, 경매가 끝나면 남아 있을 이유가 없잖아요? 그래서 없어지는 거예요. 그래서 부동산 소유자 재산상태가 악화되면 그때쯤 등기부에는 온갖 가압류가 다 붙어요. 공과금 같은 것도 못 내면 압류가 붙어요. 등기부에 국가, 혹은 지방자치단체가 압류해놓은 거 보시면 많이 힘든가 보다 생각하시면 되죠.

변호사 양반 예상대로 진짜 경매가 되긴 됐네?

7번 등기 보고 말씀하시는 거죠?

아녀. 9번이지. 7번은 8번으로 말소됐잖여.

아이고, 정확하시네요. 살짝 함정이었는데. 하하. 맞습니다. 7번은 말소됐죠? 그런데 말소원인을 보셔야 해요. 8번으로 말소됐는데 보니까 등기원인이 취하잖아요? 채권자가 돈을 받았든지, 변제기를 유예해 줬든지 합의가 된 거죠. 진짜 경매는 9번 임의경매로 들어간 거죠.

결국 파산선고까지 났구먼.

네. 10번 파산선고결정도 등기되어 있죠? 등기부가 이렇게 편해요. 쭉 스토리를 이해할 수가 있죠.

그런데 강제경매는 뭐고 임의경매는 뭐여?

이것도 다른 책 보면 엄청 어렵게 공부하시던데, 간단해요. 경매란 게 결국 돈 안 갚는 채무자 재산을 뺏어서 팔구, 그 돈 채권자가 받아가는 거잖아요?

그렇지.

 그런데 채권자가 돈 받기 위해서 어떤 조치를 취했느냐에 따라서 경매가 좀 달라져요. 돈 빌려주면서 미리 저당권 같은 담보권 걸어놓으면, 나중에 아주 편해요. 채무자가 돈 안 갚으면 바로 그 담보권 실행해서 경매 넘어버릴 수 있거든요. 이건 채권자 마음대로 경매할지 말지 결정하는 경매예요. 그래서 임의경매라고 부르죠.

 그럼 강제경매는?

 강제경매는 담보권을 미처 못 잡아놓으신 채권자분들이 하시는 거죠. 금방 갚을 줄 알고 담보권을 안 설정했는데, 채무자가 뻔뻔하게 돈 안 갚으면 어떻게 하세요?

 뭐 압류해서 경매 넘어야지.

 네, 맞아요. 경매해야죠. 그런데 이 경우에는 담보권이 등기되어 있지 않으니까, 법원에 가서 바로 이 사람 재산 경매에 넘어버리세요! 라고 할 수가 없어요. 가압류 – 압류 – 경매의 3단계를 거쳐서, 내가 돈 받을 게 있다, 저 사람이 돈을 안 갚고 있다는 걸 증명하셔야 법원이 경매를 시작합니다. 이건 법원이 해주는 거니까 강제경매라고 하는 거죠.

 강제경매는 좀 복잡하구먼?

 네. 그런데 알고 보면 쉬워요. 법률용어가 많이 나와서 어려우신 거죠? 별거 아니에요. 깔끔하게 핵심만 딱 말씀드릴게요.
우선 가압류는 임시로 해놓는 압류예요. 변호사 상담받으러 가시면 '일단 얼리고 시작합시다' 하죠? 채무자가 재산 빼돌리지 못하게, 채무자 명의로 딱 고정시켜 버리는 거예요. 이건 내가 채권자라고 대충 소명만 하면 법원에서 등기해 주는 거예요. 그 다음 내가 진짜 채권자라는 걸 잘 증명하면, 정식 압류를 해 주고, 그 압류에 따라 강제경매개시결정을 등기하고 경매를 시작하는 거죠. 소명해서 가압류-> 증명해서 압류->강제경매. 이렇게 진행된다고 보시면 돼요.

 강제경매는 뭐 재산 잡아놓은 거 없이 빌려준 거라 뒤늦게 재산 잡아오려니 힘든 거구먼?

 네 그렇죠. 그런데 강제경매도 장점은 있어요.

 장점도 있어?

그럼요. 단점만 있는 게 세상에 어디 있나요. 하하. 강제경매는 임의경매랑 달라서 법원이 하나하나 증거서류 보고 절차 진행해주는 거잖아요? 그래서 공신력이 있어요. 임의경매에 들어가서 낙찰받았는데 그 임의경매 원인이었던 근저당권이 사실 무효였다! 이러면 돌려줘야 하거든요? 그런데 강제경매는 공신력이 있어서, 나중에 채권이 무효였네 어쩌네 해도 그냥 낙찰받은 사람 소유예요. 돌려주지 않아도 되는 거죠.

 나같이 경매로 뭐 살려는 사람한테는 강제경매가 좋구먼?

 그렇죠. 물론 강제경매도 무효가 되는 경우가 있긴 해요. 아예 채무자 재산이 아니라 생판 남의 재산을 실수로 경매했다 이러면 돌려줘야 하죠. 그런데 그런 일은 흔하지 않으니, 강제경매로 받으면 임의경매보다는 좀 안전하다 생각하시면 되는 거에요.

  자, 실제로 받는 질문들 위주로 정리해 보았는데, 감이 오시나요? 쉽게 말씀드려서, 갑구는 소유권에 관련된 사항이 기재되는 곳입니다. 소유권이 이전되어온 과정이 쭉 나오구요, 가압류, 가등기, 가처분 등 소유권에 대한 제한도 여기 기록됩니다. 토지가 중간에 경매로 넘어갔다면, 강제경매개시결정이었는지, 임의경매개시결정이었는지도 나옵니다. 특히 나중에 배우시겠지만, 가처분, 가등기 중 일부는 경매가 끝나도 소멸되지 않고 살아있는(인수되는) 경우가 있으니 그 부분도 꼭 체크해 보세요!

9 ✓ 진정한 갑질은 오히려 을구에서 한다!

[토지] 충청북도 청주시 홍덕구 복대동 837-27

고유번호 1501-1996-133708

순위번호	등 기 목 적	접 수	등 기 원 인	권 리 자 및 기 타 사 항
7	강제경매개시결정	2014년6월9일 제74577호	2014년6월9일 청주지방법원의 강제경매개시결정(2014 타경9468)	채권자 주식회사한올석건 12111-0110110 서울 금천구 시흥대로59길 95 , 상가동 203호(시흥동, 남서울건다아파트)
8	7번강제경매개시결정등기말소	2014년12월31일 제181343호	2014년12월30일 취하	
9	임의경매개시결정	2016년6월17일 제72625호	2016년6월17일 청주지방법원의 임의경매개시결정(2016 타경7572)	채권자 조은새마을금고 150144-0004586 청주시 서원구 충렬로 48 (사직동)
10	파산선고	2016년6월22일 제74348호	2016년5월11일 청주지방법원의 파산선고결정(2015하단8 4)	

【 을 구 】		(소유권 이외의 권리에 관한 사항)		
순위번호	등 기 목 적	접 수	등 기 원 인	권 리 자 및 기 타 사 항
1 (전 2)	근저당권설정	1991년9월16일 제86661호	1991년9월16일 설정계 약	채권최고액 금칠백오십만원 채무자 이원갑 청주시 사창동 291-4 근저당권자 한국주택은행 서울 중구 태평로1가 61-1 (청주지점)

열람일시 : 2016년06월29일 11시54분46초

3/7

 자, 이제 마지막으로 남은 을구를 봅시다. 아까 말씀드린 대로, 을구에는 소유권을 제외한 모든 권리사항이 기재되어 있습니다. 가장 유명한 것은 역시 저당권이겠지요? 저당권 외에도 전세권, 지상권… 등등 수많은 권리 종류가 있지만, 역시 여러분이 가장 신경쓰셔야 할 것은 저당권입니다. 갑구의 소유권이 중요하긴 하지만, 그 소유권을 제한하는 권리들이 을구에 기재되어 있고, 실제로 을구의 권리들 때문에 소유권이 빈 깡통이 되는 경우가 많아요. 예를 들어 10억짜리 부동산에 20억짜리 근저당권이 잡혀 있다면? 혹은 땅인데 지상권이 설정되어 있고 지료가 월 10만원밖에 안 된다면? 땅 주인은 세금만 내도 적자겠죠? 그래서

[토지] 충청북도 청주시 흥덕구 복대동 837-27

고유번호 1501-1996-133708

순위번호	등 기 목 적	접 수	등 기 원 인	권 리 자 및 기 타 사 항
				공동담보 건물등기 제445호
1-1 (전 2-1)	1번근저당권변경	1989년2월10일 제7598호	1989년2월9일 면책적 채무인수 계약	채무자 노만식 청주시 복대동 837-27
2 (전 3)	근저당권설정	1992년11월17일 제65277호	1992년11월16일 설정계약	채권최고액 금20,000,000원 채무자 노만식 청주시 복대동 837-27 근저당권자 복대신용협동조합 15041-0000491 청주시 복대동 849-1 공동담보 동 건물 837-27
3 (전 4)	근저당권설정	1994년11월9일 제42449호	1994년11월9일 설정계약	채권최고액 금9,500,000원 채무자 노만식 청주시 복대동 837-27 근저당권자 복대신용협동조합 15041-0000491 청주시 복대동 162-3 공동담보 동 건물 837-27
				부동산등기법 제177조의 6 제1항의 규정에 의하여 1번 내지 3번 등기를 1999년 12월 03일 전산이기
4	1번근저당권설정등기말소	2000년2월22일 제15004호	2000년2월14일 해지	
5	2번근저당권설정등기말소	2000년2월22일 제15005호	2000년2월14일 해지	

열람일시 : 2016년06월29일 11시54분46초   4/7

오히려 진정한 갑은 을구에 나타나 있는 경우가 많습니다. 여러분이 경매에서 중요하다고 귀에 못이 박히도록 들은 지상권, 최선순위 저당권 이런 게 모두 을구에 적히는 권리예요. 기초개념부터 잘 잡고 시작해 봅시다!

 오매, 근저당권이 왜 저렇게 빨간줄이 가 있댜?

 네, 지난번에 말씀드린 것처럼 근저당권이 들어왔다가 지워진 거예요. 그런데 어떻게 지워진 건지가 중요하죠. 예를 들어 저기 2번 근저당권은 5번 말소등기로 지워졌잖아요? 그러면 말소했네 하고 넘어가시면 안 돼요. 왜 말소되었을까 생각을 하셔야죠.

 돈을 다 갚아서 지워졌냐, 못 갚아서 지워졌냐 이거 아니여?

 그럼죠! 기본기가 탄탄하시네요. 돈을 다 갚았으면 근저당권자(채권자)가 근저당권설정계약을 해지해 줬겠죠. 그러면 5번 말소등기처럼 등기원인에 '해지'라고 나오겠죠?

 돈을 다 못 갚으믄?

 그랬으면 아마 경매에 넣었겠죠. 어떤 경매에 넣었을까요?

 근저당권이니께… 거시기, 임의경매 그거 아니여?

 딩동댕! 그렇죠. 미리 담보권(근저당권)을 설정해 놓았으니까, 채무자가 안 갚으면 그걸 실행시켜 버리면 그만인 거예요. 법원에 나 채권자요 하고 증명할 필요도 없고, 그냥 근저당권 등기되어 있으니까 아무 때나 맘대로 실행시킬 수 있는 거죠. 그렇게 맘대로 하니까 임의경매! 외우셨죠?

 근데 1번 저당권 저거는 겁나게 복잡해부러. 아따 많이도 써 놨네 그랴.

 하나도 안 어려워요, 제가 다 설명해드릴게요. 자, 우선 이 근저당권 효력일자가 언제죠?

 1981년 9월 18일! 접수일이 효력 생기는 날이람서?

 와, 정말 기억력 좋으시네요. 그러면 이 근저당권 계약은 언제 했을까요?

 1981년 9월 16일! 그게 등기원인 아녀? 둘이 만나서 뭐 계약한 날?

 네. 정확합니다. 대충 보아하니, 9월 16일에 돈을 빌리고, 빌리면서 근저당권도 설정하기로 하고, 이틀 동안 서류 준비해서 18일에 같이 등기하러 갔나 보네요.

 채권최고액은 돈 빌린 액수 말하는 기지?

 음, 비슷한데, 정확히 맞진 않아요. 채권최고액이란 건 그 근저당권으로 담보되는 액수 한도를 말하는 거예요. 그래서 실제 채권액보다는 좀 높게 써놓죠.

 아, 이자 땀시?

 그렇죠. 여기 최고액이 750만원인 걸 보면, 실제 채권액은 한 500만원이었겠죠. 그런데 500으로 해놓으면, 원금에 이자 붙어서 실제로 받아야 할 금액이 500넘어가 버리면 500넘어간 부분은 저당권으로 담보가 안 되거든요. 저당권은 우선순위가 있는 건데. 그래서 안전하게 한 2, 30% 더 붙여서 채권최고액을 정해놓는 거죠.

그란디, 공동담보? 기타사항에 공동담보 뭐시기 써 있네?

 가끔 등기부 출력하실 때, 공동담보목록도 출력할 거냐고 물어보시는 창이 뜰 거예요. 그런 게 이런 경우인데, 여러 개 부동산을 한꺼번에 근저당 넣을 때 그렇게 돼요. 예를 들어 빚이 수천억 원이면, 건물 하나 가지곤 어림도 없잖아요? 그래서 건물 여러 개, 땅 여러 개 등등 한꺼번에 담보로 잡을 때 그렇게 묶어서 근저당권 하나를 설정하는 거예요. 출력해 봐야 알겠지만, 보통 이런 경우는 이 토지 위에 있는 건물까지 한꺼번에 공동담보로 저당권설정한 거 같네요.

 잠깐, 1-1 저것은 뭐여? 면책적 뭐뭐?

 네. 하나하나 차분히 보시면 쉽게 이해하실 수 있어요. 우선 등기목적이 1번 근저당권 변경이라고 되어 있죠? 등기 번호도 1-1 가지번호구. 뭔가 1-1등기로 1번 등기 내용이 변경되었다는 말이겠죠. 등기원인을 보니 면책적 채무인수라고 되어 있네요? 이게 무슨 뜻이냐면, 내 채무를 누군가가 인수해 갔다는 뜻이예요. 채무인수 중에서도 면책적 채무인수는, 옛날 채무자는 완전히 채무랑 상관 없는 사람이 되어버리고, 채무 인수한 새 채무자 혼자 채무를 책임져야 한다는 뜻이죠.

 아니, 남의 빚을 가져간다고라? 그런 바보가 어디 있당가?

 에이, 대가 없이 빚만 인수했겠어요? 뭔가 받는 게 있겠죠. 보통은 땅을 새로 사시는 분들이 이런 경우가 많아요. 땅에 저당권 걸려 있으면 찝찝하잖아요? 그러면 그 저당권 걸린 채무(이걸 유식한 말로 저당권의 피담보채무라고 해요)를 아예 자기가 떠안고, 대신 그 채무액만큼은 땅 대금에서 까는 거죠. 예를 들어서 10억짜리 땅에 3억짜리 피담보채무 있는 근저당권이 설정되어 있으면, 3억짜리 채무 인수하면서, 7억만 내고 땅을 사오는 거죠.

 그렇구먼. 그러면 이 경우도 그러려나?

 그건 갑구를 살펴봐야죠. 1-1번에 따르면 채무자가 노모씨로 바뀌었죠? 갑구에 가보면 아마 이 즈음에 갑구 소유자가 노모씨 명의로 바뀌었을 거예요. 노모씨가 아무 이유 없이 채무를 인수해줄 리가 없잖아요. 하하.

 아이고, 수고했네, 우리 선생님. 덕분에 등기부 까막눈은 면했구먼.

 무슨 말씀을요. 잘 따라와주셔서 제가 더 감사합니다!

✅ 한 번 더 Check!
– 집합건물등기부

아니 변호사 양반, 왜 들어가는 사람을 다시 끌어내고 그랴?

에이, 공부 다 하셨으면, 시험을 봐야죠 아버님.

이 나이에 무슨 시험을 보고그랴! 퍼뜩 집에 가야쓰겄어 나는!

딱 한 장만! 한 장만 보고 가요 아버님. 시험 말고 복습, 복습!

그라믄 딱 한 장만이여.

그럼요, 그럼요.

근디 잠깐, 한 장이라믄… 한 장짜리 등기부가…

기억나시죠? 하하.

아파트! 아파트는 뭐 한 장만 나온담서?

맞습니다. 시험 볼 필요도 없었네요. 아파트나 빌라 같은 집합건물은 토지와 건물을 한 세트로 묶어서만 처분하게 되어 있어요. 그래서 등기부도 아예 하나로 합쳐지는 거죠. 기억하고 계시네요. 어차피 등기부 보시는 김에, 요새는 집합건물이 대세니까, 집합건물등기부로 한번 가볍게 복습하고 마칠게요.

등기사항전부증명서(말소사항 포함) - 집합건물

[집합건물] 서울특별시 마포구 신수동 456 마포경남아너스빌 제201동 제7층 제707호　　　　고유번호 2701-2007-001159

【　　표　　제　　부　　】 　〈1동의 건물의 표시〉			
표시번호	접　수	소재지번,건물명칭 및 번호	건 물 내 역	등기원인 및 기타사항

표시번호	접　수	소재지번,건물명칭 및 번호	건 물 내 역	등기원인 및 기타사항
1	2007년6월29일	서울특별시 마포구 신수동 456 마포경남아너스빌 제201동	철근콘크리트구조 (철근)콘크리트지붕 12층 공동주택(아파트) 1층 757.29㎡ 2층 748.01㎡ 3층 742.17㎡ 4층 736.01㎡ 5층 736.01㎡ 6층 736.01㎡ 7층 736.01㎡ 8층 619.26㎡ 9층 529.65㎡ 10층 529.65㎡ 11층 529.65㎡ 12층 412.84㎡ 옥탑 114.87㎡(연면적제외)	도면편철장 1책 218장
2		서울특별시 마포구 신수동 456 마포경남아너스빌 제201동 [도로명주소] 서울특별시 마포구 신수로 81	철근콘크리트구조 (철근)콘크리트지붕 12층 공동주택(아파트) 1층 757.29㎡ 2층 748.01㎡ 3층 742.17㎡ 4층 736.01㎡ 5층 736.01㎡ 6층 736.01㎡ 7층 736.01㎡	도로명주소 2011년11월24일 등기

열람일시 : 2015년06월05일 10시25분52초

1/7

[집합건물] 서울특별시 마포구 신수동 456 마포경남아너스빌 제201동 제7층 제707호　　　　고유번호 2701-2007-001159

표시번호	접　수	소재지번,건물명칭 및 번호	건 물 내 역	등기원인 및 기타사항
			8층 619.26㎡ 9층 529.65㎡ 10층 529.65㎡ 11층 529.65㎡ 12층 412.84㎡ 옥탑1 114.87㎡(연면적제외)	

〈 대지권의 목적인 토지의 표시 〉			
표시번호	소　재　지　번	지　목	면　적	등기원인 및 기타사항
1	1. 서울특별시 마포구 신수동 456	대	7914.3㎡	2007년6월29일

【　　표　　제　　부　　】 　〈전유부분의 건물의 표시〉			
표시번호	접　수	건물번호	건 물 내 역	등기원인 및 기타사항
1	2007년6월29일	제7층 제707호	철근콘크리트조 84.95㎡	도면편철장 1책 218장

〈 대지권의 표시 〉			
표시번호	대지권종류	대지권비율	등기원인 및 기타사항
1	1 소유권대지권	7914.3분의 49.46	2007년6월22일 대지권 2007년6월29일
2		별도등기 있음	

열람일시 : 2015년06월05일 10시25분52초

2/7

[집합건물] 서울특별시 마포구 신수동 456 마포경남아너스빌 제201동 제7층 제707호 　　　　　　고유번호 2701-2007-001159

표시번호	대지권종류	대지권비율	등기원인 및 기타사항
			+토지(갑구147번 압류, 155번 가압류, 157번 가압류, 170번 압류, 176번 가압류, 을 7.93번부터128번까지의 근저당권설정등기가) 2007년6월29일
3			2번 별도등기 말소 2007년9월18일

【　　갑　　　구　　　】　　（ 소유권에 관한 사항 ）				
순위번호	등 기 목 적	접　　수	등 기 원 인	권 리 자 및 기 타 사 항
1	소유권보존	2007년6월29일 제33628호		소유자 신수동바탕골제1지역주택조합 1120-01574 　서울특별시 마포구 신수동 91-280 　대표자 김홍철 641214-******* 　서울특별시 마포구 신수동 456 　마포경남아너스빌아파트 201-702
				신탁 신탁원부 제388호
2	가압류	2007년8월6일 제39180호	2007년8월6일 서울 서부지방법원의 가압류 결정(2007카합1351)	청구금액 금161,700,000원 채권자 신수동경남아너스빌아파트입주자대표회의 　서울특별시 마포구 신수동 455 (대표자 조종근)
3	소유권이전	2007년9월14일	2007년1월17일	소유자 서口선 750215-*******

[집합건물] 서울특별시 마포구 신수동 456 마포경남아너스빌 제201동 제7층 제707호 　　　　　　고유번호 2701-2007-001159

순위번호	등 기 목 적	접　　수	등 기 원 인	권 리 자 및 기 타 사 항
		제45250호	매매	서울특별시 마포구 신수동 456 마포경남아너스빌아파트 201-707
				1번 신탁등기말소 원인 신탁재산의 처분
3-1	3번등기명의인표시변경		2011년4월22일 전거	서口선의 주소 서울특별시 마포구 마포대로 109, 2703호(공덕동,롯데캐슬프레지던트0) 2012년10월17일 부기
4	2번가압류등기말소	2007년10월1일 제47245호	2007년9월19일 해제	
5	소유권이전	2012년10월17일 제45011호	2012년9월28일 증여	소유자 이규갑 720808-******* 　서울특별시 마포구 마포대로 109, 2703호(공덕동,롯데캐슬프레지던트 0)
6	압류	2014년9월15일 제40132호	2014년9월15일 압류(법인세과-4164)	권리자 국 처분청 동대문세무서
7	가압류	2014년11월17일 제54489호	2014년11월17일 서울중앙지방법원의 가압류결정(2014카단811 998)	청구금액 금207,206,009 원 채권자 한국무역보험공사 110171-0008232 　서울 종로구 종로 14 (서린동)
8	7번가압류등기말소	2015년1월6일 제671호	2014년12월30일 해제	
9	가압류	2015년4월3일	2015년4월3일	청구금액 금620,000,000 원

[집합건물] 서울특별시 마포구 신수동 456 마포경남아너스빌 제201동 제7층 제707호   고유번호 2701-2007-001159

순위번호	등 기 목 적	접 수	등 기 원 인	권 리 자 및 기 타 사 항
		제20886호	서울서부지방법원의 가압류결정(2015카단506 53)	채권자 신용보증기금 114271-0001636 대구 동구 첨단로 7 (신서동) (마포지점)
10	가압류	2015년4월10일 제22360호	2015년4월10일 서울중앙지방법원의 가압류결정(2015카단803 144)	청구금액 금298,200,000 원 채권자 한국무역보험공사 110171-0008232 서울 종로구 종로 14 (서린동)
11	임의경매개시결정	2015년5월26일 제35824호	2015년5월22일 서울서부지방법원의 임의경매개시결정(2015 타경50541)	채권자 중소기업은행 110135-0000903 서울 중구 을지로 79 중소기업은행본점 (여신관리부)

【 을 구 】			(소유권 이외의 권리에 관한 사항)	
순위번호	등 기 목 적	접 수	등 기 원 인	권 리 자 및 기 타 사 항
1	근저당권설정	2008년5월8일 제28547호	2008년5월8일 설정계약	채권최고액 금120,000,000원 채무자 서□선 서울특별시 마포구 신수동 456 마포경남아너스빌아파트 201-707 근저당권자 주식회사국민은행 110111-2365321 서울특별시 중구 남대문로2가 9-1 (광흥창역지점)
2	근저당권설정	2009년3월13일 제11137호	2009년3월13일 설정계약	채권최고액 금200,000,000원 채무자 서□선

열람일시 : 2015년06월05일 10시25분52초

[집합건물] 서울특별시 마포구 신수동 456 마포경남아너스빌 제201동 제7층 제707호   고유번호 2701-2007-001159

순위번호	등 기 목 적	접 수	등 기 원 인	권 리 자 및 기 타 사 항
				서울특별시 마포구 신수동 456 마포경남아너스빌아파트 201-707 근저당권자 금용배 470324-******* 서울특별시 용산구 원효로1가 23-7
3	2번근저당권설정등기말소	2011년4월22일 제17538호	2011년4월22일 해지	
4	1번근저당권설정등기말소	2013년3월20일 제10951호	2013년3월20일 해지	
5	근저당권설정	2013년5월14일 제20109호	2013년5월14일 설정계약	채권최고액 금399,600,000원 채무자 주식회사대□무역 서울특별시 중랑구 봉화산로 123, 902-1호 (상봉동, 신내테크노타운) 근저당권자 중소기업은행 110135-0000903 서울특별시 중구 을지로2가 50 (마포중앙지점)
6	근저당권설정	2014년6월10일 제24729호	2014년6월10일 설정계약	채권최고액 금113,100,000원 채무자 주식회사대□무역 서울특별시 중랑구 동일로 822, 3층 (중화동,에스엠빌딩) 근저당권자 주식회사현대저축은행 110111-0129977 서울특별시 강남구 선릉로 652(삼성동)
7	근저당권설정	2015년3월23일 제17400호	2015년3월23일 설정계약	채권최고액 금130,000,000원 채무자 이규갑 서울특별시 마포구 마포대로 109,

열람일시 : 2015년06월05일 10시25분52초

[집합건물] 서울특별시 마포구 신수동 456 마포경남아너스빌 제201동 제7층 제707호   고유번호 2701-2007-001159

순위번호	등 기 목 적	접 수	등 기 원 인	권 리 자 및 기 타 사 항
		.		2703호 (공덕동,롯데캐슬프레지던트 0) 근저당권자 김호태 731115-******* 대구광역시 동구 아양로15길 71-1(신암동)

-- 이 하 여 백 --

관할등기소 서울서부지방법원 등기과

7/7

 뭐, 대충 비슷하구만?

 그렇죠? 집합건물등기부도 그냥 건물등기부처럼 표제부, 갑구, 을구 이렇게 있어요. 각 부분이 하는 역할두 똑같구요. 딱 하나 다른 점은, 토지 등기부가 집합건물 등기부로 합쳐져 있다는 거죠.

 그게 어디 붙어 있는데?

 표제부에 있어요. 그래서 첫 장만 봐도 대충 다 알 수 있죠.

 아하, 저기 대지권 어쩌고 하는 게 그거고만?

 네, 저 아래쪽에 대지권의 목적인 토지의 표시라고 나오죠?

 응. 저게 이 건물에 찰싹 붙어버린 그 땅인갑네.

 네 맞아요. 집합건물이 지어지면, 집합건물 아래의 토지는 별도의 부동산으로서 토지의 개성을 잃어버려요. 그냥 집합건물을 갖고 있기 위해서 사용되는 토지, 일종의 액세서리 같은 종물이 된다고 생각하시면 돼요. 그래서 그냥 토지라기보단 대지권이라는 권리로 표시가 되는 거예요.

음 소재지번 나오고, 지목은 뭐 대지니까 당연히 대고, 면적도 건물 면적이랑 비슷하고. 그렇구만. 건물이랑 한 세트가 되는 거구만.

네. 자세한 내용은 그 밑에 대지권의 표시에 나와 있어요.

이건 좀 복잡한데?

별거 아니에요. 우선 첫 칸에 대지권종류 라고 되어 있죠? 그건 이 집합건물 주인이, 땅에 대해 어떤 권리를 가졌길래 땅을 이렇게 대지권으로 만들었느냐 하는 거예요. 여기에는 소유권대지권이라고 되어 있죠? 집합건물 주인이 땅도 갖고 있었다는 뜻이에요. 이렇게 소유권대지권이면 별 문제가 없죠.

그럼 자기 땅도 아닌데 건물 지어버리는 사람도 있나?

그럼요. 많지는 않은데, 간혹 보면 땅 주인은 아니고 땅을 쓸 수 있는 지상권, 전세권, 임차권 같은 걸 가진 사람들도 그걸 이용해서 땅 위에 집합건물을 지어요. 그럼 대지권 종류가 지상권대지권, 전세권대지권 뭐 그렇게 되겠죠? 그런데 이러면 나중에 문제가 좀 생기죠.

그라지. 그런 거는 기간 끝나버리면 어쩔 것이여?

그렇죠. 잘 아시네요. 지상권이나 전세권 같이 땅을 사용할 수 있는 권리를 법적으로 '용익물권'이라고 불러요. 그런데 이런 권리들은 보통 기간이 정해져 있거든요. 아니면 지상권설정계약이나 전세계약이 해지될 수도 있잖아요. 그렇게 되면…

건물이 허공에 붕 뜨네?

그렇죠. 그럼 난리나죠. 뭐 일단 땅 쓰는 값, 부당이득 내놓으라고 할 수도 있고, 심하면 건물 철거청구도 할 수 있고, 아예 아파트를 매수할 수도 있죠.

대지권종류를 잘 보고 사야겠구먼?

그렇죠. 소유권대지권이 제일 안전하죠. 뭐 땅을 노리는 입장이시면 반대일 수도 있죠. 하하.

거기 전유부분이랑 대지권비율은 뭔가?

간단해요. 전유부분이 아파트에서 호수 하나를 말하는 거예요. 101호 하나. 그리고 그 101호가 전체 대지권에서 얼마만큼의 비율을 차지하고 있느냐를 보여주는 게 대지권비율이죠.

 잠깐, 아래쪽에 별도등기 있음? 이게 뭐야?

 잘 보셨어요. 이게 오늘의 하이라이트예요.

 별도등기? 집합건물은 등기부가 하나라며?

 네. 바로 그거예요. 보통 집합건물은 토지가 건물의 종물처럼 되어버리잖아요? 그런데 그러려면 토지에 대한 권리관계가 깨끗이 정리되어 있어야 가능해요. 그래야 건물이랑 같이 세트로 팔아도 문제가 없죠.

 집합건물 생기기 전에 토지에 권리가지고 있는 사람이 있으면 안 되겠구만?

 그렇죠. 상식적으로 생각해 봐도 그렇죠. 집합건물이 생기면 그 다음부터 토지에 뭐 별도로 등기하면 안 된다 이건데, 집합건물 생기기 전에는 당연히 토지에 이것저것 권리설정했을 거 아니에요. 그런 거는 보호해 줘야죠. 예를 들어 집합건물이 지어지고 나면, 토지에다가 따로 저당권설정을 못해요. 그런데 집합건물 들어서기 전에는 토지밖에 없었으니까, 당연히 거기다가 저당권 잡아놨을 수 있죠. 그런 거는 등기부를 없애 버리면 안 되겠죠?

 그래서 별도로 등기부를 남겨 놨다, 이거네?

 정확하십니다. 그래서 별도등기 있음 이게 보이면 상당히 위험한 거예요. 대지권이 날아가 버릴 수가 있거든요. 집합건물 등기를 합쳐놓은 게, 이렇게 대지권 날아가서 건물이 허공에 뜨는 사태를 막으려고 법 만들어 놓은 건데, 이 별도등기는 법의 예외인 거죠.

 그런데 이게 또 기회일 수도 있잖아?

 그럼요. 건물 사는 입장에서는 악재지만, 땅을 사는 입장에서는 호재가 될 수 있는 거죠. 물론 이걸 지나치게 악용해서 입주자들 괴롭히고 그러면 안 되겠지만요.

갑구

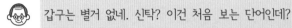

갑구는 별거 없네. 신탁? 이건 처음 보는 단어인데?

신탁이란 것도 간단해요. 내 재산을 다른 사람한테 넘기고, 그 사람이 알아서 재산을 운용해서 돈을 벌어요. 그 번 돈을 내 채권자한테 빚 갚는 데 우선 쓰고, 빚 갚고 남는 건 저한테 돌려주는 거죠. 신탁기간 무사히 끝나거나 빚 다 갚으면 저한테 재산 돌려주구요.

아하, 채무자가 재산 갖고 있으면 빼돌리거나 할지 모르니까, 신탁회사에 맡겨놓고 채권자가 이자 받아가고 그런 거구만?

네 그렇죠. 대신 주의하셔야 해요. 법적으로는 완전히 신탁회사 재산이 되는 거예요. 신탁계약 기간 동안은 완전히 신탁회사 것이고, 저는 소유자가 아니라 신탁회사에 수익금 청구할 수 있는 채권만 갖고 있는 거죠. 신탁기간이 무사히 끝나거나 중간에 해지하면 신탁재산의 귀속이라고 해서 원래 위탁자에게 돌아가는 경우가 많고, 신탁으로 채무 처리가 원만하게 되지 않으면 신탁회사가 신탁재산을 처분해서 채권자와 위탁자에게 분배해주는 신탁재산의 처분도 가끔 일어나죠. 이 경우에는 처분으로 신탁이 끝났네요. 새로 사간 사람은 서모씨구요. 너무 어렵게 생각하지 마시고, 다른 소유권이전등기와 똑같다고 보시면 돼요. 재산 넘어갔다가, 다시 돌아온 거예요.

이제 나도 어디가서 사기는 안 당하겠구먼?

그럼요. 그럼 살짝 이 등기부 훑어보시겠어요?

내 실력 좀 보시게 변호사 양반. 험험. 우선, 이거 보존등기? 맨 처음 등기를 주택조합이 했네. 재건축했나벼.

네, 맞습니다.

근데 재건축하느라 돈을 너무 많이 써버렸나? 바로 가압류 들어왔네. 그런데 가압류한 사람이 입주자대표회의인거 보면 그냥 입주과정에서 안전하게 하느라 해놓은 거 같기도 하고.

네, 그럴 가능성도 높죠. 신탁재산 처분받은 분이 사실은 분양받은 분이었을 가능성도 있어요. 받자마자 입주자대표회의가 4번으로 가압류 지워준 걸 보면 그럴 가능성이 더 높겠죠?

그 다음에는 별거 없구먼. 이모씨가 5번으로 받아갔고. 그런데 이분은 사업이 잘 안 되셨나?

 네. 세무서 압류 들어오고 계속 압류 들어왔다 지워졌다 하네요.

 결국엔 경매 들어갔구먼. 아 그런데 임의경매니까 을구 보면 저당권이 있겠네?

 그렇죠! 임의경매는 저당권에 기해서 넘는 거니까, 을구에 저 경매의 원인이 된 저당권이 있겠죠.

 그럼 을구를 볼까?

 네, 저당권이 많이 잡혀 있었네요?

 뭐 그런데 1번 2번은 다 3번 4번 해지로 지워졌고… 갚아서 지워졌단 뜻이네?

 이제 고수 다 되셨네요.

 뭘 이 정도 가지고, 엣헴. 그런데 5번부터는 못 갚았구먼? 액수도 크네. 4억쯤 되고.

 네. 사업을 크게 벌이셨나 보네요.

 이거 뭐 채무자가 무슨 회사인데, 남의 빚에 자기 아파트 저당권 잡아줄 사람은 없고, 아파트 주인이 그 회사랑 깊은 관련이 있었나 보네.

 네. 물상보증이라고 하죠. 남의 채무에 자기 재산으로 저당권 설정해주는 이런 거. 안타깝네요. 보통 사건 맡아보면 친척이나 가족 회사인 경우에 물상보증 많이 해주더라구요.

 젊은 양반, 내 말 들어. 물상보증이건 뭐건 보증은 해주는 게 아니야.

 네네. 그럼요.

 봐, 결국 이거 내 아파트만 임의경매 넘어간 거잖아.

 네, 명심하겠습니다.

결어

드디어 등기부를 어느 정도 개관해 보았습니다. 어떠셨나요? 등기부에 등장하는 법률용어나 권리관계는 이제 하나하나 설명해드릴 겁니다. 그런데 그 전에 앞서, 등기부 자체를 보는 법부터 배워야 한다고 생각해서 제일 먼저 정리해 보았어요. 사실 법정지상권, 소액임대차보증금최우선변제… 이런 어려운 말들부터 가르쳐 드려도 소용이 없어요. 정작 등기부 보고 "이거 법정지상권 되는지 맞춰보세요"하면 아예 뭐가 뭔지 알아보시질 못하더라구요.

당장 경매, 공매로 큰 돈을 만지고 싶으신 마음은 이해합니다. 하지만 모든 투자는 자신의 피 같은 돈으로 하는 거예요. 아무리 안전한 투자라도, 그 돈이 힘들게 모인 가족의 돈이라는 사실은 변하지 않죠. 그걸 지켜드리는 게 변호사의 일인 이상, 경매를 가르치는 데에도 안전하게, 기초부터 탄탄히 가르쳐드리고 싶습니다. 최소한 웬만한 권리분석은 혼자 힘으로 하실 수 있게 만들어드리는 것이 이 책의 목표거든요.

아무리 공경매가 안전한 바다라도, 방향을 모르면 목적지에 닿을 수 없습니다. 항상 변하지 않는 북극성 같은 존재를 등대삼아 항해하여야겠죠. 밤하늘 높이 떠서 누구나 쉽게 볼 수 있고, 변하지 않는 신뢰를 부여받는 지표. 부동산의 세계에서 그런 별을 찾으라면 그것은 등기부일 수밖에 없습니다. 이제 여러분은 캄캄한 어둠 속에서 한 줄기 빛을 찾아낸 것이죠. 이걸 단단히 붙잡고, 저와 함께 조금씩 더 깊이, 차근차근 나아가 보는 겁니다.

chapter 3

소멸주의,
인수주의

경매 후에 남는 것들

경매로 없어지는 권리, 남는 권리
 - 말소냐 인수냐, 그것이 문제로다

이제 등기부 하나만 떼어보면, 이 부동산에 과거 어떤 일이 있었고, 현재 어떤 상태인지 대충은 보이실 겁니다. 그래서 '현재 이 부동산에는 저당권이 하나, 선순위가압류가 하나, 소액임차인이 하나 있네.' 이런 식으로 '권리 분석'을 하실 수 있는 거죠. 저당권, 가압류, 임차권… 이런 '권리'들이 어떻게 되어 있는지, 몇 개 있는지 보인다는 겁니다.

그런데 이런 '권리'들이 공경매를 만나면, '죽을지, 살아남을지' 운명이 결정됩니다. 공경매가 끝난 뒤에도 살아남는 권리가 있고, 공경매를 하면 경매절차에서 처리되어서 사라져 버리는 권리가 있는 거죠. 그런 말은 처음 듣는다구요? 아닙니다. 재테크에 조금이라도 관심이 있으셨다면, 수없이 들어보셨을 겁니다. 권리의 운명, 어떻게 결정되는지 한번 보시죠.

공경매 좀 공부하시다 보면 반드시 듣는 단어가 두 개 있습니다. 말소, 인수. 이거 말소되냐 인수되냐 하는 질문도 숱하게 듣죠. 무슨 뜻일까요?

알고 보면 참 간단합니다. 경매 대상인 부동산이 깨끗했을 리는 없잖아요? 빚을 져서, 못 갚아서 경매에 넘어온 것이니 뭔가 저당권도 잡혀 있고, 가압류도 걸려 있고… 등기부가 좀 지저분할 겁니다.

그런데 경매를 하게 되면, 이 부동산에 걸려 있는 권리들이 깨끗하게 정리됩니다. 이 권리들은 다 지워져 버리고, 대신 그 권리자들(주로 채권자들이겠죠)은 경매대금에서 자기가 받을 돈을 받아가는 거죠. 그래서 경매 고수들이나 변호사들이 '경매로 깨끗하게 만들자', '정리하려면 경매를 해야지' 하는 말을 하는 겁니다.

물론 경매를 한다고 해서 모든 권리가 말소되는 것은 아니죠. 경매라는 건 부동산을 팔아서 빚을 갚는 절차잖아요? 그러니까 돈 받는 게 목적인 가압류나 저당권은 경매를 해버리면 지워집니다. 이렇게 돈을 받기 위해 설정된 권리들을 담보권이라고 하죠. 그런데 반면, 팔아서 돈을 받는 게 목적이 아니라, 그 부동산 자체를 사용하는 게 목적인 권리들이 있습니다. 예를 들면 전세권이나, 임차권 같은 게 있죠. 이 사람들은 경매해서 돈을 받는 데는 관심이 없고, 계속 이 부동산에서 살거나 영업하는 게 목적입니다. 따라서 이런 권리자들이 담보권보다 먼저 들어와 있었다면, 경매와 무관하게 계속 이 부동산을 쓸 수 있도록 해 주어야겠죠. 결국 경매에서 경락받은 새 주인도 이런 권리는 떠안아야 하는 겁니다. 그걸 법률용어로 부담을 인수한다고 하는 거죠.

정리하면 경매로 담보권들은 대부분 말소되는데, 용익권들은 담보권(말소기준권리라고, 담보권 중에 최선순위로 말소되는 권리 기준)보다 먼저 등기되어 있었다면 인수된다는 겁니다. 기껏 비싼 돈 주고 낙찰받았는데, 정작 부동산을 가져와 보니 다른 사람들이 권리를 주장하고 나서면 정말 곤란하겠죠? 어떤 권리가 말소되고, 어떤 권리가 인수되는지, 저와 함께 하나하나 꼼꼼히 따져봅시다!

2 ✔ 권리관계 확인

(1) 권리확인의 필요성

경매 물건의 매수인으로 결정되어 매각대금을 모두 지급하면 소유권 등 매각의 목적인 권리를 취득하는 동시에 전세권·저당권 등 경매 물건에 설정되어 있던 권리 중 말소되지 않은 권리를 인수하게 됩니다(「민사집행법」 제135조 및 제144조 제1항).

경매 물건에 설정된 권리를 인수하면 매수인의 부담이 늘어날 수 있으며, 해당 물건에 대한 소유권을 행사하는 데 제약이 따를 수 있습니다. 예를 들어, 전세권이 인수된 경우에는 전세권자에게 변제해 줘야 할 비용부담이 추가되며,

지역권이 인수된 경우에는 해당 물건의 사용이 제한될 수 있습니다. 따라서 입찰에 참여하기 전에 해당 물건의 매수로 인해 인수하게 되는 권리가 있는지를 확인할 필요가 있습니다.

(2) 현재 권리관계 확인

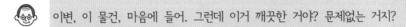

이변, 이 물건, 마음에 들어. 그런데 이거 깨끗한 거야? 문제없는 거지?

음, 이거 낙찰받으시면 어떤 상태로 넘어오는지가 궁금하신 거죠?

그렇지. 거 말소권리 인수권리 그런 거 있잖아. 근저당 가압류 이런 거 많을 텐데, 뭐는 지워지고 뭐는 남는 거야?

그거야 간단하죠! 그런데 그거 가르쳐드리기 전에, 우선 현재 물건 상태가 어떤지부터 확인해 볼까요? 말소든 인수든, 어떤 권리가 설정되어 있는지부터 알아야 검토하죠.

그건 이미 배웠지. 등기부 떼어보면 되잖아.

기억하고 계시네요. 맞습니다. 권리관계는 부동산등기부에 다 나와 있죠. 그런데, 거기 안 나오는 것도 있다는 거, 아세요?

아니, 그런 게 있으면 진작 가르쳐 줬어야지!

하하. 이번 시간에 가르쳐 드리려고 남겨 놨죠. 사실 별건 아니에요. 등기부가 제일 확실하긴 한데, 현장도 가 보셔야 한다는 말씀드리려고 했어요.

현장은 왜?

에이, 부동산 투자는 큰 돈 쓰는 건데, 현장 가보셔야죠. 현장 가보셔야 알 수 있는 권리관계가 있어요.

그게 뭔데? 언넝 말해봐 어른 놀리면 못써.

이미 아시는 거예요. 유치권이랑, 분묘기지권 때문에 그래요.

 아, 그 건물에 현수막 써붙이고 빨간 글씨 써놓고 뭐 그런거 아녀?

 맞습니다. 유치권이란 건 일종의 담보물권이에요. 돈 받을 게 있는 채권자가, 그 채권 발생원인이 된 물건을 잡아놓는 권리예요. 내돈 받기 전에는 안 돌려줘! 이런 권리죠. 아주 유치하죠? 하하.

 그런데 그게 그렇게 무섭다며? 유치장보다 유치권이 무섭다던데?

 부동산 소송에서는 정말 어려운 문제가 유치권이죠. 이게 굉장히 강력한 권리예요. 깔고 앉는다고 하죠. 흔히 건설업자 분들이 공사하시다가 시행사가 부도나면 공사대금 받으려고 짓던 건물을 유치권으로 잡아버리시거든요. 이건 경매로도 안 지워져요. 그래서 유치권 행사중인 물건은 가격이 엄청 떨어지는 거예요.

 그런데 이건 등기부에 안 나오나?

 그렇죠. 유치권은 그냥 그 물건을 깔고 앉는 거예요. 점유하고 있는 거 외에는 공시할 방법이 없어요. 등기도 안 되구. 그래서 현수막 붙여놓는 걸로 유치권이 있다는 걸 공시하고 있는 거죠.

 그렇구먼. 그런데 분묘기지권은 뭐야?

 이것도 등기부에 나오지 않아서 꼭 가보셔야 하는 건데, 임야 사실 때 주의하셔야 하는 거예요. 현장 가보셔서, 무덤이 있나 없나 꼭 살펴보세요.

 무덤? 분묘기지권이란 게 묘 말하는 건가 보네?

 그렇죠. 우리나라 관습으로 내려오는 권리인데, 무덤이 있으면 그 무덤에 제사지내고, 가끔 찾아와서 관리하고 뭐 그럴 권리예요. 이것도 그 동그란 무덤 봉분 자체가 공시거든요. 등기부로 공시되는 게 아니라서, 임야 같은 거 사실 때는 꼭 찾아가서 둘러보면서 남의 묘가 있나 잘 찾아보셔야 해요. 이게 땅 한가운데 있다 이러면 개발하기 정말 곤란해지거든요.

 알겠어. 많이 배웠네. 그런데 쉽게 알아볼 수 있는 방법은 없나?

 에이, 부동산 투자인데, 쉬운 길보다 정확한 길을 가셔야죠.

그래도 급할 때 한 번에 보는 건 뭐 없어?

 네. 방법이 하나 있긴 해요. 모든 권리가 정확하게 나오진 않는데, 경매니까 배당절차가 있잖아요? 그 배당절차에서 배당요구한 권리가 뭔지 살펴보면 돼요. 보통 말소되는 권리자들은 배당절차에 참가하거든요. 거기서 배당요구한 사람들이 배당요구한 원인이 뭔지 보면 대충은 나와요. 하지만 다 나오는 거 아니니까, 급할 때만 참고하세요.

 ## 내 밑으로 다 사라져! 말소기준권리

 이번, 문제될 거 같은 권리는 싹 다 찾아놨어. 이제 어떻게 한당가?

 음. 이제 말소기준권리를 정하셔야 해요.

 말소기준권리? 그게 뭐시여?

 이것도 이름만 어려운 거예요. 쉽게 말해서, 말소되는 애들 중에 제일 큰형을 말하는 거예요. 얘도 지워지는데, 얘 밑으로는 다 지워져야지! 하는 개념이에요.

 그러면 말소기준권리만 정하면 그 밑 번호는 다 지워버리면 되는겨?

 그렇죠. 말소기준권리라는 건 쉽게 말해서, 말소되는 권리 중에 제일 먼저 등기된 권리를 말하는 거예요.

 그럼 말소되는 권리가 뭔지 적어줘봐. 그중에 제일 먼저 등기된 걸 찾으믄 되겄지.

 네. 쉽게 말해서, 저당권, 압류, 가압류, 경매개시결정등기 중에 제일 먼저 등기된 권리가 말소기준권리예요. 이거보다도 먼저 등기된 물권이 있으면 그건 인수하셔야 하는 거예요.

참조: 「민사집행법」 제91조 제3항, 제144조 제1항 제3호 및 「가등기담보 등에 관한 법률」 제15조.

4 권리별로 말소/인수여부 알아보기

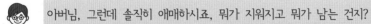 아버님, 그런데 솔직히 애매하시죠, 뭐가 지워지고 뭐가 남는 건지?

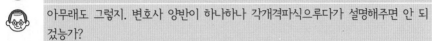 아무래도 그렇지. 변호사 양반이 하나하나 각개격파식으루다가 설명해주면 안 되겠능가?

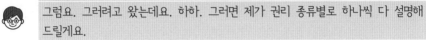 그럼요. 그러려고 왔는데요. 하하. 그러면 제가 권리 종류별로 하나씩 다 설명해드릴게요.

(1) 저당권

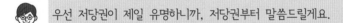 우선 저당권이 제일 유명하니까, 저당권부터 말씀드릴게요.

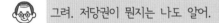 그려. 저당권이 뭔지는 나도 알아.

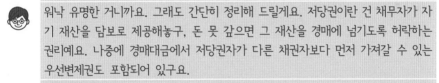 워낙 유명한 거니까요. 그래도 간단히 정리해 드릴게요. 저당권이란 건 채무자가 자기 재산을 담보로 제공해놓고, 돈 못 갚으면 그 재산을 경매에 넘기도록 허락하는 권리예요. 나중에 경매대금에서 저당권자가 다른 채권자보다 먼저 가져갈 수 있는 우선변제권도 포함되어 있구요.

그런데 근저당권이랑 저당권은 뭐가 다른 건감?

거~의 똑같다고 보시면 돼요. 근저당권은 담보되는 채권 액수를 딱 정해놓은 거고, 근저당권은 채권최고액이라고 담보되는 액수 한도를 정해놓고 그 한도까지 담보해주는 건데, 실제로는 거의 다 근저당이죠. 이자가 얼마나 붙을지 그런걸 예측하기가 힘들잖아요. 일반 저당권은 실무상 거의 드물어요. 다 근저당이에요.

아무튼 이 저당권은 말소되는 거지?

그럼요. 저당권이란 건 돈 받으려고 설정하는 권리잖아요. 경매해서 돈 받아갔는데 남아있을 이유가 없죠. 경매대금이 좀 부족해서 다 못 받아갔어도 저당권은 무조건 말소돼요.

저당권이 여러 개여도 모조리 다 말소되나?

 그럼요. 예를 들어 저당권이 1번부터 7번까지 있는데 7번 저당권자가 임의경매에 넣어버렸다고 생각해 보세요. 그러면 그보다 순위 앞서는 1번부터 6번까지 저당권도 죄다 말소돼요. 물론 돈은 1번부터 순서대로 받아가긴 하지만요. 이럴 때 말소기준권리는 뭐가 될까요?

 7번이 넣었으니까 7번… 아닌감?

 아니에요 아버님ㅠㅠ. 말소되는 권리 중에 가장 형이잖아요. 1번부터 7번까지 싹 다 말소되니까, 가장 선순위인 1번이 말소기준권리가 되는 거죠.

 아이쿠 맞다 맞다. 어제 소주 좀 적셨더니 오락가락하는구먼.

 말소되는 권리 중에 최선순위! 이것만 기억하시면 돼요.

 그러면 저 1번 저당권보다 후순위면 다 말소되는감?

 그렇죠. 1번 저당권 뒤에 지상권, 지역권, 전세권, 등기된 임차권, 압류, 가압류, 담보가등기 이런 애들이 등기되어 있었으면 죄다 말소되는 거예요.

 아까는 전세권 임차권 이런 용익물권은 살아남는다며?

 무조건 살아남을 수는 없죠. 말소기준권리보다 선순위여야 살아남아요. 1번 저당권보다 먼저 등기된 전세권은 살아남구, 1번 저당권 뒤에 등기된 전세권은 말소당하는 거죠.

[2] [가]압류

 아버님, 압류 가압류 이런 것도 뭔지 아시죠?

 자세히는 모르지. 빚 안 갚으면 빨간딱지 붙이는 거 아녀?

 네. 드라마에 많이 나오죠? 채무자가 재산을 처분하지 못하게 해놓는 거예요. 변호사들끼리는 얼린다고도 해요. 채무자가 빚 안 갚으면 그 재산을 처분해서 빚 받아야 하잖아요? 그런데 재산을 막 다른 데 넘겨버리면 곤란하니까, 채무자 재산으로

고정시켜 놓는 게 압류예요.

그런데 가압류랑 압류랑 다른감?

음. 비슷한데, 하는 시기가 다르다고 생각하시면 돼요. 가압류는 채무자가 빚을 안 갚을 거 같을 때 미리 압류를 해 놓는 거예요. 그래서 '보전'처분이라고 부르죠.

그럼 압류는 채무자가 진짜로 안 갚으면 하는 건가?

그렇죠. 그래서 보전이 아니라 '집행'이에요. 어쨌든 둘 다 처분이 금지되는 효력이 있어요. 그래서 압류한 뒤에 누가 채무자 재산을 사가도, 그건 압류한 채권자한테 대항할 수가 없죠.

대항을 못한다는 게 무슨 뜻이여?

뺏긴다는 거죠. 무시무시하죠? 압류를 했으니까 빚 갚으라고 본안소송도 언젠가 하게 되겠죠? 그 소송에서 이기면 그 확정판결에 따라서 경매를 해버리게 돼요. 원래 경매는 채무자 재산에만 할 수 있거든요. 그런데 지금 채무자가 이미 팔아버렸는데도, 압류가 이미 되어 있었으니까 채무자 재산인 것처럼 경매해버리는 거예요.

그래서 압류된 부동산은 아무도 안 사는구먼.

그렇죠. 압류 뒤에 사와 봤자 압류 때문에 언제 경매당할지 모르잖아요.

이것도 그러면 돈 받겠다는 권리니까 말소되는 거지?

네. 압류나 가압류는 경매 한번 하면 싹~ 말소됩니다!

(3) 지상권 · 지역권

혹시 지상권 들어보셨어요?

그렇지. 법정지상권 뭐 그런 거 경매학원 다니면 맨날 듣잖여.

네. 지상권이란 건 말 그대로 땅 쓰는 권리예요. 건물 지어놓거나 나무 심으려면 토지를 쓸 수 있어야 하잖아요? 그런데 토지를 사올 돈은 없고. 그럴 때 토지 사용할 권리만 설정하는 거죠.

그럼 좀 불안한 거 아닌감?

 음. 그런데 지상권은 채권이 아니라 물권이라서 등기가 돼요. 그래서 순위만 앞서면 토지 쓰다가 쫓겨날 걱정은 없죠.

 법정지상권은 뭔가? 그게 그렇게 시끄럽던데.

 지상권은 다른 사람이랑 토지 사용료 주고 약속해서 설정받는 거잖아요? 그러니까 법률행위로 설정되는 거죠. 그런데 우리나라 법에는 법률에 의해서 자동으로 지상권이 설정되는 경우가 있어요. 그걸 법정지상권이라고 하는데, 이건 좀 복잡하니까 이 책 다른 장에 자세히 설명해드릴게요. 간단히 말씀드리면, 건물이랑 토지가 원래 같은 사람 소유에 속했다가, 다른 사람이 하나를 사가서 분리되면 지상권이 자동으로 생기는 거예요.

 아, 땅 주인이 건물 부숴버리지 못하게끔?

 그렇죠. 딱 그거 때문에 만들어진 법이에요.

 지역권도 뭐 비슷한 건가?

 네. 지역권도 땅 쓰는 거예요. 그런데 이건 토지 대 토지의 관계예요. 내 토지 쓰려고 남의 토지 좀 지나가겠다 이런 거예요. 내 토지를 쓰려면 다른 사람 토지도 이용해야 하는 경우가 있잖아요? 방금 말씀드린 통행권 같은 거요. 그걸 지역권이라고 해요. 이 경우엔 통행지역권이라고 부르죠.

 이런 것들은 돈 받겠다는 권리가 아닌디? 땅 쓰겠다는 권리 아녀?

 그렇죠! 담보물권이 아니라, 용익물권이죠. 정확하게 보셨어요.

 그러면 말소 안 되고 인수되는 건데… 무조건 되는 건 아니지? 순서 따지는 거 아녀?

 그럼요. 지난번에 말씀드린 말소기준권리 기억나시죠? 말소기준권리보다 선순위면 살고, 후순위면 지워져요. 참 쉽죠? 그런데 법정지상권은 무조건 살아남아요. 이건 법정지상권 챕터에서 정확하게 설명드릴게요. 원래 법정지상권이란 게 경매 같은 걸로 토지랑 건물 소유자가 달라질 때 건물 철거되지말라고 만들어놓을 거라 경매로는 소멸이 안 되는 거예요.

한번만 더 정리해볼게. 담보권은 다 지워지고, 용익권은 말소기준권리랑 순위비교해서 선순위면 살아남는다? 법정지상권은 무조건 살아남고?

 네, 정확하십니다. 말씀드린 보람이 있네요!

 뭘 이 정도 가지고, 엣헴!

(4) 전세권

 그럼 이제 전세권 보실 차례예요.

 전세권은 내가 좀 알아. 전세를 오래 살았거든.

 그래요? 전세권 등기는 하셨구요?

 뭔 등기를 햐. 그냥 전세금 내고 사는 게 전세지.

 땡! 그건 전세지 전세권이 아니에요, 아버님.

 아니 전세나 전세권이나 그게 그거지 무슨 말장난이당가?

 보증금(전세금) 많이 내구 월세 없이 사는 걸 전세라구 하잖아요?

 글치.

 그런데 그게 전세권이라는 법적 권리가 되려면, 등기를 하셔야 돼요. 등기 안 하시면, 전세권이라는 물권을 취득하시지 못해요.

 전세금을 냈다니께?

 아니에요 아버님. 전세금이라고 계약서에 써 있어두, 그걸 '전세권 등기' 해놓지 않으면 법적으로는 그냥 보증금 많이 낸 임대차예요. 등기를 하셔야 전세권을 취득해요. 제가 한 사건 중에, 전세금 못 받게 됐다고 오신 분이 있었어요.

 건물주가 빚져서 건물이 넘어갔구먼?

네, 그렇죠. 그런데 이분은 자기 층 사람들이 다 우린 전세니까 걱정 안 해도 된다고 하니까 가만히 있었던 거예요.

그 층 방들이 다 전세로 나갔나벼?

그렇죠. 그 층이 12호실까지 있었나 그랬는데 다 1억 전세로 복덕방에 나온 거죠.

그런데 왜 걱정을 하는겨?

알고 보니, 12호실 중에 11집은 다들 전세권등기를 바로 하셨는데, 이분만 전세권등기를 안 하고 그냥 전세금만 내고 사신 거예요.

아니, 다 똑같은 전세금 내고 똑같이 사는데, 등기만 안 했다고 뭐 다른 게 있남?

네. 법적으로는 전세권등기 하신 11세대는 전세권자고, 이분 혼자만 임차인이에요.

등기 하나 때문에?

그렇죠.

오매, 등기가 진짜 무서운 것이구먼.

그래서 제가 처음에 등기부가 제일 중요하다고 말씀드렸잖아요.

그런데 그럼 등기 안 하고 전세 살았으면 나는 전세권자가 아니었던 것이여?

그렇죠. 전세권 등기를 하신 거랑 안 하신 거랑 하늘과 땅 차이에요. 아버님.

무슨 차이가 있당가?

전세권 등기를 하시면 전세권이라는 물권을 가지신 거예요. 이 전세권이란 게 우리나라에만 있는 제도거든요. 엄청 좋아요. 부동산을 사용하는 거니까 용익물권이기도 하면서, 전세금을 담보하는 담보물권이기도 하거든요.

아따 만능이네. 등기 안 하면 국물도 없나?

그럼요. 국물도 없죠. 등기를 안 하셨으니까 물권이 아니구, 그냥 전세계약한 사람에게 부동산 쓰게 해달라고 할 수 있는 권리, 채권밖에 없으신 거예요. 물권은 물건을 직접 지배하는 권리니까 누구한테든 대항할 수 있는데, 채권은 딱 그 사람한테밖에 청구를 못 하잖아요. 그래서 그냥 등기 안 한 임차인이랑 똑같은 거예요.

그라믄, 등기 안 하면 임차권, 등기하면 전세권?

그렇죠. 법적으로는 등기를 하셔야 전세권이고, 등기 없으면 그냥 임차권이죠.

내 아들도 여즉 전세 사는디, 꼭 전세권 등기 하라고 해야겠구먼.

네, 아직 안 하셨으면 빨리 해야죠. 등기 순위가 얼마나 중요한지 보셨잖아요.

가만 있자, 그러면 전세권은 부동산 쓰는 거니까 용익물권이기도 헌디, 전세금 받겠다는 거니까 담보물권이기도 하잖여? 그럼 말소는 어떻게 되나?

어렵지 않아요. 말소기준권리보다 후순위면 그냥 사라지는 거예요 아버님.

말소기준권리보다 선순위면?

그러면 전세권자가 왕이죠. 선택할 수 있어요.

뭘 선택한당가?

전세권자는 계속 살 권리도 있구, 전세금 받을 권리도 있잖아요. 선택하면 돼요.

아따 갑이네 갑. 등기가 좋긴 좋구먼.

네. 전세권자가 계속 살겠다고 선택하면 전세권은 당연히 경락인한테 인수되구요, 만약 그냥 나갈란다, 전세금이나 돌려줘라 하고 배당요구를 하면 말소가 돼요.

한마디로, 말소기준권리보다 선순위 전세권이 있으면 전세권자가 말소 인수를 자기 맘대로 선택한다?

그럼요, 정말 좋죠, 전세권?

그란디, 그 뭐시냐 소액임차인 그런 걸로 보호해주는 것도 있지 않은감?

그렇죠 아버님. 소액임차인은 최선순위로 배당해주죠.

그러면 전세권자 안 허구, 그냥 소액임차인 하는 게 낫지 않은감?

아버님, 그게 바로 전세권자가 진짜 좋은 점이에요.

엥? 뭔디?

보증금이 소액이라서 소액임차인인데 전세권등기까지 할까 말까 고민하시는 거잖아요?

그렇지.

그냥 고민하지 마시구, 전세권등기 하시면 돼요. 그러면 법적으로 전세권자로서 보호도 받고, 소액임차인으로 보호도 받아요.

아니, 양수겸장이 된단 말여?

그럼요. 전세권자로서 보호도 받고, 소액임차인으로서도 보호받아요.

선택해서 하나만 하는 것도 아니고, 둘 다 된단 말이제?

네. 판례로도 나와 있어요. 예를 들어 전세권자로 배당요구 했다가 다 못 받았잖아요? 그러면 전세권은 배당요구를 선택했으니까 소멸해 버리겠죠?

그렇지.

그런데 아직 소액임차인 지위는 살아 있어요. 그러니까 다 못 받은 보증금을 소액임차보증금으로 주장해서 소액임차인으로서 경락인에게 대항가능해요.

아이구, 전세금도 일부 받았는데, 아직 임차인이니께 그 보증금 받을 때까지 살 수도 있단 말인감?

그럼요.

아따, 내 당장 아들래미헌티 전세권등기 콱 박아버리라고 전화해야 쓰겄네!

그렇죠. 전세 사시는 분들, 전세권 등기 꼭 하셔요!

참조: 「민사집행법」 제91조 제3항 및 제4항.

(5) 임차권

1) 등기된 임차권

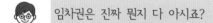 임차권은 진짜 뭔지 다 아시죠?

이건 알제. 돈 주고 물건 쓰는 권리 아녀?

네. 그렇죠. 하나만 짚어 드리자면, 이건 채권이에요.

그거 계속 강조하는데, 채권이랑 물권이 많이 다른가 보지?

그럼요. 채권은 물권에 대항하지 못해요. 그것만 기억하시면 됩니다.

채권은 사람한테 뭐 해달라고 청구하는 것이고, 물권은 물건을 직접 가지고 있는 거, 맞나?

네, 맞아요. 그래서 물권은 물건을 직접 지배하고 있으니까, 세상 어떤 사람에게 든 대항할 수가 있어요. 그걸 대세효가 있다구 하죠. 그런데 채권은 딱 한 사람, 내가 계약한 그 사람에게만 약속을 지키라구 청구할 권리가 있는 거예요. 그래서 그 사람에게만 주장할 수 있는 권리라서 물권보다 일반적으로 약하다고들 하죠.

예를 하나 들어봐, 머리로는 잘 이해가 안돼야.

그럼요. 흔히 말하는 사렌데, '매매는 임대차를 깬다'고 해요.

매매는 임대차를 깬다?

그렇죠. 매매는 소유권 주고받는 거니까 물권이죠? 그런데 임대차는 채권이죠?

그렇지.

그러면 예를 들어 아버님께서 건물주예요. 저는 거기 세들어 사는 임차인이구요.

그럼 나는 건물 직접 지배하는 소유권자니까 물권자고, 자네는 채권자구먼.

그럼요. 그런데 아버님께서 다른 사람에게 건물을 파셨다고 생각해 보세요. 그러면 새 건물주가 저보고 나가라고 하겠죠?

 그렇지. 그러면 자네는 임차권을 주장해서… 아 이게 안 되는구먼!

 그렇죠. 제가 가진 권리는 임차권이라는 채권인데, 이건 아버님께만 주장할 수 있는 거잖아요. 새로 건물주된 사람한테는 주장할 수가 없죠.

 오케이. 이해했어. 웬만하면 물권을 갖도록 해야겠구먼.

 그런데 임차권도 물권이 될 수가 있어요.

 엥? 어떻게?

 등기를 하면 되죠.

 채권은 등기가 안 되잖아?

 그런데 임차권은 워낙 서민들이 많이 이용하는 제도니까, 등기해서 물권처럼 보호받을 수 있게 법이 정해 놨어요. 임대인이 동의해서 등기해 주면 좋지만 그런 경우는 잘 없구요, 보통 임차기간 만료되었는데 보증금 안 돌려줄 때, 임차권등기명령 받아서 등기하는 경우가 많죠.

 그러면 전세권 같은 물권이랑 똑같아지나?

 그렇죠. 그러면 그냥 말소기준권리랑 비교하시면 돼요.

 말소기준권리랑 등기된 임차권이랑 순위 비교해서, 말소기준권리보다 선순위면 살고 후순위면 말소된다?

 그렇죠! 그런데 보통은 등기 안 된 임차권이 많으니까, 등기 없는 임차권을 가르쳐드릴게요.

2) 등기되지 않은 임차권

 그려, 보통은 임차권 등기 이런 건 안 허지. 그란디 거시기 주민등록하고 확정일자 받고 그러면 되는 거 아녀?

네, 이건 요새 고등학생들도 아는 거죠. 주민등록하고, 확정일자 받고. 그러면 보호받는다. 사실 여기까지만 아셔도 상관 없는데, 저희는 부동산 투자를 공부하는 거잖아요? 어떻게 보면 그런 보호를 깨고 명도받아가려는 쪽이니까, 이걸 좀 법적으로 정확하게 설명해드릴게요.

 그려, 말만 들으면 우리가 나쁜 짓 하는 거 같구먼.

 아니에요, 자기 권리를 보호할 수단이 충분히 있는데, 그걸 게을리했으면 불이익을 받는 게 당연하죠. 그리고 실제로 악덕 건물주만큼 진상 임차인도 많아요. 그냥 제도가 문제가 아니구, 사람이 문제인 거죠.

 그려그려, 어여 설명해 봐.

 우선 대항력, 우선변제권. 이 두 개가 뭔지 이해하셔야 돼요.

 그냥 주민등록 확정일자 받는 거 아녀?

 그래도 정확히 법률용어로 아셔야요. 나중에 경매 진행되고 그러면 법률용어 못 알아들어서 손해 보시는 분들이 은근히 많아요.

 그려, 대항력부터 말해 보시게.

 대항력이란 말 그대로, 임차인이 대항할 수 있는 힘이에요. 아까 임차권은 채권이라서 대세효가 없다고 했잖아요?

 그렇지.

 그런데 대항력은 대세효를 주는 힘이에요.

 어떻게? 주민등록 하믄?

 대항력은 딱 두 가지 요건만 갖추시면 돼요. 인도 + 주민등록(상가건물이면 사업자등록)이에요. 인도는 그 건물에 들어가 살구 계시면 당연히 인정되는 거니까, 가서 주민등록만 하시면 그 다음날부터 대세효가 생기는 거예요.

 그럼 아까처럼 집주인이 집 팔아버려도, 새 주인이 나가라고 못 하는거?

 그렇죠. 그런데 여기서 조심하셔야 하는 건, 대항력이 생기는 게 주민등록하신 다음 날이에요, 다음 날.

어라? 그날 당일이 아니네?

 그렇죠. 이거 하루 차이라고 별거 아닌 거 같죠?

 그렇지 않나?

 진짜 나쁜 사람들은 이 하루 차이를 악용해요.

 어떻게?

 예를 들어 임차인한테는 이 건물 근저당 없고 깨끗하다고 등기 보여주고 비싸게 임대차 계약을 해요. 그리고 임차인이 도장 찍자마자 달려가서 근저당 잡히고 대출받는 거죠. 그러면 근저당은 등기접수일 기준이니까 그날 효력이 발생하구, 임차인은 아무리 빨리 주민등록 해두 그 다음 날부터잖아요?

 오매, 정말 그렇네.

 대항력이 있어두, 말소기준권리보다 후순위면 용익물권 지워지는 거 기억나시죠?

 그렇지. 그런데 얘는 딱 하루 차이로 후순위가 되는 거구먼.

 그렇죠. 말소기준권리보다 하루 늦은 후순위로 대항력이 생기지만, 후순위는 후순위니까 지워져 버리는 거죠. 집에서 쫓겨나는 거예요.

 정말 나쁜 놈들 많구먼.

 법을 정확히 알아야 이런 걸 안 당해요. 그러니까 정말 조금이라도 미심쩍은 일이 생기시면, 바로 주위에 변호사를 찾아서 물어보세요. 요샌 변호사 상담료도 싸잖아요.

 이변도 싸게 해주나?

 … 지금도 공짜로 가르쳐드리잖아요.

 농담이여 농담. 그럼 우선변제권은 뭐여?

 우선변제권은 저당권처럼 임차보증금 우선변제받을 수 있는 권리예요.

어떻게 해야 되는데?

 간단해요. 대항력은 인도 + 주민등록이었죠? 거기에 + 확정일자 받으시면 끝이에요. 그러면 저당권처럼 우선변제받을 수 있는 권리가 생기는 거예요. 확정일자 없고 주민등록까지만 했으면 그건 대항력만 있고, 우선변제권은 없어요.

 그럼 이제 정리해 보자구.

 네. 아예 경우의 수를 나눠서 정리해 드릴게요. 우선 대항력+우선변제권 다 갖춘 임차권이면, 말소기준권리보다 선순위일 경우 전세권처럼 돼요. 자기가 선택할 수 있어요. 계속 살 사람은 대항력 주장해서 살면 되고, 보증금 받고 나가고 싶은 사람은 배당요구해서 보증금 우선변제 받고 나가는 대신 임차권 소멸시키구요.

 대항력만 있으면?

 대항력만 있는 임차권이면 말소기준권리보다 선순위면 살고, 후순위면 지워져요. 이 사람은 우선변제권이 없으니까, 배당요구 이런 것도 못 하고 그냥 쫓겨나는 거예요.

 알겠어. 쉽게 생각해서, 대항력 있으면 용익물권처럼 되니까, 말소기준권리보다 선순위면 살고 후순위면 지워진다 이거구먼. 우선변제권 있으면 배당요구도 할 수 있는 건 덤이고?

 네, 정확하십니다! 마지막으로 하나만 더 가르쳐 드릴게요. 주택 임대차해서 사는 서민들만 쓸 수 있는 필살기가 있어요.

 필살기? 뭐 얼마나 대단한 것이여?

 네. 아까 대항력만 있는 임차권이면 어떻게 된다고 말씀드렸죠?

 대항력만 있으면 말소기준권리랑 비교해야제. 주민등록 먼저 했으면 대항력이 이기니께 계속 사는 것이고, 아니면 국물도 없다 이거 아녀?

 네. 맞아요, 아버님. 그런데 주택 임대차, 그것도 조그만 원룸 같은 곳 임차해서 사는 서민들은 사실 약자니까 보호를 좀 해줘야 하잖아요? 저도 대학생 때 고시원 살면서 엄청 서러웠거든요.

 그래. 내 딸래미도 무슨 관짝마냥 단칸방에서 대학 다녔는디, 아따 그 생각만 하면 내 가심이 아직도 짠혀.

 네. 이런 주택 임차인들은 대부분 서민이고, 그 중에서도 보증금이 좀 낮은 임차인, 그러니까 싼 집에 사는 임차인들은 정말 사회적으로 보호해줄 필요가 있거든

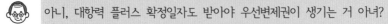

요. 그래서 주택임대차보호법에서 이런 소액임차인들의 소액보증금은 확정일자를 받지 않더라도 우선변제권을 인정해 주고 있어요.

아니, 대항력 플러스 확정일자도 받아야 우선변제권이 생기는 거 아녀?

네. 원칙은 그렇지만, 소액임차인은 확정일자 안 받아도 대항력만 있으면 우선변제권이 생기는 거예요.

아따 이런 법은 참 잘 만들었네 그랴. 그런데 확정일자가 없으면 뭘 기준으로 순서를 정한당가? 우선변제권끼리는 날짜 가지고 따지는 거 아녀?

네. 잘 지적하셨어요. 확정일자가 없으니 우선변제의 순위를 정하기가 애매하죠? 그런데 이건 말 그대로 약자를 보호하기 위한 법이기 때문에, 아예 최고 우선순위를 줘요. 접수일자 빠른 저당권자가 앞에 아무리 많아도, 다 제치고 가장 먼저 받아가는 거죠. 그래서 이걸 소액보증금 최우선변제권이라고 불러요. 말 그대로 최우선!

워매. 우리 딸래미 걱정 없긋네. 그래도 먼저 저당권 잡아놓은 채권자들 입장에서는 쪼깨 열 좀 받겠구마?

네. 대신 소액보증금이고 그중에서도 일정액만 최우선변제되니까, 선순위 채권자들에게 그렇게 큰 부담은 또 아니에요. 이 최우선변제권을 가지려면 말 그대로 '소액'임차인이어야 하거든요. 매년 시행령이 바뀌는데, 서울의 경우에는 보증금이 1억 넘어가면 소액임차인으로 봐주지 않아요.

좋은 거 배웠네. 우리 딸래미 하나 프린트해 주게 좀 정리해줄 수 있겠능가?

네. 소액보증금 최우선변제제도에 대해서 간단하게 정리해드릴게요. 이거 출력해서 주시면 많이 도움이 되실 거예요.

✱ 소액보증금 최우선변제권

소액임차인은 비록 확정일자가 늦어 선순위로 변제를 받지 못하는 경우라도 임차주택에 대하여 선순위담보권자의 경매신청 등기 전에 대항력을 갖춘 경우에는 보증금 중 일정액을 다른 담보물권자보다 우선하여 변제받을 권리가 있습니다(「주택임대차보호법」 제3조 제1항 및 제8조 제1항).

✱ 소액임차인의 우선변제를 받을 수 있는 채권은 압류하지 못합니다(민사집행법 제246조 제1항 제6호)

✱ 소액임차인의 범위

최우선변제를 받을 수 있는 임차인은 보증금이 다음의 구분에 따른 금액 이하인 임차인이어야 합니다(「주택임대차보호법」 제8조 제3항, 제8조의2 및 「주택임대차보호법 시행령」 제11조 제1항).

서울특별시: 1억원

수도권정비계획법에 따른 과밀억제권역(서울특별시 제외): 8천만원

✱ 과밀억제권역에 해당되는 지역은 서울특별시, 인천광역시(강화군, 옹진군, 서구 대곡동·불로동·마전동·금곡동·오류동·왕길동·당하동·원당동, 인천경제자유구역 및 남동 국가산업단지 제외), 의정부시, 구리시, 남양주시(호평동·평내동·금곡동·일패동·이패동·삼패동·가운동·수석동·지금동 및 도농동에 한함), 하남시, 고양시, 수원시, 성남시, 안양시, 부천시, 광명시, 과천시, 의왕시, 군포시, 시흥시(반원특수지역 제외)입니다(규제 「수도권정비계획법」 제2조 제1호, 「수도권정비계획법 시행령」 제2조, 별표1).

✱ 주택에 대한 경매신청의 등기 전까지 대항요건을 갖출 것

임차인은 임차주택에 대한 경매신청의 등기 전에 대항요건인 주택의 인도와 주민등록을 갖추어야 합니다(「주택임대차보호법」 제3조 제1항 및 제8조 제1항 후단).

이러한 대항요건은 집행법원이 정한 배당요구의 종기인 경락기일까지 계속 존속되어야 합니다(대법원 1997. 10. 10. 선고 95다44597 판결).

✱ 임대차주택이 경매 또는 체납처분에 따라 매각될 것

소액임차인이 우선변제권을 행사하기 위해서는 임차주택이 경매 또는 체납처분에 따라 매각되는 경우여야 합니다(「주택임대차보호법」 제3조의2 제4항 및 제8조 제2항).

이는 경매나 체납처분에 의하지 않고 단순히 매매, 교환 등의 법률행위에 따라 임차주택이 양도되는 경우에는 대항력의 여부만이 문제될 뿐이고, 우선변제

권이 인정될 여지가 없기 때문입니다.

✱ 배당요구 또는 우선권행사의 신고가 있을 것

임차주택이 경매 또는 체납처분에 따라 매각되는 경우에 집행법원에 배당요구를 하거나 체납처분청에 우선권행사의 신고를 해야 합니다(대법원 2002.1.22. 선고 2001다70702 판결).

배당요구는 채권의 원인과 액수를 적은 서면으로 하면 됩니다. 이 경우 배당요구의 자격을 증명하는 서면을 첨부해야 합니다(「민사집행법」 제88조 제1항 및 「민사집행규칙」 제48조).

✱ 우선변제권의 효과 – 보증금 중 일정액 보호

소액임차인이 임차주택에 대한 경매신청의 등기 전에 대항력을 갖춘 경우에는 보증금 중 일정액을 다른 담보물권자보다 우선하여 변제받을 권리를 가집니다(「주택임대차보호법」 제3조 제1항 및 제8조 제1항).

소액임차인이 우선변제를 받을 수 있는 금액은 그 보증금 중 다음의 구분에 따른 금액 이하입니다. 이 경우 우선변제 금액이 주택가액의 2분의 1을 초과하는 경우에는 주택가액의 2분의 1에 해당하는 금액에 한합니다(「주택임대차보호법 시행령」 제10조 제1항 및 제2항).

- ✔ 서울특별시: 3천 400만원
- ✔ 수도권정비계획법에 따른 과밀억제권역(서울특별시 제외): 2천 700만원
- ✔ 광역시(「수도권정비계획법」에 따른 과밀억제권역에 포함된 지역과 군지역 제외), 세종특별자치시, 안산시, 김포시 및 광주시: 2천만원
- ✔ 그 밖의 지역: 1천 700만원

이 경우 하나의 주택에 임차인이 2명 이상이고, 그 각 보증금 중 일정액의 합산액이 주택의 가액의 2분의 1을 초과하는 경우에는 그 각 보증금 중 일정액의 합산액에 대한 각 임차인의 보증금 중 일정액의 비율로 그 주택의 가액의 2

분의 1에 해당하는 금액을 분할한 금액을 각 임차인의 우선변제 금액으로 봅니다(「주택임대차보호법」 시행령 제10조 제3항).

✻ 주의! 소액임차인이지만 우선변제권을 행사할 수 없는 경우

임차권등기명령의 집행에 따라 임차권등기가 경료된 주택을 그 이후에 임차한 임차인은 소액임차인에 해당되어도 우선변제권을 행사할 수 없습니다(「주택임대차보호법」 제3조의3 제6항).

처음 주택임대차계약을 체결할 때에는 소액임차인에 해당되었지만, 그 후 계약을 갱신하는 과정에서 보증금이 증액되어 소액임차인에 해당하지 않는 경우에는 우선변제권을 행사할 수 없습니다(대구지법 2004. 3. 31. 선고 2003가단134010 판결).

(6) 가등기

 이제 거의 다 배우셨어요. 가등기는 등기부에서 자주 보셨죠?

 이름만 본거제. 근데 가등기가 대체 뭐시당가?

 가등기라고 해서 가짜 등기라는 게 아니에요. 쉽게 말씀드리면, 미리 해놓는 등기예요.

 뭘 미리 해놓는데?

 내가 이 부동산에 어떤 권리를 설정할 건데, 아직은 내가 확정적으로 가져갈 준비는 안 되었으니까, 그 전에 미리 가등기로 찜해 놓는 거죠. 그리고 나서 나중에 본등기해서 가져가면, 가등기 뒤에 등기된 권리들은 다 지워져 버려요. 내가 가져간다고 경고했는데, 그걸 보고도 다른 등기를 했으면 지워지는 거지 뭐! 이런 거죠.

 압류랑 비슷하구먼? 압류도 압류 뒤에 한 등기는 본안소송 이기면 지워져 버리잖여.

 그렇죠. 가등기도 가등기 뒤에 한 등기는 본등기 하면 지워져 버리니까요.

 그라믄 이런 가등기는 경매로도 안 지워지나?

이것도 말소기준권리랑 비교를 하셔야 해요. 말소기준권리보다 선순위인 가등기는 살아남죠. 그러니까 그런 가등기가 있으면 낙찰받으시면 안 되는 거죠. 물론 말소기준권리보다 후순위면 지워지니까 별 문제 없구요.

그런데 무슨 지워지는 가등기도 있다던데?

네. 그거 지금 말씀드리려고 했는데! 가등기는 두 종류예요. 방금 말씀드린 건 '청구권보전을 위한 가등기'라고 해서, 내가 뭔가 청구권을 실현시킬 건데, 그 사이에 누가 가져갈지 모르니 미리 가등기로 찜해놓는 거예요. 그런데 그거 말고, '담보가등기'도 있어요. 이건 그냥 저당권이랑 똑같다고 생각하시면 돼요. 돈 안 갚으면 이 재산 팔아서 받아갈 거야 하는 가등기거든요. 담보가등기는 저당권처럼 그냥 경매하면 무조건 지워져요.

그럼 청구권보전을 위한 가등기는 위험한 거고, 담보가등기는 무조건 지워지니까 별 문제 없는 거네?

경매 입찰하는 입장에선 그렇죠.

그런데 등기부에는 그냥 가등기라고만 나오는데, 어떻게 구별한당가?

그건 팁이 있어요, 아버님.

그걸 등기부 안 보고도 구별할 수가 있어? 그런 꿀팁이 있으면 퍼뜩 말해야제!

네. 경매 많이 하시는 분들은 다 아시는 건데, 원리는 이거예요. 담보가등기는 돈 받겠다는 거니까, 가등기권자가 돈을 받으려고 하는 건지, 아니면 부동산을 가져가겠다는 건지 눈치만 채면 이게 담보가등긴지 아닌지 알 수 있잖아요?

그렇지. 그런데 남의 맘 속을 어케 안당가?

경매니까요. 경매니까 채권신고내역이나 문건송달내역 보실 수 있죠?

그라지.

거기서 가등기권자가 뭘 했는지 보세요. 채권신고를 했으면 내가 채권이 있어서 가등기를 했다는 뜻이잖아요?

그렇네!

그리고 배당금교부신청 이런 걸 했다면 얘는 돈을 받아가는 게 목적이란 거죠?

 그렇구먼!

 그러면 이 사람이 담보가등기인지 청구권보전가등기인지 바로 알 수 있는 거죠.

 이변이 진짜 고수구먼.

 에이, 그냥 원리만 생각하시면 돼요. 돈을 받겠다는 거냐, 부동산을 갖겠다는 거냐.

 오케이!

 마지막으로 정리하면, 청구권보전을 위한 가등기는 말소기준권리랑 비교해서 선순위면 살아남고, 담보가등기는 저당권이랑 똑같으니 경매로 무조건 지워진다는 겁니다!

(ㄱ) 가처분

 이제 가압류 가등기 했는디, 가처분 요건 또 뭐시여?

 가처분은 가압류랑 엄청 비슷한 거예요. 금방 가르쳐드릴게요. 가압류 배우셨으니까, 쉽게 배우실 수 있어요.

 그려 그려. 이것도 뭐 빚진 놈 재산 얼려놓는 건가 보네?

 네, 비슷해요. 가압류가 빚진 사람 재산을 처분금지시키는 거잖아요?

 그렇지. 얼리는 거.

 가처분도 똑같아요. 뭔가 법적으로 다툼이 생기면, 그 다투는 대상의 현상을 변경시키지 못하게 해놓는 거예요.

 그럼 가압류랑 다른 게 뭐여?

 그게 피보전채권이 달라요. 그러니까 가압류나 가처분으로 보전하려는 채권이 다른 거예요. 보전하려는 채권이 금전채권이면, 그러니까 돈 못 받은 거면 채무자 재산에 가압류를 걸구요, 돈 말고 부동산 자체를 내놓으라거나, 철거하라거나 하는 청구권을 가진 사람은 그 대상에 가처분을 걸어요. 가처분은 그냥 다툼이 있을 때 그 대상의 상태를 고정시키는 거라서, 종류가 엄청 다양해요. 점유이전금지가 처분, 처분금지가처분, 출입금지가처분… 그냥 재판으로 확정될 때까지 권리관계 가 바뀌면 안 되니까, 그때까지 대상에다가 뭘 하지 못하게 하는 거죠.

그려. 이런 것도 말소가 되나?

그럼요. 말소기준권리보다 선순위 가처분이면 살아남지만, 후순위면 지워지죠.

그럼 말소기준권리보다 먼저 된 가처분이 있으면 사면 안 되겠구먼?

아무래도 그렇죠. 그런데 가압류나 가처분은 해놓고 안 지우는 경우가 많아서, 시 효가 지나면 소멸시킬 수 있어요. 설정된 지 오래된 가처분은 가처분말소소송으로 지우실 수 있는 거죠.

오, 몇 년이나 지나면 되는디?

이게 2002년 1월 26일 전 설정된 가처분은 10년, 2002년 1월 26일부터 2005년 1월 27일 전까지 설정된 가처분은 5년, 2005년 1월 27일 이후 설정된 가처분은 3년이면 말소하실 수 있어요. 대부분 말소기준권리보다도 오래된 가처분들은 시효 가 지난 경우가 많죠.

그럼 뭐 별 것 아니구먼?

그런데 가처분은 딱 하나, 주의하실 게 있어요.

그게 뭔디?

말소기준권리 전이건 후건, 무조건 살아남는 강력한 가처분이 하나 있거든요.

뭐여 깡패여?

그렇죠. 깡패랑 비슷하네. 철거예요 철거. 토지소유자가 그 지상 건물소유자 상대 로 건물 철거하고 토지 내놓으라고 건물 처분금지가처분 하는 경우가 있거든요? 상당히 흔해요.

그렇지. 땅 사면 그 위에 건물 철거하는 게 제일 좋은 거 아녀?

네. 이런 철거소송을 위한 처분금지가처분은 경매가 되건 말건 순위가 늦건 빠르 건 무조건 살아남아요. 그래서 이런 가처분 걸려 있으면 경매 들어오시는 분들이 없죠. 엄청 유찰돼요.

 그렇겠제.

 그런데 이걸 또 활용? 악용?하시는 분들도 많죠.

 아니 어떻게?

 땅 주인이 건물 싸게 먹어버릴 때 쓰죠. 철거소송한다고 가처분 걸어놓고, 지료 계속 못 갚으니까 경매 넘어버리는 거예요.

 그러면 가처분 있으니께 계속 유찰만 될 거 아녀?

 그렇죠. 그러면 어느 순간 자기가 못 받은 지료 액수 비슷하게 되면 그냥 자기가 낙찰받는 거예요.

 낙찰받을 돈은 어디서 나서?

 자기 지료 받을 거랑 상계해버리는 거죠. 그럼 돈 한 푼 안 들이고 건물 가져오는 거죠.

 철거는 그냥 겁만 주는 거네?

 그렇죠. 가격 떨어뜨리고 자기가 받아버리는 방법인데, 이건 땅 주인만 할 수 있 는 거라서 아무나 따라할 수 있는 방법은 아니에요. 법정지상권 없거나 집합건물 법상 대지권 없는 건물 만나면 이거 노리고 땅만 낙찰받는 분들 꽤 있죠.

 그것도 법을 잘 알아야 할 수 있는 거구먼?

 네. 지상권 대지권 성립여부 정확하게 판단할 수 있어야 하는 거예요. 이건 부동 산소송 전문변호사들이 하는 건데, 이것도 이따가 법정지상권 파트에서 가르쳐드 릴게요.

(8) 유치권

 유치권은 뭔지 아까 말씀드렸죠?

 그려. 유치한 권리 아녀. 돈 받을 때까지 물건 깔고 앉는 권리.

 네. 이미 뭔지는 아시니까, 법조항이라도 읽어드릴게요. 민법 제320조 제1항, 다른 사람의 물건 또는 유가증권을 점유한 사람이 그 물건이나 유가증권에 관해 생긴 채권이 변제기에 있는 경우에 그 변제를 받을 때까지 해당 물건 또는 유가증권을 점유할 권리를 말하는 거예요.

 쉽게 얘기하면 내가 이 건물 짓느라 공사대금 채권 받을 게 있으니, 그거 받을 때까지 이 건물을 깔고 앉겠다?

 그렇죠. 물건에 관한 채권이니까, 물건을 담보로 잡겠다는 거예요. 뭐, 담보라기보단 인질에 가깝죠.

 이게 그렇게 무섭다며? 순위고 뭐고 무조건 인수되는겨?

 그렇죠. 경매로 말소가 안 돼요. 아 맞다. 그런데 이걸 악용해서 유치권 성립시키는 건 막을 수 있어요.

 어떻게?

 간혹 경매개시되면 그제서야 유치권 만들어서 가격 떨어뜨리는 사람들이 있어요.

 왜 그런 짓을 햐?

 채무자가 건설업자랑 짜고, 건물을 건설업자한테 줘 버리면 건설업자는 유치권이 생기니까 돈을 받잖아요?

 그렇지.

 그러니까 건설업자는 어차피 못 받았을 돈을 조금이라도 받으니까 이득이고, 채무자는 건설업자가 받은 돈 일부를 뒤로 몰래 받는 거죠. 그러면 원래 다 뺏길 재산을 반은 건지는 거죠.

 하. 뺏기는 입장에서도 이런 꼼수가 있구면.

네. 그런데 법원이 이런 건 막는 방법이 또 있어요.

 어떻게?

 경매개시결정이 딱 등기가 되면, 이게 압류랑 똑같은 효력이 있어요.

 그래?

 그런데 압류가 되면, 압류 뒤에 한 처분은 효력이 없던 거 기억나시죠?

 그렇지?

 그런데 유치권을 성립시키는 것도 물권 성립시키는 거니까 처분이란 말이에요.

 아하!

 네. 바로 그거예요. 경매개시결정은 압류의 효력이 있으니까 그 후의 처분은 무효인데, 채무자가 채권자한테 점유를 넘겨줘서 유치권 성립시키는 건 처분이니까, 그것도 무효인 거죠.

 판사님이 똑똑하시네!

 그럼요. 법망을 피해가는 게 절대 쉽지 않아요. 아무튼, 유치권은 정말 무서운 거고, 돈 주는 거 외에는 유치권을 풀 방법도 거의 없으니까, 항상 경매 전에 현장조사 하셔서 유치권 행사중인지 아닌지 잘 보시구, 유치권 행사중이면 받을 채권이 얼마나 되는지 잘 조사해 보셔서 입찰가격 결정하셔야 해요.

 아이구, 나는 무서워서 유치권 있는 건 못 받겠어.

 그런데 이런 이유 때문에 유치권 있는 물건은 가격이 많이 싸지니까, 위기지만 기회이기두 하죠. 옛날 변호사님들 중에 유치권 분쟁 잘 해결하시는 분들은 이것만으로 한번에 수십억씩 버셨어요.

 그래? 그럼 이변이 나중에 그렇게 되면 나도 같이 데리고 다녀!

 네…

(9) 말소 · 인수되는 권리의 정리

　　마지막으로 간단하게 정리해 보았습니다. 말소/인수권리 표로 만들어서 외우고 다니시는 분들도 많고, 인터넷에도 그런 표는 많지만, 제 생각엔 그런 자료 한 장보다, 말소되는 원리, 인수되는 이유를 정확히 이해하는 게 훨씬 도움이 됩니다. 정확히 자료와 일치하는 사건은 잘 없어요. 특이한 물건, 이상한 물건이 부가가치가 높기도 하구요. 그런 물건을 만났을 때, 표만 외우신 분들은 어쩔 줄을 모르지만, 원리를 이해하고 법리를 공부하신 분들은 이건 권리의 성질이 채권인지 물권인지, 권리의 목적이 금전수령인지 권리취득인지, 판례의 경향을 미리 예측하고 움직이실 수 있거든요. 무턱대고 표부터 보거나 인터넷 검색에 의존하지 말고, 찬찬히 이 책의 설명을 기초로 왜 그렇게 되는지 생각하면서 공부하는 시간을 가지시길 권합니다.

1) 말소되는 권리

- ▶ (근)저당권, (가)압류
- ▶ 말소기준권리보다 후에 설정된 지상권·지역권·배당요구를 하지 않은 전세권·등기된 임차권·가처분
- ▶ 배당요구를 한 전세권
- ▶ 담보가등기

2) 인수되는 권리

- ▶ 유치권, 법정지상권, 분묘기지권
- ▶ 말소기준권리보다 먼저 설정된 지상권·지역권·배당요구를 하지 않은 전세권·등기된 임차권·순위보전을 위한 가등기·가처분
- ▶ 후순위 가처분 중 토지소유자가 지상 건물에 대한 철거를 위해 한 처분금지 가처분

chapter 4

악마의 권리,
법정지상권

이변호사의 법정지상권 원포인트 레슨

☑ 법정지상권은 핵폭탄이다

부동산 재테크를 공부할 때, 가장 어렵다고들 말씀하시는 게 법정지상권입니다. 이른바 '재야의 고수'로 불리는 공경매 전문가 분들도 복잡한 법정지상권 사례가 나오면 변호사에게 한번쯤 자문을 받으시죠. 독자 여러분께서도 집에 한두 권쯤 경매를 통한 재테크 책을 갖고 계실 텐데, 거기에도 아마 '법정지상권과 관련하여 확실하게 판단이 서지 않으면 꼭 변호사에게 자문을 구하라'는 문장이 있을 겁니다. 그만큼 어렵고, 많이 다투어지는 것이 법정지상권이에요. 왜 그럴까요?

우선 첫째로, 치명적이기 때문입니다. 땅을 샀는데 그 땅에 건물이 들어서 있다면, 지료를 받는 것 외에는 할 수 있는 게 없어요. 투자한 자본을 회수하려면 몇십 년이 걸리겠죠. 땅이란 건 나대지 상태여야 돈이 됩니다. 즉 그 위에 건물을 지어서 개발할 수 있는 상태여야 비싼 것인데, 이미 건물이 지어져 있고 그 건물에 법정지상권이 붙어 있다면, 그 밑의 땅은 굉장히 싸집니다. 그래서 법정지상권이 있느냐 없느냐가 땅 가격을 결정하는 중요 요소인 것이지요. 물론 건물의 경우도 마찬가지입니다. 아니, 더욱 치명적이지요. 건물에 법정지상권이 없다면? 철거당해야 합니다. 수십억 주고 산 내 건물이 눈앞에서 강제로 철거당하고, 심지어 내가 그 철거비용을 내야 합니다. 상상만 해도 끔찍하지요? 이런 일이 부동산 소송에서는 비일비재합니다. 경매에서 1,2억 비싸게 샀다거나 싸게 팔았다거나 이런 손해는 아무것도 아니지요.

여기서 우리는 하나의 사실을 알 수 있습니다. '땅' 자체가 가치 있는 게 아니라, 그 '땅'을 이용할 수 있는 권리, 즉 지상권이 진짜 가치 있는 것이라는 사실을요.

둘째로는, 이것이 '법정'지상권이기 때문입니다. 보통의 지상권은 '내가 1년에 5억 줄 테니 이 땅을 쓰겠다'는 계약을 통해 성립합니다. 계약이라는 법률행위를 통해 성립하였으니 이것을 '약정'지상권이라고 하는데, 이 경우는 별로 문제가 안 됩니다. 약정을 통해, 즉 당사자 간의 합의를 통해 성립시켰기 때문에, 서로 불만이 없거든요. 몇 년을 쓸지, 지료는 얼마로 할지, 몇 층짜리 건물을 지을 것인지… 이런 세부사항을 서로 합의해서 약속하였으니 문제가 생길 여지가 적습니다.

그런데 '법정'지상권은 달라요. '법정'이라는 말은, 법으로 정했다는 뜻입니다. 당사자 간의 약속으로 정한 권리가 아니라, 어떤 요건이 충족되면 법에 의해 자동으로 성립하는 권리라는 것이에요. 따라서 당사자로서는 지상권을 성립시킬지 말지, 한다면 몇 년쯤? 지료는 얼마?라고 생각할 틈도 없는 겁니다. 법정지상권 성립요건이 충족되는 즉시, 자동으로 법정지상권이라는 권리가 성립합니다. 당사자 입장에서는 예측 불허의 권리가 기습적으로 성립하는 것이죠.

더 문제인 것은, 이게 '법정'지상권이라서, 등기 없이도 성립한다는 점입니다. 우리가 부동산 거래를 할 때 무엇부터 하나요? 우선 등기부터 떼어보지 않습니까? 등기부에 압류나 근저당권이 있으면 '아, 이 부동산은 좀 가치가 낮아지겠군'이라고 생각하지 않나요? 예를 들어, '감정가 10억 원짜리 토지에 지상권이 설정되면, 이제 이 땅은 지료 받아먹는 용도로밖에 쓸 수 없군. 한 3억이나 하려나?'라고 생각할 수 있습니다.

그런데 법정지상권은 등기가 없어도 성립하기 때문에, 10억짜리 땅이라고 생각하고 10억에 입찰했는데, 막상 사보니 3억짜리 빈 깡통일 수가 있는 겁니다. '직접 가보면 건물 있는지 없는지 딱 보이는구먼, 뭘 그런 걸 가지고 고민해?'라고 생각하실 분들도 있지만, 이 법정지상권이라는 게 생각보다 굉장히 판단하기 어렵습니다. 건물이 미완성 상태인 경우도 있고, 공유관계가 복잡하게 얽힌 경우도 많고, 저당권과 법정지상권의 순위가 애매한 경우도 있고(등기가 안 되기 때문에, 누가 먼저 성립했는지 판단하기가 곤란하죠), 나중에 가르쳐 드리겠지만 당사자들이 임대차 계약을 맺어버리면 법정지상권이 성립하지 않는 경우도 있습니다. 이 모든 사정들이 등기부에 나타나지 않기 때문에, 법정지상권은 숨겨진 폭탄 같은 것이죠. 내 편일 때는 막강한 히든 카드지만, 적의 편일 때는 공포스러운 핵무기가 됩니다.

☑2 법정지상권이란?

그런데 법정지상권이라는 권리 자체는 매우 간단합니다. 법으로 정해진, 땅 쓰는 권리. 이게 전부입니다. 말 그대로 '법. 정. 지. 상. 권'이지요. 단순 무식만큼 무서운 게 없는 법이죠. 말은 쉽지만, 매우 무섭지 않습니까? 내가 쓰라고 한 적도 없는데, 내 땅을 누군가가 마음대로 쓴다니요. 게다가 그것이 법으로 정해져서 어떻게 해볼 도리가 없다면? 과연 어떤 경우에 이런 무대포 권리가 성립하는지, 천천히 살펴봅시다. 웬만한 경우는 이 책만 보고도 따라하실 수 있게 가르쳐 드리겠습니다.

☑3 토지와 건물이 헤어질 때
- 관습법상 법정지상권

여러분, 여러분이 건물을 가진다고 생각해 봅시다. 어떤 건물을 갖고 싶습니까? 당연히 땅까지 다 가진 건물주지요? 보통 말하는, '내 땅 위에 내 집 짓고 사는' 건물주가 가장 확실한 건물주 아닙니까? 그렇게 하기가 힘들어서 돈을 빌리고 이것저것 하다 보니 저당권도 설정되고, 지상권도 설정되고 그런 거죠. 하지만 가장 이상적인 형태는 내 땅 위에 내 집 짓고 사는 겁니다. 이 말을 법률용어로 바꾸어 볼까요? '토지와 건물이 동일한 소유자에게 속하는' 상태죠.

문제는 항상 이런 완벽한 상태가 깨지면서 일어납니다. 토지와 건물의 소유자가 달라지는 겁니다. 누군가 토지만 사가거나, 건물만 사가거나 하는 경우죠. 물론 사가는 경우보다는 돈을 못 갚아서 경매당하는 바람에 토지와 건물의 소유자가 달라지는 경우가 대부분입니다.

그런데 한번 차분히 생각해 보세요. 여러분이 건물 소유자라면, 남의 땅 위에 건물을 갖고 싶을까요? 언제 철거당할지도 모르는데? 그런 건물을 돈 주고 살 강심장은 흔치 않을 겁니다. 마찬가지로 땅 주인 입장에서도, 내가 언제든 철거할 수 있지만, 이 건물 살 테면 사가라고 말하는 건 좀 비상식적이겠죠?

즉, 특별한 사정이 없다면, 이렇게 토지와 건물이 같은 소유자에 속하였다가 각각 다른 소유자로 헤어질 때는, 이 건물이 토지 위에 계속 있어도 좋다는 합의가 당사자 간에 있을 거라는 겁니다. 이런 관습이 계속해서 행해지다 보니, 아예 법적 권리가 되어버린 것이죠. 정리해 볼까요? 토지와 건물이 동일한 소유자에게 속하였다가, 매매 기타의 원인으로 토지와 건물의 소유자가 다르게 될 때, 건물을 철거한다는 특약이 없으면 건물 소유자가 당연히 토지를 계속 사용할 권리를 취득하는 것. 이것이 바로 그 유명한 '관습법상 법정지상권'입니다.

[1] 처분 당시 토지와 건물의 소유자 동일!

이제 관습법상 법정지상권의 성립요건을 하나하나 살펴볼까요? 항상 말씀드리지만, 요건 검토는 어려운 게 아닙니다. 어떤 권리든 '정의'가 있지요. 그 정의를 하나하나 단어별로 풀어쓴 게 요건입니다. 관습법상 법정지상권의 경우 정의가 무엇이었죠? '토지와 건물이 동일한 소유자에게 속하였다가, 매매 기타의 원인으로 토지와 건물의 소유자가 다르게 될 때, 건물을 철거한다는 특약이 없으면 건물 소유자가 당연히 토지를 계속 사용할 권리' 이것이었죠? 이 긴 문장을 분해한 것이 요건입니다. 우선 가장 첫 요건으로, '토지와 건물이 동일한 소유자에게 속하였다가' 이 부분을 분석해 봅시다.

1) 건물의 존재

미완성 건물이어도 됩니다. 말 그대로, 건물이면 되는 것인데, 수도, 전기, 가스… 이런 것들이 들어와 있지 않아도 됩니다. 대법원 판례는 천장, 기둥, 주벽만 갖추어지면 건물로 봅니다. 쉽게 생각해서, 비바람을 피할 수 있을 정도면 된다는 것이지요.

2) 처분 당시

처분 당시라는 말이 문제되는 경우는 언제일까요? 가장 흔한 것이 강제경매의 경우입니다. 말이 쉬워서 강제경매 네 글자지, 실제로 강제경매는 상당히 긴 과정입니다. 압류하고, 경매하고, 배당하고… 1년 넘어가는 강제경매가 수두룩하죠? 그러면 그 긴 시간 중, 과연 언제가 '처분 당시'일까요?

정답은 '매각대금 완납시'입니다. 예를 들어 토지와 건물 소유자가 다른 것을 확인하고, 건물 경매에 들어갔다고 합시다. 건물이 철거당할 수 있으니, 가격이 상당히 싸겠죠? 그런데 경매를 한창 하다가 중간에 토지와 건물 소유자가 같아져 버리는 경우가 있습니다. 즉, 위기감을 느낀 건물주가 토지를 사 버리는 경우가 있죠. 정리하면,

❶ 건물: 갑, 토지: 을
❷ 건물에 대해 강제경매개시결정!
❸ 건물: 갑, 토지: 을->갑
❹ 매각대금 완납

이럴 때는 재빨리 입찰 가격을 조정하셔야 합니다. 아직 매각대금 완납 전에 토지를 샀잖아요. 그러면 매각대금 완납시점 기준으로 보면 어떨까요? 토지와 건물의 소유자가 동일하죠? 그런데 경락 때문에 달라지는 것이 되겠지요? 따라

서, 매각대금을 내 버리면 그 순간 관습법상 법정지상권이 성립해 버리기 때문이지요(71다1631판결).

위 사례의 응용 심화 버전을 한번 볼까요? 위 사례에서 건물과 토지 소유자가 같아졌는데, 아직 매각대금 완납 전에 건물을 제3자가 사온 경우를 가정해 봅시다. 즉,

❶ 건물: 갑, 토지: 을
❷ 건물에 대해 강제경매개시결정!
❸ 건물: 갑, 토지: 을->갑
❹ 건물: 갑->병, 토지: 갑
❺ 매각대금 완납

그러면 토지 주인은 매각대금 완납 시점에 건물과 토지 소유자가 다르니까, 관습법상 법정지상권이 성립하지 않는다고 주장하며 건물을 철거해 버릴 수 있을까요? 물론 상식적으로 생각하면 자기가 건물을 제값 받고 팔아 놓고, 철거해 버린다면 참 나쁜 사람이겠지만, 돈 앞에서는 별별 일이 다 일어나는 세상이니, 만약 그렇게 된다면 법적으로는 어떻게 될지 생각해 봅시다.

정답은 법정지상권이 여전히 '성립한다'입니다. 왜 그럴까요?

이유는 간단합니다. 토지와 건물 소유자가 매각대금 완납시에는 여전히 같기 때문이지요. 아니, 건물을 병이 사갔는데 왜 아직도 같냐구요?

생각해 보세요. 강제경매를 할 때는 가압류를 먼저 하지요? 가압류를 하지 않더라도, 강제경매개시결정을 법원이 알아서 등기를 해 줍니다. 그 등기가 압류등기와 똑같은 거지요. 그 압류 이후에 경매 대상을 마음대로 사고팔아 봤자 경락되면 말소된다는 사실은 아시지요? 그래서 건물에 대한 압류 이후에 건물을 또 사갔으니, 그 건물을 사간 행위는 아무 의미가 없는 것입니다. 그러면 매각대금 완납시 기준으로 보면 여전히 건물과 토지는 동일인 소유가 되는 것이지요. 맨

위 사례에서는 왜 무효가 안 되냐고 물어보는 분들이 꽤 있는데, 꼼꼼하게 생각해 보면 당연히 풀립니다. 압류된 대상을 사고팔면 경락인에 대항할 수 없다는 원칙만 기억하시면 됩니다. 아래 사례에서는 건물이 압류되었는데 그 압류된 건물을 사고팔았으니 말소당한 것이고, 위 사례에서는 건물이 압류되었는데 토지를 사고팔았으니 압류에 어긋나지 않아 유효한 것이지요.

3) 동일인 소유

간단합니다. 등기부상으로 같으면 됩니다. 토지 명의는 갑인데, 건물 명의는 을에게 명의신탁해 놓았다면 어떨까요? 제3자가 보기에 등기부상으로는 갑 – 을이 다르죠? 그러므로 관습법상 법정지상권이 성립하지 않습니다. 반대로 실제로 건물 소유자는 을인데, 명의만 갑에게 명의신탁해 놓았다면? 그러면 등기부상으로는 토지와 건물이 둘다 갑 소유로 보이겠지요. 관습법상 법정지상권이 성립하게 되는 것입니다.

마찬가지로 토지를 사서 돈도 다 내고, 실제로 쓰고 있다고 해도, 등기를 아직 못 마쳤다면 관습법상 법정지상권이 성립하지 않습니다. 억울하죠? 이 법정지상권이란 것이 워낙 예측불허의 막강한 권리라, 최소한 등기부를 보고 제3자가 법정지상권 성립여부를 짐작은 할 수 있어야 하기 때문에 등기상 소유자가 같아야 하는 것입니다.

(2) 매매 기타의 원인으로 소유자가 달라질 것

뭐든지, 소유자가 달라지기만 하면 됩니다. 매매, 증여는 당연한 것이고, 공매, 경매도 당연한 겁니다. 공유물분할도 소유자가 바뀌는 것이니 당연히 됩니다. 단 하나, 저당권에 기한 경매, 즉 임의경매는 예외입니다. 이건 법정지상권이 성립하지 않아서가 아니에요. 저당권에 기한 임의경매는 민법 제366조에 따로 법정지상권 규정이 있기 때문입니다.

(3) 당사자 사이에 건물철거나 토지사용에 대해 특약이 없을 것

항상 어떤 제도를 공부할 때는, 그 제도가 왜 만들어졌는지, 누구를 위해 존재하는 것인지 '의의'를 생각하라고 말씀드렸지요? 관습법상 법정지상권은 어떻습니까? 원래 토지랑 건물이 같은 사람 거였다면, 그중 하나를 넘길 때 암묵적으로 건물 계속 쓰게 해주려는 합의가 있었을 거라고 봐주는 제도죠? 그런데 만약, 이런 암묵적 합의 대신 명시적으로 특약이 있었다면 어떨까요? '내 땅 이제 쓰지 마!'라든가, '쓰긴 쓰는데, 법정지상권 말고 임대차계약 해서 돈 내고 써!'라는 계약을 서로 맺었다면? 당연히 관습법상 법정지상권을 인정할 필요가 없겠지요?

예를 들어서, 토지-건물을 다 갖고 있던 사람이, 건물만 파는 경우를 생각해 봅시다. 그런데 관습법상 법정지상권은 너무 강력한 물권이니, 그게 내 땅에 설정되는 건 싫단 말이에요. 그래서 이런 경우, 건물을 팔면서 토지에 대한 임대차계약을 합니다. 건물을 쓰긴 써야 하니까, 내 땅을 앞으로 20년간 빌려쓰는 걸로 하자. 이렇게 말이지요. 그러면 임대차는 물권이 아니라 채권이니까 땅 주인 입장에서는 땅에 대한 권리가 좀 덜 제약되긴 하거든요.

이렇게 하면 관습법상 법정지상권이 성립하지 않습니다(92다3984판결). 일단 관습법상 법정지상권이라는 것이 건물이나 토지 사용에 대한 특약이 없을 때, 법이 만들어주는 권리잖아요? 그런데 당사자가 알아서 앞으로 토지를 어떻게 쓰겠다고 특약을 맺었다면, 관습법상 법정지상권을 포기하는 것으로 볼 수 있는 것이지요. 이런 특약은 등기부에 나타나지 않기 때문에, 반드시 당사자들과 연락을 취하여 꼼꼼하게 확인해 보셔야 합니다.

비슷한 사례로, 토지와 미등기건물을 한꺼번에 사버리는 경우도 관습법상 법정지상권이 성립하지 않습니다. 아직 등기가 되지 않은 신축건물과 토지를 한꺼번에 사는 경우가 있지요? 이러면 사실상 관습법상 법정지상권이 아예 필요가 없습니다. 내가 건물과 토지를 둘 다 사버렸으니까요. 내 마음대로 할 수가 있는 거죠.

사실 이 경우는, 등기부상으로는 건물과 토지의 명의가 다르기 때문에 처음부터 법정지상권이 성립하지 않지만, 그렇게 설명하면 잘 이해하지 못하는 분들도 많더라구요. 제도의 취지, 즉 건물이랑 땅이랑 명의가 달라질 때, '별 얘기 없으면 건물 철거는 안 하기로 하는 거다!'라는 법정지상권의 의의를 기억하시면, 대부분의 사례는 쉽게 풀릴 겁니다.

④ 내가 먼저 '찜'해놓은 땅!
- 민법 제366조 법정지상권

법정지상권이 '법'으로 정해놓은 지상권이라는 점은 말씀드렸지요? 그 법정지상권에도 두 가지가 있습니다. 하나는 사람들이 오래 그렇게 하다 보니 법이 되어버린 관습법상 법정지상권, 하나는 민법 제366조로 정해놓은 법정지상권. 이제 관습법상 법정지상권은 공부하셨으니, 마지막 제366조 법정지상권만 공부하시면 끝!

우선 민법 제366조 본문부터 폼나게 읽어봅시다.

저당물의 경매로 인하여 토지와 그 지상건물이 다른 소유자에 속한 경우에는 토지소유자는 건물소유자에 대하여 지상권을 설정한 것으로 본다.

민법 제366조 본문

이게 무슨 뜻일까요? 사실 간단합니다. 앞에서 관습법상 법정지상권을 공부하셨죠? 토지와 건물이 같은 사람 소유이다가, 다른 사람으로 갈라지면 건물에 땅 쓸 수 있는 권리가 생긴다는 것! 제366조 법정지상권도 똑같습니다. 그런데 혹시 기억나시나요? 관습법상 법정지상권은 어떤 이유로든 토지와 건물 소유자가 달라지면 생기는데, 딱 하나, 저당권에 기한 임의경매를 이유로는 생기지 않는다고 했지요?

바로 그겁니다. 그 딱 하나를 위한 것이 바로 제366조 법정지상권입니다. 제366조 법정지상권은 저당권에 기한 임의경매로 토지와 건물의 소유자가 달라지면 성립하는 겁니다. 등기부를 보시다가, 임의경매가 등장하면 제366조 법정지상권, 다른 모든 경우에는 관습법상 법정지상권을 검토하시면 됩니다. 참 쉽죠?

✱ 의의

성립요건만 보면, 두 가지 법정지상권은 똑같은 녀석들입니다. 토지와 건물이 같은 사람 소유이다가, 달라지면 건물에 법정지상권이 생긴다는 거죠. 그냥 그 달라지는 원인만 다른 겁니다. 그런데 이 두 가지 권리의 취지는 상당히 다릅니다. 관습법상 법정지상권은 말 그대로 관습이었죠? 보통 토지와 건물 소유자가 달라질 때는, 상식적으로 건물은 철거 안 하는 게 관습이다. 그러니 건물이 계속 토지를 쓸 권리를 인정한다. 이런 거죠. 어떻게 보면 건물 소유자를 위한 제도에 가깝습니다. 그런데 이 제366조는 그런 취지가 아닙니다. 제366조는, '저당권자'를 위해 만들어진 권리입니다.

무슨 뜻일까요? 차근차근 생각해 봅시다. 건물이 지어진 땅이 비쌀까요? 빈땅(나대지)이 비쌀까요? 당연히 후자입니다. 나대지가 보통 10억쯤 한다면, 그 위에 건물이 지어지면 반값, 즉 5억도 받기 힘들지요. 건물이 위에 있으면 땅 주인이 할 수 있는 건 아무것도 없기 때문입니다. 그냥 땅 사용료, 즉 지료를 받는 게 전부입니다. 나대지라면 상가도 짓고 아파트도 짓고 지하에 주차장도 내고 이것 저것 개발해서 이익을 건질 방법이 무궁무진한데, 이미 건물이 지어져 있으면 딱히 할 게 없죠.

따라서 여러분이 돈을 빌려준 채권자라면, 어떤 땅을 담보로 잡고 싶겠습니까? 10억의 가치가 있는 나대지입니까, 3억의 가치가 있는 건물 올라간 땅(지상권이 있는 땅)입니까? 당연히 나대지를 잡고 싶겠죠. 정확히 말하면, 10억의 가치를

담보로 잡는 것이죠. 저당권이란 그런 것입니다. 네가 돈을 안 갚으면, 네 땅을
팔아서 그 돈을 받아가겠다는 것이죠. 그 부동산의 '가치'를 미리 잡아놓는 것입
니다. 당연히 그 잡아놓는 '가치'는 자기가 빌려준 '채권액'만큼은 되어야겠죠? 따
라서 3억짜리 채권자라면 건물이 올라가 있는 땅이라도 불만 없이 근저당을 잡
겠지만, 10억짜리 채권자라면 10억짜리 나대지여야 그걸 근저당 잡고 10억을 빌
려주겠죠. 즉, 저당권자는 저당권 설정 당시에 그 대상의 가치만큼은 내가 무조
건 챙길 수 있을 거라고 기대하는 것입니다. 한마디로 저당권이란, '가치를 잡아
놓는 권리'인 것이죠. 그렇다면 당연히 그 잡아놓은 만큼은 법이 보호해 주어야
하지 않을까요? 이렇게 '저당권자가 저당권 설정 당시 기대한 담보가치'만큼을 보
호해 주기 위해서는, 지상권이 없어야 합니다. 저당권 설정 당시에는 지상권 없
는 나대지인 줄 알고 10억을 잡아놓았는데, 경매를 실행하고 보니 3억밖에 되지
않는다면, 저당권자가 기대한 담보가치 중 7억은 날아가는 셈이니까요.

결국, 성립요건은 비슷하지만, 관습법상 법정지상권이 건물 소유자를 위해
되도록 철거를 하지 못하게 지상권을 폭넓게 인정해 주는 제도인 반면, 제366조
는 건물이 지어지기 전, 나대지 상태에서 저당권을 설정한 근저당권자가 있다면
법정지상권이 성립하지 않도록 하는 제도, 즉 지상권 성립을 제한하는 제도인 것
입니다. 제366조가 등장할 때면, 지상권자 입장에서 생각하지 마세요. 반드시 저
당권자 입장에서, 내가 저당권자라면 이 저당권 잡을 때, 얼마쯤 받을 거라고 기
대하고 잡았을까? 생각해 보시기 바랍니다.

(1) 토지에 저당권이 설정될 당시 건물이 지상에 존재할 것

제366조 법정지상권이 성립하려면, 토지에 저당권이 설정될 당시 건물이 있
어야 합니다. 저당권자 입장에서 생각해 보세요. 토지를 저당잡으려고 하는데, 어,
이미 건물이 있네? 그러면 이건 토지 가치가 별로 없군. 하고 별 기대를 하지 않
을 겁니다. 즉, 나대지 가치에서 지상권 가치를 뺀 만큼만 내가 담보로 잡을 수
있겠구나 하고 생각할 거예요. 그러니 법정지상권이 성립되어도 무방한 겁니다.

반대로, 토지에 저당권이 설정될 당시 건물이 없다면 어떻습니까? 이때는 나 대지구나! 하고 토지 가치를 높게 평가할 겁니다. 높게 평가한 만큼, 돈을 많이 빌려주겠죠. 즉 담보가치를 많이 기대한다는 겁니다. 나대지 가치 전체만큼을 담보로 잡았다고 생각하는 거죠. 그런데 뜬금없이 법정지상권이 성립한다면? 저당권자의 기대를 크게 해하지 않겠습니까? 따라서 이 경우에는 법정지상권이 성립할 수 없는 것이지요.

✱ 당사자 의사와 무관하게 성립한다!

관습법상 법정지상권을 말씀드리고 연이어 제366조 법정지상권을 강의할 때면, 자주 받는 질문이 하나 있습니다. '그러면 저당권자를 위한 제도니까, 저당권자가 OK하면 법정지상권 성립하나요?'라는 것이지요. 여러분은 어떻게 생각하십니까?

정답은 NO입니다. 저당권자가 OK하건 말건, 무조건 성립한다. 왜 그렇습니까? 이것은 저당권자 자신을 위한 권리이기도 하지만, 그 저당권에 기한 임의경매에서 낙찰받는 경락인을 위한 권리이기도 하잖아요. 즉, 제3자의 신뢰 전체를 보호하는 제도라는 것입니다. 생각해 보세요. 지상권이 없는 나대지라고 생각하고 고가에 낙찰받았는데, 갑자기 법정지상권이 성립해 버리면 경락인은 엄청난 손해를 보게 되는 겁니다. 저당권자 혼자 OK한다고 해서 법정지상권을 함부로 성립시켜 버리면 경매 자체가 혼란의 도가니가 되는 것이죠.

이것이 관습법상 법정지상권과 다른 점입니다. 관습법상 법정지상권은 매매 등으로 토지와 건물 소유자가 달라질 때, 소유자들끼리 합의를 해서 토지를 임대차하기로 한다거나 하는 특약으로 법정지상권을 포기해 버릴 수 있거든요. 하지만 제366조 법정지상권은 그렇지 않습니다. 취지가 다르잖아요. 제도의 취지, 관습법상 법정지상권은 사람들이 상식적으로 건물과 토지를 따로 팔 때 철거 안하겠다고 약속한다는 관습을 존중하는 것입니다. 반면 제366조는 돈 빌려주고 저당권 등기한 저당권자의 신뢰, 그리고 그 저당권 등기를 믿고 경매에 참여하는 사람들의 신뢰도 같이 보호하는 것. 이제 감이 대충 오시겠죠?

(2) 무허가, 미등기 건물도 상관없습니다

이건 관습법상 법정지상권도 마찬가지예요. 무허가건물, 미등기건물이면 그냥 부숴 버려도 되는 줄 아시는 분들이 종종 있는데, 큰일날 소립니다. 우리 법은 자력구제, 즉 사람들이 알아서 해치워 버리는 걸 금지하고 있어요. 법의 힘을 빌어서, 즉 민사소송에서 승소판결을 받아 집행력을 얻든지, 아니면 행정상 민원을 넣어서 행정대집행으로 철거시키든지 하셔야지, 사적 집행, 즉 직접 망치를 들고 가서 부숴버리시면 아니되옵니다~

결국 불법건물도 법정지상권은 일단 성립한다는 것이에요. 물론 그것이 허가받을 수 없는 상태라면 결국 언젠가는 행정청에 의해 철거되겠지만, 어쨌든 그때까지는 법정지상권에 의해 땅을 사용할 권리가 있는 것입니다.

(3) 건물의 현상이 변경된 경우

그런데 요새 건물을 지어놓고 가만히 두는 경우는 없습니다. 만약 저당권 설정 당시에는 1층짜리 판자집이었는데, 그 후에 2층 양옥집으로 증축한 경우는 어떨까요? 아니, 아예 허물고 20층짜리 아파트를 새로 지었다면 어떻게 될까요?

이 경우에도 당황하실 필요 없습니다. 원칙이 뭐라구요? 저당권자가 얼마나 기대했는지를 생각해 보는 게 원칙이죠. 처음에 저당권자는 땅의 가치를 얼마로 생각했을까요? 나대지 가치에서 지상권 가치를 뺀 가치겠죠? 이걸 도식화해 봅시다.

① 저당권 설정 당시 저당권자가 기대한 가치
나대지(10억) − 1층짜리 판자집을 위한 지상권(5억) = 5억
② 임의경매 당시 실제 가치
나대지(10억) − 20층짜리 아파트를 위한 지상권(9억) = 1억

어떻습니까? 구 건물은 낡고 작아서 지상권이 토지를 크게 차지하지 않지만, 신 건물은 크고 높으니 지상권이 토지를 거의 다 차지해 버립니다. 지상권이라도 다 같은 지상권이 아니라는 거죠. 그러면 당연히 저당권자 입장에서는 어떤 기대를 가질까요? 자기가 저당권을 잡았던 당시의, 구건물 사이즈를 기준으로 해서 고만큼만 지상권 가치가 빠질 것이라고 기대했겠지요. 바로 그게 정답입니다.

참고: 대법원 판례 전문(대법원 2001. 3. 13. 선고 2000다48517판결)

민법 제366조 소정의 법정지상권이 성립하려면 저당권 설정 당시 저당권의 목적이 되는 토지 위에 건물이 존재하여야 하는데, 저당권 설정 당시의 건물을 그후 개축·증축한 경우는 물론이고 그 건물이 멸실되거나 철거된 후 재건축·신축한 경우에도 법정지상권이 성립하며, 이 경우 신건물과 구건물 사이에 동일성이 있거나 소유자가 동일할 것을 요하는 것은 아니라 할 것이지만, 그 법정지상권의 내용인 존속기간·범위 등은 구건물을 기준으로 하여야 할 것이다(대법원 1993. 6. 25. 선고 92다20330 판결, 2000. 12. 12. 선고 2000다19007 판결 등 참조). 이 사건에서 보면, 신한은행 명의의 근저당권 설정 당시 이 사건 토지에 한신규 소유의 구건물인 가옥이 존재하였으므로 원심으로서는 위 구건물의 구조·위치·면적 등을 심리하여 특정한 다음 이를 기준으로 법정지상권의 존속기간과 구건물의 이용에 일반적으로 필요한 범위를 확정하여 위 항변의 당부를 판단하였어야 할 것이다. 이와 견해를 달리하여 신건물인 이 사건 건물의 구조와 면적, 위치 등을 기준으로 하여 이 사건 토지 전부에 관한 법정지상권의 존속기간과 범위를 인정한 원심의 판단에는 법정지상권의 내용에 관한 심리를 다하지 아니하였거나 그 법리를 오해한 위법이 있고, 이 점을 지적하는 상고이유의 주장은 이유 있다.

(4) 토지와 건물을 한꺼번에 공동저당권으로 잡아놓았다면?

토지만, 혹은 건물만 담보로 잡는 경우보다, 오히려 토지와 그 지상 건물을 한꺼번에 공동저당권으로 잡아놓는 경우가 더욱 흔합니다. 그런데 이럴 때 건물을 부수고 다시 지으면 어떻게 될까요?

　답을 보기 전에, 차근차근 생각해 봅시다. 제366조의 원칙이 뭐죠? 저당권자가 저당권 설정할 당시 얼마만큼을 기대했느냐. 그게 중요하다는 것이죠? 이 경우에는 어떤지 봅시다.

　① 저당권자가 공동저당권 설정 당시 기대했던 가치
　=> 대지 가치 + 건물 가치
　=> 지상권이 설정된 상태의 대지 가치 + 건물 가치
　=> 나대지 가치 - 지상권 가치 + 건물 가치
　② 구건물을 부수고 신건물을 지은 현재 가치
　=> 나대지 가치 - 지상권 가치

　자. ①과 ② 사이에 어떤 차이가 있는지 딱 보이시지요? 구건물을 부수고 신건물을 지었지만, 신건물에는 저당권이 설정되어 있지 않잖아요. 그러니 그 건물 가치만큼이 날아간 겁니다. 토지는 어차피 지상권이 설정되는 순간 별 가치가 없어집니다. 그런데 ②를 보시면, 그 별 가치 없어진 깡통 토지만 남고, '지상권이 붙은 건물'이라는 알짜 노른자 위에는 저당권을 행사할 수 없게 되어버린 것이지요. 따라서 당연히 이런 경우에는 법정지상권이 성립하지 않습니다. 결국 신건물은 철거해야 합니다. 그러면 현재 확보된 가치는 어떻게 될까요? 어차피 건물이 철거될 것이니 나대지로서의 가치 전체를 확보한 것이 되겠죠? 그러면

　③ 법정지상권이 부인되면 비로소 확보되는 가치
　=> 나대지 가치

　이렇게 되어서 최초 ①의 기대했던 가치와 비슷해진다는 것이지요.

그렇다면 반대로 건물주 입장에서 생각해 봅시다. 건물주 입장에서 안전하게 법정지상권을 성립시키려면 어떻게 해야 할까요? 간단합니다. 신건물에 공동저당권 안 해줘서 문제가 생긴 거잖아요. 신건물에도 똑같이, 구건물에 해줬던 저당권과 같은 순위로 저당권을 설정해주면 됩니다. 공평하죠? 어차피 해줬던 저당권, 회복시켜 주는 것과 같습니다. 법이란 잘 모를 때는 뭔가 불합리하고 억울한 점도 있지만, 사실 제대로 알고 상식대로만 행동하면 그 기대와 신뢰를 최대한 보호해 주는, 매우 공평한 장치랍니다.

마지막으로 자주 들어오는 질문 하나.

그러면 토지와 건물에 공동저당권을 설정한 상태에서, 저당권이 실행되어 버리면 법정지상권이 건물에 생기니까, 토지가 그만큼 싸져서 저당권자가 손해보는 거 아니에요?

잘 생각해 보세요. 지상권이 생긴 만큼 토지가 싸졌죠? 그런데 그 지상권은 어디로 갔을까요? 건물에 붙은 거죠? 그러면 건물이 그 지상권만큼 비싸진 거죠. 따라서 제로섬 게임입니다. 어차피 토지와 건물을 공동저당권으로 잡아놓았으니, 토지가 싸진 만큼 건물이 비싸져서, 저당권자로서는 아무 손해가 없게 되지요.

참고: 판례 전문(대법원 2003. 12. 18. 선고 98다43601 판결)

건물철거등

【판시사항】

[1] 동일인 소유의 토지와 그 지상 건물에 관하여 공동저당권이 설정된 후 그 건물이 철거되고 다른 건물이 신축된 경우, 저당물의 경매로 인하여 토지와 신축 건물이 서로 다른 소유자에게 속하게 되면 민법 제366조 소정의 법정지상권이 성립하는지 여부(소극)

[2] 건물 건축 도급계약에 있어서 건물 소유권의 귀속관계

【판결요지】

[1] [다수의견]

동일인의 소유에 속하는 토지 및 그 지상 건물에 관하여 공동저당권이 설정된 후 그 지상 건물이 철거되고 새로 건물이 신축된 경우에는 그 신축건물의 소유자가 토지의 소유자와 동일하고 토지의 저당권자에게 신축건물에 관하여 토지의 저당권과 동일한 순위의 공동저당권을 설정해 주는 등 특별한 사정이 없는 한 저당물의 경매로 인하여 토지와 그 신축건물이 다른 소유자에 속하게 되더라도 그 신축건물을 위한 법정지상권은 성립하지 않는다고 해석하여야 하는바, 그 이유는 동일인의 소유에 속하는 토지 및 그 지상 건물에 관하여 공동저당권이 설정된 경우에는, 처음부터 지상 건물로 인하여 토지의 이용이 제한 받는 것을 용인하고 토지에 대하여만 저당권을 설정하여 법정지상권의 가치만큼 감소된 토지의 교환가치를 담보로 취득한 경우와는 달리, 공동저당권자는 토지 및 건물 각각의 교환가치 전부를 담보로 취득한 것으로서, 저당권의 목적이 된 건물이 그대로 존속하는 이상은 건물을 위한 법정지상권이 성립해도 그로 인하여 토지의 교환가치에서 제외된 법정지상권의 가액 상당 가치는 법정지상권이 성립하는 건물의 교환가치에서 되찾을 수 있어 궁극적으로 토지에 관하여 아무런 제한이 없는 나대지로서의 교환가치 전체를 실현시킬 수 있다고 기대하지만, 건물이 철거된 후 신축된 건물에 토지와 동순위의 공동저당권이 설정되지 아니 하였는데도 그 신축건물을 위한 법정지상권이 성립한다고 해석하게 되면, 공동저당권자가 법정지상권이 성립하는 신축건물의 교환가치를 취득할 수 없게 되는 결과 법정지상권의 가액 상당 가치를 되찾을 길이 막혀 위와 같이 당초 나대지로서의 토지의 교환가치 전체를 기대하여 담보를 취득한 공동저당권자에게 불측의 손해를 입게 하기 때문이다.

[반대의견]

민법 제366조가 법정지상권제도를 규정하는 근본적 취지는 저당물의 경매로 인하여 토지와 그 지상건물이 다른 사람의 소유에 속하게 된 경우에 건물이 철거됨으로써 생길 수 있는 사회경제적 손실을 방지하려는 공익상 이유에 있는 것이지 당사자 어느 한편의 이익을 보호하려는 데 있는 것이 아니고, 법정지상권은 저당권설정 당사자의 의사와 관계없이 객관적 요건만으로써 그 성립이 인정되는 법정물권인바, 저당권자가 그 설정 당시 가졌던 '기대'가 어떤 것이었느냐에 의하여 법정지상권의 성립 여부를 달리 판단하는 다수의견은 법정지상권 성립요건의 객관성 및 강제성과 조화되기 어렵고, 토지와 건물 양자에 대하여 공동으로 저당권이 설정된 경우, 원칙적으로 그 공동저당권자가 토지에 관하여 파악하는 담보가치는 법정지상권의 가치가 제외된 토지의 가치일 뿐이고, 건물에 관하여 파악하는 담보가치는 건물 자체의 가치 외에 건물의 존속에 필요한 법정지상권의 가치가 포함된 것이며, 법정지상권은 그 성질상 건물에 부수하는 권리에 불과하므로 구건물이 멸실되거나 철거됨으로써 건물저당권 자체가 소멸하면, 공동저당권자는 건물 자체의 담보가치는 물론 건물저당권을 통하여 파악하였던 법정지상권의 담보가치도 잃게 되고, 이에 따라 토지 소유자는 건물저당권의 영향에서 벗어나게 된다고 보는 것이 논리적으로 합당하다. 그러므로 토지 소유자는 그 소유권에 기하여 토지 위에 신건물을 재축할 수 있고, 그 후 토지저당권이 실행되면 신건물을 위한 법정지상권이 성립하며, 다만 그 내용이 구건물을 기준으로 그 이용에 일반적으로 필요한 범위로 제한됨으로써 공동저당권자가 원래 토지에 관하여 파악하였던 담보가치, 즉 구건물을 위한 법정지상권 가치를 제외한 토지의 담보가치가 그대로 유지된다고 보아야 하고, 이것이 바로 가치권과 이용권의 적절한 조절의 모습이다.

[다수의견쪽 보충의견]

민법 제366조가 '저당물의 경매로 인하여 토지와 그 지상건물이 다른 소유자에게 속한 경우'라고 규정하여, 마치 경매 당시에 건물이 존재하기만 하면 법정지상권이 성립할 수 있는 것처럼 규정하고 있지만 위 조문의 해석상 법정지상권이 성립하기 위하여 저당권설정 당시 토지상에 건물이 존재하여야 하고, 따라서 나대지에 저당권설정 후 설정자가 그 지상에 건물을 신축 후 경매로 토지와 건물의 소유자가 달라진 경우에는 그 신축건물을 위한 법정지상권의 성립을 부정하는 것이 판례·통설인바, 이는 이러한 경우에도 건물보호라는 공익적 요청을 고려하여 법정지상권의 성립을 허용하면 당초 건물 없는 토지의 교환가치를 기대한 저당권자의 기대 내지 의사에 반하기 때문에 이러한 당사자의 의사를 고려한 것으로 볼 수 있고, 이를 미루어 보아 법정지상권제도가 당사자의 의사를 전혀 도외시한 채 건물보호라는 공익적 요청에 의한 것이라고만 할 수는 없으며, 단독저당, 공동저당 어느 경우나 원칙적으로 저당권설정 당시 존재하던 건물이 헐린 후 재축된 신건물에 대하여는 물권법정주의의 원칙상 법정지상권이 성립될 수 없지만 예외적으로 그 성립을 인정하여도 저당권자의 의사 내지 기대에 반하지 아니하는 경우(단독저당이 여기에 해당한다)에 국한하여 건물보호를 위하여 법정지상권의 성립범위를 확장해석하는 것은 법정지상권의 성립요건의 객관성이나 강제성과는 관련이 없다.

[2] 일반적으로 자기의 노력과 재료를 들여 건물을 건축한 사람이 그 건물의 소유권을 원시취득하는 것이지만, 도급계약에 있어서는 수급인이 자기의 노력과 재료를 들여 건물을 완성하더라도 도급인과 수급인 사이에 도급인 명의로 건축허가를 받아 소유권보존등기를 하기로 하는 등 완성된 건물의 소유권을 도급인에게 귀속시키기로 합의한 것으로 보일 경우에는 그 건물의 소유권은 도급인에게 원시적으로 귀속된다.

【참조조문】 [1] 민법 제366조 [2] 민법 제664조

【참조판례】

[1] 대법원 1990. 7. 10. 선고 90다카6399 판결(공1990, 1690)(변경), 대법원 1992. 6. 26. 선고 92다9388 판결(공1992, 2271)(변경), 대법원 1993. 6. 25. 선고 92다20330 판결(공1993하, 2098)(변경), 대법원 2000. 12. 12. 선고 2000다19007 판결(변경), 대법원 2001. 3. 13. 선고 2000다48517, 48524, 48531 판결(공2001, 871)(변경)

[2] 대법원 1990. 4. 24. 선고 89다카18884 판결(공1990, 1135), 대법원 1992. 3. 27. 선고 91다34790 판결(공1992, 1385)

【전문】

【원고,상고인겸피상고인】 석관동에이(A)지구 재건축조합(소송대리인 변호사 장희목)

【피고,피상고인】 백재호

【피고,피상고인겸상고인】 서성문

【원심판결】 서울고법 1998. 7. 14. 선고 97나1176 판결

【주문】 원심판결을 전부 파기하고, 사건을 서울고등법원에 환송한다.

【이유】

1. 원심의 판단

가. 원심은 그 판시 증거들을 종합하여, 이 사건 대지 위에는 단층주택이 건축되어 있었는데, 위 대지 및 단층주택을 매수하여 소유권을 취득한 피고 백재호는 1989. 2. 11. 위 대지 및 단층주택을 공동담보로 제공하여 개봉단위농업협동조합 앞으로 근저당권설정등기를 마쳐 주었다가, 그 후 1991. 12. 5. 위 근저당권의 실행에 의하여 위 대지 및 단층주택에 관한 임의경매절차가 개시된 사실, 그런데 피고 백재호는 그 전인 1991. 9. 30.경 피고 서성문에게 위 단층주택의 철거와 이 사건 3층 주택의 신축공사를 도급주었는데, 피고 서성문은 1991. 10.경 위 단층주택을 철거하고 이 사건 3층 주택(이하 '이 사건 신축건물'이라 한다)의 신축공사를 시행하여 1992. 3.경 완공하였으나, 준공검사를 받지는 못하고 있고, 이 사건 신축건물은 피고들이 일부씩 나누어 점유하고 있는 사실, 한편, 위 임의경매절차에서는 위 단층주택이 이미 철거되었다는 이유로 위 단층주택에 대한 경매절차는 취소되고, 이 사건 대지에 대한 경매절차만이 속행되어 1992. 4. 23. 김영숙이 이 사건 대지를 경락받은 사실, 그 후 이 사건 대지의 소유권은 위 김영숙으로부터 유춘자를 거쳐 1994. 10. 11. 원고에게로 순차 이전된 사실, 원고는 1994. 9. 6. 피고 서성문으로부터 이 사건 신축건물을 대금 1억 3,800만 원에 매수하기로 약정하고 계약금 2,000만 원을 피고 서성문에게 지급한 후, 이 사건 신축건물이 피고 백재호의 소유라는 취지의 이 사건 제1심판결이 선고되자 다시 1997. 12. 18. 피고 백재호로부터 이 사건 신축건물을 대금 1억 4,400만 원에 매수하기로 약정하고 계약금 1,500만 원을 피고 백재호에게 지급한 사실을 인정하였다.

나. 원심은 위와 같은 사실관계에 터잡아, (1) 원고의 피고 백재호에 대한 청구

에 대하여는, 이 사건 신축건물의 소유자가 피고 백재호인 점에는 당사자 사이에 다툼이 없다고 전제한 후, 저당물의 경매로 인하여 저당권설정 당시 동일인의 소유에 속하던 토지와 그 지상건물이 각각 다른 사람의 소유에 속하게 된 경우에는 그 지상건물 소유자는 민법 제366조에 따라 법정지상권을 취득하고 이는 저당권설정 당시 존재하던 건물이 철거되고 새로운 건물이 신축된 경우에도 마찬가지라는 이유로 피고 백재호의 법정지상권에 기한 항변을 받아들여 원고의 주위적 청구인 건물철거 및 대지인도청구를 배척한 다음, 이 사건 신축건물에 관한 매매계약의 이행으로서 그 매매잔대금의 지급과 상환으로 이 사건 신축건물의 명도와 이 사건 대지의 인도를 구하는 원고의 예비적 청구를 인용하였고, (2) 원고의 피고 서성문에 대한 청구에 대하여는, 이 사건 신축건물은 피고 서성문이 원시취득한 것이라고 판단한 후, 피고 백재호에 대한 판단에서와 같은 법리로 이 사건 신축건물을 위한 법정지상권이 성립한다고 보아 원고의 주위적 청구인 건물철거 및 대지인도청구와 이 사건 신축건물에 관한 매매계약의 불이행으로 인한 원상회복 및 손해배상청구를 모두 배척하고, 이 사건 신축건물에서의 퇴거를 구하는 제1예비적 청구도 배척한 다음, 원고와 피고 서성문 사이의 이 사건 신축건물에 관한 매매계약의 이행으로서 그 매매잔대금의 지급과 상환으로 이 사건 신축건물의 명도와 이 사건 대지의 인도를 구하는 제2예비적 청구를 인용하였다.

2. 이 법원의 판단

가. 원고의 피고 백재호에 대한 청구에 관하여

(1) 동일인의 소유에 속하는 토지 및 그 지상건물에 관하여 공동저당권이 설정된 후 그 지상건물이 철거되고 새로 건물이 신축된 경우에는, 그 신축건물의 소유자가 토지의 소유자와 동일하고, 토지의 저당권자에게 신축건물에 관하여 토지의 저당권과 동일한 순위의 공동저당권을 설정해 주는 등 특별한 사정이 없는 한, 저당물의 경매로 인하여 토지와 그 신축건물이 다른 소유자에 속하게 되더라도 그 신축건물을 위한 법정지상권은 성립하지 않는다고 해석함이 상당하다. 왜냐하면, 동일인의 소유에 속하는 토지 및 그 지상건물에 관하여 공동저당권이 설정된 경우

에는, 처음부터 지상건물로 인하여 토지의 이용이 제한 받는 것을 용인하고 토지에 대하여만 저당권을 설정하여 법정지상권의 가치만큼 감소된 토지의 교환가치를 담보로 취득한 경우와는 달리, 공동저당권자는 토지 및 건물 각각의 교환가치 전부를 담보로 취득한 것으로서, 저당권의 목적이 된 건물이 그대로 존속하는 이상은 건물을 위한 법정지상권이 성립해도 그로 인하여 토지의 교환가치에서 제외된 법정지상권의 가액상당가치는 법정지상권이 성립하는 건물의 교환가치에서 되찾을 수 있어 궁극적으로 토지에 관하여 아무런 제한이 없는 나대지로서의 교환가치 전체를 실현시킬 수 있다고 기대하지만, 건물이 철거된 후 신축된 건물에 토지와 동순위의 공동저당권이 설정되지 아니 하였는데도 그 신축건물을 위한 법정지상권이 성립한다고 해석하게 되면, 공동저당권자가 법정지상권이 성립하는 신축건물의 교환가치를 취득할 수 없게 되는 결과 법정지상권의 가액상당가치를 되찾을 길이 막혀 위와 같이 당초 나대지로서의 토지의 교환가치 전체를 기대하여 담보를 취득한 공동저당권자에게 불측의 손해를 입게 하기 때문이다.

이와 달리, 동일인의 소유에 속하는 토지와 그 지상건물에 관하여 공동저당권이 설정된 후 그 지상건물이 철거되고 새로 건물이 신축된 경우에도 그 후 저당권의 실행에 의하여 토지가 경락됨으로써 대지와 건물의 소유자가 달라지면 언제나 토지에 관하여 신축건물을 위한 법정지상권이 성립된다는 취지의 대법원 1990. 7. 10. 선고 90다카6399 판결, 1992. 6. 26. 선고 92다9388 판결, 1993. 6. 25. 선고 92다20330 판결, 2000. 12. 12. 선고 2000다19007 판결, 2001. 3. 13. 선고 2000다48517, 48524, 48531 판결의 견해는, 위와 저촉되는 한도 내에서 이를 변경하기로 한다.

(2) 이 사건에서, 피고 백재호의 소유이던 이 사건 대지 및 그 지상 단층주택에 관하여 개봉단위농업협동조합의 공동저당권이 설정된 후, 위 단층주택이 철거되고 이 사건 신축건물이 신축되었으나, 그 신축건물에 관하여 개봉단위농업협동조합이 이 사건 대지에 대한 것과 동일한 순위의 공동저당권을 설정받지 못하였으므로, 이 사건 대지에 대한 저당권의 실행에 의하여 이 사건 대지와 그 지상의 이 사건

신축건물이 각각 다른 사람의 소유에 속하게 되었다고 하더라도, 이 사건 신축건물을 위한 법정지상권은 성립되지 아니한다고 할 것이다.

그럼에도 불구하고 원심은, 피고 백재호가 이 사건 대지상에 신축된 건물을 위한 법정지상권을 취득한 것으로 보고, 원고의 피고 백재호에 대한 주위적 청구인 이 사건 신축건물의 철거 및 이 사건 대지의 인도청구를 모두 배척하고 말았으니, 원심판결에는 토지와 그 지상건물의 공동저당에 있어서의 법정지상권의 성립에 관한 법리를 오해하여 판결에 영향을 미친 위법이 있다고 할 것이다. 이 점을 지적하는 상고이유의 주장은 이유 있다.

나. 원고의 피고 서성문에 대한 청구에 관하여

(1) 일반적으로 자기의 노력과 재료를 들여 건물을 건축한 사람이 그 건물의 소유권을 원시취득하는 것이지만, 도급계약에 있어서는 수급인이 자기의 노력과 재료를 들여 건물을 완성하더라도 도급인과 수급인 사이에 도급인 명의로 건축허가를 받아 소유권보존등기를 하기로 하는 등 완성된 건물의 소유권을 도급인에게 귀속시키기로 합의한 것으로 보여질 경우에는 그 건물의 소유권은 도급인에게 원시적으로 귀속된다(대법원 1990. 4. 24. 선고 89다카18884 판결, 1992. 3. 27. 선고 91다34790 판결 등 참조).

(2) 기록에 의하면, 피고 백재호가 1991. 9. 30. 피고 서성문에게 이 사건 신축건물의 신축공사를 도급함에 있어, 건물완공 후 이를 임대하여 얻는 수입으로 먼저 공사대금에 충당하고 나머지는 피고 백재호가 가지기로 하고 그 중개비용 및 세금은 피고 백재호가 부담하기로 약정하였고(기록 502면), 건물완공 직후인 1992. 7. 8.에는 피고들 사이에서, 이 사건 신축건물에 관하여 피고 백재호의 이름으로 준공검사를 받아 준공하고 피고 백재호는 소유권보존등기를 필한 후 융자금 1억 원을 받아 피고 서성문에게 지급하기로 약정하였음을 엿볼 수 있는바, 이러한 각 약정은 이 사건 신축건물의 소유권을 공사도급인인 피고 백재호에게 귀속시키는 것을 당연한 전제로 하고 있는 것이라고 보아야 할 것이므로 이 사건 신축건물은 피고 백재호가 원시취득한 것으로 볼 여지가 충분하다고 할 것이다.

그럼에도 불구하고 피고 서성문이 이 사건 신축건물의 소유권을 원시취득한 것으로 단정한 원심판결에는 신축건물의 소유권의 귀속에 관한 법리를 오해하였거나 심리를 다하지 아니하여 판결에 영향을 미친 위법이 있다고 할 것이다.

(3) 또 원고는 이 사건 신축건물이 피고 서성문의 소유임을 전제로 피고 서성문에 대하여 이 사건 신축건물의 철거와 이 사건 대지의 인도를 구하고, 만약 법정지상권이 인정되어 원고의 청구가 배척되는 경우에는 이 사건 신축건물에 대한 매매계약을 원인으로 하여 매매잔대금의 지급과 상환으로 이 사건 신축건물의 명도와 이 사건 대지의 인도를 구한다고 주장하는 한편, 다시 이 사건 신축건물이 피고 백재호의 소유임을 전제로 피고 서성문에 대하여 매매계약의 해제로 인한 원상회복 및 손해배상의 청구와 이 사건 신축건물에서의 퇴거를 구하고 있어서 위 양 청구가 서로 모순되는 관계에 있는 청구라고 할 것임에도 불구하고, 원심은 원고의 주장내용을 제대로 정리하지 아니한 채 이 사건 신축건물이 피고 서성문의 소유임을 전제로 원고의 제2예비적 청구를 제외한 나머지 청구들을 모두 배척함으로써 이유모순 또는 이유불비의 위법을 범하였다고 할 것이다. 이 점을 지적하는 상고이유의 주장은 이유 있다(원고의 피고 서성문에 대한 청구 중 이 사건 신축건물의 철거와 이 사건 대지의 인도청구 부분을 배척한 원심의 결론은 타당하다고 할 것이나 원고의 모순된 주장을 정리한 후 이 부분 사건을 다시 심리·판단함이 상당하므로 이 부분 사건 전부를 파기하기로 한다).

(4) 한편, 원고가 피고 서성문에 대하여 매매계약의 이행으로서의 건물명도 등을 구하는 제2예비적 청구는, 원고가 그 청구에 이른 전후 사정에 비추어 이 사건 신축건물이 피고 서성문의 소유이지만 같은 피고의 항변 등으로 인하여 주위적 청구인 건물철거 등의 청구가 배척되는 경우에 대비한 예비적 청구라고 봄이 상당하다고 할 것이므로, 만일 이 사건 신축건물이 피고 백재호의 소유이고 피고 서성문의 소유가 아니라고 판단되는 경우에는, 피고 서성문에 대한 원고의 위 제2예비적 청구에 관하여 나아가 판단할 것이 아니라는 점을 아울러 지적하여 둔다.

3. 그러므로 원고의 나머지 상고이유 및 피고 서성문의 상고이유에 대하여 나아

가 판단할 필요없이, 원심판결을 전부 파기하고, 사건을 다시 심리·판단하게 하기 위하여 원심법원에 환송하기로 하여 주문과 같이 판결하는바, 이 판결 제2의 가.항 판단에 관하여 대법관 조무제, 이강국, 박재윤, 김용담의 반대의견이 있는 외에는 관여 대법관들의 의견이 일치되었고, 다수의견에는 아래 5항과 같은 대법관 배기원의 보충의견이 있다.

4. 위 제2의 가.항의 판단에 관한 대법관 조무제, 이강국, 박재윤, 김용담의 반대의견은 다음과 같다.

가. 민법 제366조가 법정지상권제도를 규정하는 근본적 취지는, 저당물의 경매로 인하여 토지와 그 지상건물이 다른 사람의 소유에 속하게 된 경우에 건물이 철거됨으로써 생길 수 있는 사회경제적 손실을 방지하려는 공익상 이유에 있는 것이지, 당사자 어느 한편의 이익을 보호하려는 데 있는 것이 아니다(대법원 1966. 9. 6. 선고 65다2587 판결 참조). 그리고 법정지상권이 성립하려면 저당권의 설정 당시 저당권의 목적이 되는 토지 위에 건물이 존재하고 있어야 하고, 저당권설정 당시에 건물이 존재하였던 이상, 후에 건물이 개축·증축되는 경우는 물론이요 건물이 멸실되거나 철거된 후 재축·신축되는 경우에도 법정지상권이 성립하는 데 지장이 없으며, 이 경우 신 건물과 구 건물 사이에 동일성이 있을 것을 요하지 아니하고, 다만 그 법정지상권의 내용인 존속기간, 범위 등이 구 건물을 기준으로 하여 그 이용에 일반적으로 필요한 범위로 제한된다고 함은, 일찍부터 대법원이 선언하여 온 법리이다(대법원 1991. 4. 26. 선고 90다19985 판결, 1997. 1. 21. 선고 96다40080 판결 등 참조).

나. 그런데 다수의견은 위와 같은 법리 자체를 정면에서 부정하지는 않으면서도, 동일인의 소유에 속하는 토지와 건물 중 토지만에 대하여 저당권이 설정된 경우와 달리, 토지와 건물 양자에 대하여 공동으로 저당권이 설정된 경우(이른바 공동저당권의 경우)에만은 특별한 사정이 없는 한 경매로 인하여 토지와 신축건물이 다른 소유자에 속하게 되더라도 그 신축건물을 위한 법정지상권이 성립하지 않는다고 보아야 하고, 그 이유는 공동저당권자의 담보가치 파악에 관한 '기대' 및 법

정지상권이 성립하는 경우 공동저당권자가 입게 되는 '불측의 손해' 때문이라고 설명한다. 그러나 이러한 다수의견에는 다음과 같은 이유에서 찬성할 수 없다.

　(1) 민법 제366조가 규정하는 법정지상권의 일반적인 성립요건은 ① 저당권설정 당시 건물의 존재, ② 토지와 건물 소유자의 동일성, ③ 토지와 건물의 일방 또는 쌍방에 관한 저당권설정, ④ 경매로 인한 건물과 토지에 대한 소유의 분리라고 할 수 있는데, 이들은 객관적인 사실만으로 구성되어 있으므로, 법정지상권은 저당권설정 당사자의 의사와 관계없이 객관적 요건만으로써 그 성립이 인정되는 법정물권이다. 당사자 간의 특약으로 저당목적물인 토지에 대하여 법정지상권을 배제하는 약정을 하였더라도 그 특약의 효력이 부정되는 것(대법원 1988. 10. 25. 선고 87다카1564 판결 참조)도 같은 이유에서이다. 그런데 다수의견은 유독 저당권자가 그 설정 당시 가졌던 '기대'가 어떤 것이었느냐에 의하여 법정지상권의 성립 여부를 달리 판단하고 있으니, 우선 이 점에 있어서 법정지상권 성립요건의 객관성 및 강제성과 조화되기 어렵다고 생각된다.

　(2) 토지와 건물 양자에 대하여 공동으로 저당권이 설정된 경우, 원칙적으로 그 공동저당권자가 토지에 관하여 파악하는 담보가치는 법정지상권의 가치가 제외된 토지의 가치일 뿐이고, 건물에 관하여 파악하는 담보가치는 건물 자체의 가치 외에 건물의 존속에 필요한 법정지상권의 가치가 포함된 것이며(토지와 건물이 따로 경매되는 경우에는 그러한 결과가 실제로 나타나고, 다수의견도 이 점에서 법정지상권의 가치만큼 감소된 토지의 교환가치는 법정지상권이 성립하는 건물의 교환가치에서 되찾을 수 있다고 표현한다), 법정지상권은 그 성질상 건물에 부수하는 권리에 불과하다. 따라서 구건물이 멸실되거나 철거됨으로써 건물저당권 자체가 소멸하면, 공동저당권자는 건물 자체의 담보가치는 물론 건물저당권을 통하여 파악하였던 법정지상권의 담보가치도 잃게 되고, 이에 따라 토지소유자는 건물저당권의 영향에서 벗어나게 된다고 보는 것이 논리적으로 합당하다. 그러므로 토지소유자는 그 소유권에 기하여 토지 위에 신건물을 재축할 수 있고, 그 후 토지저당권이 실행되면 위 가.항에서 살펴본 법리에 따라 신건물을 위한 법정지상권이 성립

하며, 다만 그 내용이 구건물을 기준으로 그 이용에 일반적으로 필요한 범위로 제한됨으로써 공동저당권자가 원래 토지에 관하여 파악하였던 담보가치, 즉 구건물을 위한 법정지상권 가치를 제외한 토지의 담보가치가 그대로 유지된다고 보는 것이 옳다. 이것이 바로 가치권과 이용권의 적절한 조절의 모습이다. 공동저당권자가 당초 나대지로서의 토지의 교환가치 전체를 '기대'하면서 담보를 취득하였다고 설명하는 다수의견은, 그 실질에 있어서 공동저당권자가 원래 토지에 관하여 파악하였던 담보가치를 무리하게 확장하는 것이라고 아니할 수 없다. 또한 다수의견에 따라 법정지상권의 성립 자체를 부정하게 되면, 원래 건물저당권을 통하여 법정지상권의 담보가치를 파악하였을 뿐인 공동저당권자의 '기대'가 그 건물저당권 자체의 소멸에도 불구하고 토지의 이용권을 실질적으로 지배하는 불합리한 결과에 이르게 된다. 이것은 가치권과 이용권의 조절이 아니라, 이용권에 대한 가치권의 압도를 의미한다. 다수의견이 내세우는 공동저당권자의 이른바 '기대'에 대하여 그와 같이 막강한 힘을 부여할 수는 없다.

(3) 이러한 다수의견의 문제점은 손해배상제도를 적용시켜 보면 더욱 쉽게 이해할 수 있다. 즉 다수의견은 이 사건과 같은 경우 법정지상권이 성립하게 되면 공동저당권자가 '기대'에 어긋나는 '불측의 손해'를 입을 수 있다고 하지만, 공동저당권자가 '불측의 손해'를 입게 되는 근본적인 이유는 법정지상권이 성립하기 때문이 아니라, "구건물의 멸실·철거 및 신건물의 재축"이라는 예측하지 못한 사태가 발생하였기 때문이다. 또한 위와 같은 사태가 현실적으로 발생한 이상, 공동저당권자로서는 건물 자체의 담보가치를 상실하는 것은 물론 건물저당권을 통하여 파악하였던 법정지상권의 담보가치도 상실하는 손해를 전면적으로 입게 되는 것이 원칙이고, 다수의견이 내세우는 '불측의 손해'라는 것은 위와 같이 전면적으로 발생하는 손해 중 법정지상권의 가치에 상응하는 부분에 불과한 것이다. 그리고 이러한 공동저당권자의 손해는 통상의 경우 불법행위나 채무불이행으로 말미암은 것이므로, 그 전보 문제는 손해배상제도의 적용을 통하여 해결하는 것이 옳다. 그런데 다수의견에 따르게 되면 법정지상권의 부정이라는 용익물권제도의 역이용을 통하여

공동저당권자가 입게 되는 손해의 전보를 꾀함으로써, 법정지상권의 가치에 상응하는 손해 자체가 아예 발생하지 않는 것, 더 정확하게는 발생할 수 없는 것으로 의제되는 결과에 이른다. 그리고 이로 말미암아 구건물이 멸실 또는 철거되고 신건물이 재축되지 않은 채 토지가 나대지로 남게 된 경우와 비교하여 별 차이가 없는 상태가 인위적으로 만들어질 뿐만 아니라, 전체 손해에서 법정지상권의 가치에 상응하는 손해만 별도로 분리되어 불법행위나 채무불이행의 귀책사유와는 무관하게 타에 전가되는 불합리한 현상이 나타난다. 나아가 공동저당권자에게 나대지의 담보가치를 확보해 주기 위하여 다수의견과 같이 법정지상권의 성립을 부정한다고 하더라도, 토지 위에 신건물이 현실적으로 존재하고 있는 이상, 그 토지의 담보가치가 순수한 나대지(최대한의 활용이 가능하다)의 경우와 결코 같을 수는 없으므로, 공동저당권자가 나대지로서 담보가치를 실현할 것으로 기대한다거나 그 기대에 맞는 결과가 실현된다는 것도 일종의 의제에 불과하다.

(4) 저당권자가 담보가치에 관하여 가지는 '기대'의 내용은 저당권이 토지에만 설정된 것인지 아니면 토지와 건물에 설정된 것인지라고 하는 외형만에 의하여 단정할 수는 없다. 오히려 위와 같은 저당권의 외형 이외에도 저당목적물의 현상과 가치, 피담보채권의 액수, 저당권자가 법정지상권의 제한이 있는 토지만의 경매로 만족을 얻을 수 있는지 여부 등을 종합해 보아야만 실제의 '기대'가 어떤 것이었는지를 제대로 파악할 수 있을 것이다. 먼저 토지와 지상건물 중 토지에 대하여만 저당권이 설정된 경우를 보면, 저당권자가 건물의 멸실이나 철거를 예상하여 토지만을 나대지로 평가하는 경우가 있고, 건물이 무허가(미등기)인 관계로 저당권을 취득하지 못한 채 그 건물에 관하여 별도의 양도담보약정을 함으로써 토지와 건물 전체의 담보가치를 파악하려 하는 경우(위에서 든 대법원 1988. 10. 25. 선고 87다카1564 판결의 사안 참조)도 있다. 다음으로, 토지와 건물 양자에 대하여 공동저당권이 설정된 경우에도 그 저당권자가 구건물의 멸실이나 철거 및 신건물의 재축을 예상하여 담보가치를 파악하는 경우도 있다. 특히 구건물이 멸실되거나 철거되어 신건물이 재축될 정도라면 구건물 자체의 담보가치는 대부분 미미할 것인데,

그러한 경우 구건물을 저당목적물에 포함시켰는지 여부에 의하여 법정지상권의 성립 여부를 정반대로 보아야 할 수밖에 없을 정도로 결정적인 '기대'의 차이가 과연 존재하는지는 의문이라 아니할 수 없다. 다수의견은 "구건물의 멸실·철거 및 신건물의 재축"이라는 쟁점 상황의 구체적 측면을 떠나서 일반적으로 저당권자가 파악하는 담보가치의 추상적 기준만을 가지고 쟁점을 해결하려는 것으로 보인다. 나아가 공동저당권이 설정된 경우라 하더라도 법정지상권의 제한이 있는 상태로 토지를 평가하여 배당을 한 결과 저당권자가 충분히 만족을 얻는 경우에는 다수의견이 내세우는 '불측의 손해'조차 없으니 법정지상권의 성립을 부정할 이유가 없다. 그럼에도 불구하고 다수의견은 일률적으로 공동저당권자의 경우에는 토지와 건물 전체의 담보가치 실현을 기대하는 반면, 토지만의 저당권자의 경우에는 법정지상권의 가치만큼 감소된 토지의 담보가치 실현을 기대할 뿐이라고 단정한 나머지, 결국 저당권의 외형에만 의존하여 법정지상권의 성립 여부를 판단하고 있으니, 이는 다수의견이 근본적 논거로 삼고 있는 저당권자의 담보가치에 대한 '기대' 자체를 올바르게 파악하지 못하여 구체적 타당성에서 벗어나게 될 위험이 많은 이론이라고 아니할 수 없다.

(5) 저당물 자체에 대한 침해행위가 일어나는 경우, 저당권자는 우선 그 침해행위의 초동 단계에서 채무자의 기한의 이익을 상실시키고(민법 제388조 제1호), 물권적청구권을 행사하여 그 원상회복을 요구함으로써 자신이 입게 될 더 이상의 손해 확대를 막을 수 있다. 또한 저당물의 가액이 현저히 감소된 경우, 저당권자는 민법 제362조에 기하여 원래의 저당물에 갈음할 수 있는 상당한 담보의 제공청구권을 행사함으로써 감소된 담보가치를 보충할 수 있다. 그리고 대법원 1998. 4. 28.자 97마2935 결정은 공동저당권자가 민법 제365조에 의하여 그 토지와 신건물의 일괄경매를 청구할 수 있다고 판시함으로써, 이 사건과 같은 경우 법정지상권의 성립이 인정되더라도 공동저당권자가 일괄경매를 활용하여 그 법정지상권의 성립으로 인한 손해를 전보받는 효과(토지와 신건물이 동일 소유자에게 귀속되므로, 토지의 평가에서 법정지상권에 해당하는 가치가 제외되지 않는다)를 거둘 수 있게

하고 있다. 그럼에도 불구하고 다수의견이 '불측의 손해'를 내세워 법정지상권의 성립 자체를 부정하는 것은 다른 관계 당사자에 비하여 저당권자만을 지나치게 보호하는 것이라고 아니할 수 없다.

(6) 오늘날 토지와 그 지상 건물을 소유하고 있는 사람이 토지와 건물에 관하여 공동저당권을 설정하는 경우는 적지 않다. 또한 낡은 가옥을 헐고 연립주택이나 다세대주택을 재축하는 경우도 흔한 일이므로, 이 사건 쟁점이 문제되는 사안 역시 적지 않고 그에 얽힌 이해관계도 매우 다양하리라고 예상된다. 그런데 토지와 건물에 공동저당권이 설정되는 경우 그 저당권자의 '기대'를 추단하는 요소는 사안에 따라 제각기 다를 수밖에 없고, 더구나 공동저당권자가 입을 수 있다는 '불측의 손해'가 실제로 없는 경우도 있을 수 있는데도 불구하고, 공동저당권의 외형을 갖추었다는 이유만으로 토지에만 저당권이 설정된 경우와는 정반대로 법정지상권의 성립을 일률적으로 부정한다면 큰 혼란을 야기할 수 있다. 특히 연립주택이나 다세대주택인 신건물이 다수의 서민들에게 분양되거나 임대된 경우, 다수의견을 취하여 법정지상권의 성립을 부정하게 되면 많은 피해자를 양산하여 공익을 해하는 결과에 이를 위험성이 높다.

다. 이상에서 살펴본 바와 같이, 다수의견은, 토지와 지상건물이 공동으로 저당권의 목적이 된 경우에 한하여, 저당권자의 '기대'나 '불측의 손해'라는 주관적·의제적이고 모호한 요소를 근거로 삼아, 구건물의 멸실·철거 후 재축된 신건물에 관한 법정지상권의 성립을 부정하는 내용이어서, 그 이론적 근거가 희박하고 구체적 타당성 및 법적 안정성과도 조화되지 않는 견해라고 생각되므로 여기에 찬성할 수 없다. 다수의견이 변경하고자 하는 판례는 변경할 것이 아니라 유지하여야 한다고 믿는다.

한 마디 부언한다면, 구건물이 철거되고 그보다 훨씬 큰 규모의 신건물이 축조된 경우에 구건물을 기준으로 그 존립에 필요하였던 범위 안에서만 법정지상권을 긍정하는 종전의 판례에 의하면, 우선 이미 없어져버린 구건물의 규모를 새삼스럽게 확정하기가 어렵고, 가사 확정할 수 있다 하더라도 신건물 중 구건물의 범위를 초과하는 부분은 철거될 수밖에 없고 잔존 부분만으로는 건물로서의 기능을 유지하지 못하게 되어 결국 건물의 유지라는 공익적 요청도 충족하지 못할 뿐더러, 법률관계를 복잡하게 하고 소송진행을 어렵게 한다는 문제점이 지적되고 있다는 점이다. 그러나 이러한 문제점에 대하여는, 차라리 일정한 경우에 신건물 전체에 관하여 법정지상권을 넓혀 인정하는 방향으로 종전 판례를 변경하는 길을 모색함이 온당한 것이지, 반대로, 공동저당권이라는 한 가지 이유만으로 신건물에 관하여 일률적으로 법정지상권을 부정함으로써 어떤 경우에도 신건물을 철거할 수밖에 없도록 하는 것은 옳지 않을 것이다.

5. 대법관 배기원의 다수의견쪽 보충의견은 다음과 같다.

민법 제366조가 '저당물의 경매로 인하여 토지와 그 지상건물이 다른 소유자에게 속한 경우'라고 규정하여, 마치 경매당시에 건물이 존재하기만 하면 법정지상권이 성립할 수 있는 것처럼 규정하고 있지만, 위 조문의 해석상 법정지상권이 성립하기 위하여 저당권설정당시 토지상에 건물이 존재하여야 하고, 따라서 나대지에 저당권설정 후 설정자가 그 지상에 건물을 신축 후 경매로 토지와 건물의 소유자가 달라진 경우에는 그 신축건물을 위한 법정지상권의 성립을 부정하는 것이 판례·통설인바, 이는 이러한 경우에도 건물보호라는 공익적 요청을 고려하여 법정지상권의 성립을 허용하면 당초 건물 없는 토지의 교환가치를 기대한 저당권자의 기대 내지 의사에 반하기 때문에 이러한 당사자의 의사를 고려한 것으로 볼 수 있고, 이를 미루어 보아 법정지상권제도가 당사자의 의사를 전혀 도외시한 채 건물보호라는 공익적 요청에 의한 것이라고만 할 수는 없다 .

한편, 물권법정주의에 입각한 위 조문의 엄격한 해석에 의하면 경매로 인하여 건물과 토지 소유권이 분리될 때까지 당초의 건물이 그대로 존재할 경우에만 그 건물을 위한 법정지상권이 성립될 수 있고, 구건물이 헐린 후 신건물이 신축되더라도 그 신건물은 설정당시 존재하던 건물이 아니어서 원칙적으로 그 신건물을 위한 법정지상권이 성립될 수 없다. 그럼에도 불구하고 판례·학설이 단독저당의 경우(건물 있는 토지만이 저당권의 목적이 된 경우)에는 건물이 멸실 내지 철거된 후 신축된 건물에 대하여도 구건물의 범위에서 법정지상권의 성립을 인정하는 데 거의 일치하고 있는바(반대의견이 가.항 말미에 내세운 90다19985 판결도 이러한 사안에 대한 것이다), 이는 신건물을 보호하고자 하는 공익적 요청에 부합할 뿐 아니라 그렇게 확장 해석해도 애당초 건물 있는 토지의 교환가치를 파악하여 저당권설정을 한 저당권자의 기대 내지 의사에 반하지 않기 때문이다. 이에 반하여, 공동저당의 경우에는 위 2.의 가(1)항에서 본 바와 같이 신건물을 위한 법정지상권의 성립을 인정하게 되면 궁극적으로 나대지로서의 토지교환가치 전체를 파악하고 저당권설정을 한 공동저당권자의 기대 내지 의사에 반하기 때문에 재축된 신건물에까지 법정지상권이 성립하는 것으로 확장해석할 수는 없다. 이처럼 단독저당의 경우와 공동저당의 경우를 달리 해석하는 것이 당사자 특히 저당권자의 기대 내지 의사를 고려하면서 건물보호라는 공익적 요청을 달성하려고 하는 법정지상권제도의 입법취지에도 부합한다.

반대의견은 단독저당과 공동저당에 있어서의 당사자의 기대 내지 의사가 위와 같이 전혀 다르다는 것을 간과한 채 어느 경우에나 구건물이 헐리고 신건물이 재축될 경우 형식적으로는 같은 외양을 갖추고 있으니 당사자의 의사 내지 기대를 고려함이 없이 신건물 보호라는 공익적 이유에서 법정지상권이 성립하는 것으로 해석을 하여야 하고 다수의견처럼 저당권자의 기대 내지 의사에 따라 전자의 경우에는 법정지상권의 성립을 인정하면서 후자의 경우에는 법정지상권의 성립을 부정하는 것은 법정지상권의 성립요건의 객관성과 강제성에 반하는 듯이 설명한다. 그러나 단독저당, 공동저당 어느 경우나 원칙적으로 저당권설정 당시 존재하던 건물이 헐린 후 재축된 신건물에 대하여는 물권법정주의의 원칙상 법정지상권이 성립될 수 없지만, 예외적으로 그 성립을 인정하여도 저당권자의 의사 내지 기대에 반하지 아니하는 경우(단독저당이 여기에 해당한다)에 국한하여 건물보호를 위하여 법정지상권의 성립범위를 확장해석 하는 것은 법정지상권의 성립요건의 객관성이나 강제성과는 관련이 없다. 오히려 반대의견이 법정지상권의 성립요건의 하나로 '저당권설정 당시 건물의 존재'를 내세우면서도 단독저당, 공동저당 어느 경우에나 공익상 이유로 저당권설정 당시 존재한 바 없는 신건물에 대하여까지 법정지상권이 성립한다고 해석하는 것은, 마치 나대지에 저당권설정 후 건물이 신축된 경우에 공익상 이유로 신축건물을 위한 법정지상권의 성립을 인정하여야 한다고 주장하는 것처럼 물권법정주의와 정면으로 배치된다 할 것이다.

대법원장 최종영(재판장) 조무제 변재승 유지담 윤재식 이용우 배기원(주심)
강신욱 이규홍 이강국 박재윤 고현철 김용담

[5] 저당권 설정 당시 토지와 건물이 동일한 소유자에게 속할 것

저당권을 설정하는 딱 그 순간에만! 토지와 건물이 동일한 소유자에게 속하면 됩니다. 왜 그러냐구요? 제336조는 저당권등기를 믿고 거래하는 그 후의 제3자들도 보호하는 제도라고 말씀드렸지요? 누구나 등기부만 보면 저당권설정 당시에 토지와 건물이 같은 소유자에게 속했다는 사실, 즉 앞으로 이 건물에 법정지상권이 성립한다는 사실을 알 수 있기 때문에, 그 이후에는 건물이나 토지가 누구에게 넘어가든 법정지상권이 성립하게 되는 것입니다.

참고: 판례전문(대법원 1999. 11. 23. 선고 99다52602판결)
　　부당이득금등
　　【판시사항】
　　토지에 저당권을 설정할 당시 그 지상에 건물이 존재하였고 그 양자가 동일인의 소유였다가 그 후 저당권의 실행으로 토지가 낙찰되기 전에 건물이 제3자에게 양도된 경우, 건물을 양수한 제3자가 법정지상권을 취득하는지 여부(적극)
　　【판결요지】
　　토지에 저당권을 설정할 당시 토지의 지상에 건물이 존재하고 있었고 그 양자가 동일 소유자에게 속하였다가 그 후 저당권의 실행으로 토지가 낙찰되기 전에 건물이 제3자에게 양도된 경우, 민법 제366조 소정의 법정지상권을 인정하는 법의 취지가 저당물의 경매로 인하여 토지와 그 지상 건물이 각 다른 사람의 소유에 속하게 된 경우에 건물이 철거되는 것과 같은 사회경제적 손실을 방지하려는 공익상 이유에 근거하는 점, 저당권자로서는 저당권설정 당시에 법정지상권의 부담을 예상하였을 것이고 또 저당권설정자는 저당권설정 당시의 담보가치가 저당권이 실행될 때에도 최소한 그대로 유지되어 있으면 될 것이므로 위와 같은 경우 법정지상권을 인정하더라도 저당권자 또는 저당권설정자에게는 불측의 손해가 생기지 않는 반면, 법정지상권을 인정하지 않는다면 건물을 양수한 제3자는 건물을 철거하여야 하는 손해를 입게 되는 점 등에 비추어 위와 같은 경우 건물을 양수한 제3자는 민법 제366조 소정의 법정지상권을 취득한다.

【참조조문】 민법 제366조

【참조판례】

대법원 1966. 9. 6. 선고 65다2587 판결(집14−3, 민4), 대법원 1993. 6. 25. 선고 92다20330 판결(공1993하, 2098), 대법원 1994. 11. 22. 선고 94다5458 판결(공1995상, 62), 대법원 1995. 12. 11.자 95마1262 결정(공1996상, 348)

【전문】

【원고, 상고인】 신석현(소송대리인 법무법인 태화종합법률사무소 담당변호사 김동호)

【피고,피상고인】 이황경

【원심판결】 춘천지법 1999. 8. 13. 선고 99나1936 판결

【주문】 상고를 기각한다. 상고비용은 원고의 부담으로 한다.

【이유】

상고이유를 본다.

1. 토지에 저당권을 설정할 당시 토지의 지상에 건물이 존재하고 있었고 그 양자가 동일 소유자에게 속하였다가 그 후 저당권의 실행으로 토지가 낙찰되기 전에 건물이 제3자에게 양도된 경우, 민법 제366조 소정의 법정지상권을 인정하는 법의

취지가 저당물의 경매로 인하여 토지와 그 지상 건물이 각 다른 사람의 소유에 속하게 된 경우에 건물이 철거되는 것과 같은 사회경제적 손실을 방지하려는 공익상 이유에 근거하는 점(대법원 1966. 9. 6. 선고 65다2587 판결 참조), 저당권자로서는 저당권설정 당시에 법정지상권의 부담을 예상하였을 것이고 또 저당권설정자는 저당권설정 당시의 담보가치가 저당권이 실행될 때에도 최소한 그대로 유지되어 있으면 될 것이므로 위와 같은 경우 법정지상권을 인정하더라도 저당권자 또는 저당권설정자에게는 불측의 손해가 생기지 않는 반면, 법정지상권을 인정하지 않는다면 건물을 양수한 제3자는 건물을 철거하여야 하는 손해를 입게 되는 점 등에 비추어 위와 같은 경우 건물을 양수한 제3자는 민법 제366조 소정의 법정지상권을 취득한다고 봄이 상당하다.

  2. 원심판결 이유 및 기록에 의하면, 이 사건 토지와 그 지상 건물인 이 사건 건물은, 이 사건 토지에 관하여 1995. 7. 4. 소외 신대현의 명의로 이 사건 근저당권의 설정등기가 경료될 당시 모두 소외 김성문의 소유이었던 사실(토지는 1982. 11. 15., 건물은 1984. 3. 13. 각 김성문의 명의로 소유권이전등기가 경료되었다), 이 사건 토지에 관하여 근저당권자인 신대현의 경매신청으로 1997. 6. 3. 임의경매의 기입등기가 경료되고, 1997. 11. 19. 원고가 낙찰을 받아 그 대금을 납부하여 1997. 12. 23. 원고의 명의로 이 사건 토지에 관한 소유권이전등기가 경료된 사실, 그런데 김성문은 1997. 10. 14. 이 사건 건물을 피고에게 양도하여 1997. 10. 15. 피고의 명의로 이 사건 건물에 관한 소유권이전등기가 경료된 사실을 인정할 수 있는바, 사실관계가 위와 같다면, 위에서 본 법리에 비추어 피고는 원고가 이 사건 토지를 낙찰받음으로써 민법 제366조 소정의 법정지상권을 취득하였다고 할 것이다.

  위와 같은 취지의 원심 판단은 정당하고, 거기에 상고이유에서 지적하는 바와 같은 법정지상권, 물권의 우선순위, 압류의 효력과 경매의 삭제적 효력 등에 관한 법리오해 등의 위법이 있다고 할 수 없다.

  상고이유의 주장은 이유 없다.

  그러므로 상고를 기각하고, 상고비용은 패소자의 부담으로 하기로 하여 관여 대법관의 일치된 의견으로 주문과 같이 판결한다.

대법관 유지담(재판장) 지창권 신성택(주심) 서성

1) 저당권자의 신뢰만 보호받나? 가등기담보권자의 신뢰도 보호받는다!

이제 제366조 법정지상권의 원리를 완전히 이해하셨나요? 저당권자가 저당권 잡을 때의 신뢰를 보호한다는 원칙이죠. 그런데 생각해 보면, 저당권 말고도 부동산에 담보를 잡는 담보물권은 더 있습니다. 예를 들어, 가등기담보권이 그렇죠. 등기부 설명할 때 가르쳐드렸지만, 한 번 더 복습해봅시다. 가등기담보란 것은 결국 가등기를 해놓는 거죠. 그래놓고 내 돈 안 갚으면 너 내가 본등기해서 이 부동산 가져가버린다!라는 권리입니다. 어때요? 저당권과 똑같은 구조 아닙니까? 돈 안 갚으면, 이 부동산으로 돈 받아내겠다는 것이 담보물권이라는 제도죠. 그래서 가등기담보권과 저당권은 본질적으로 비슷합니다. 형식, 즉 등기부상 이름만 다른 거죠.

그래서 가등기담보권에서도 똑같은 문제가 발생합니다. 나대지인 것을 보고 가등기담보권을 설정했어요. 그런데 그 뒤에 건물을 지어버립니다. 그러면 법정지상권을 인정해야 할까요? 그랬다가는 대지의 가치가 법정지상권 때문에 폭락하고, 그 폭락한 가치만큼 가등기담보권자가 손해를 보겠죠. 그래서 가등기담보에도 제366조 법정지상권과 똑같은 법리가 적용됩니다. 가등기할 당시에 건물이 존재하고 토지와 동일소유자에 속해야만 법정지상권이 성립하는 거죠. 단, 이때는 제366조가 직접 적용될 수는 없어요. 왜 그럴까요?

여기서 꼼꼼하신 분들은 금방 답을 찾아내셨을 겁니다. 그렇죠. 제366조는 어떤 경우에만 적용된다고 했죠? 저당권 실행으로 임의경매가 되었을 경우에만 적용되는 법조항이라고 했었죠. 그렇습니다. 따라서 가등기담보권실행으로 인한 청산과정에서는 적용되지 않아요. 관습법상 법정지상권이 문제되겠지요.

결국 정리하면, 가등기담보 역시 담보물권이므로, 가등기담보 설정 당시 가등기담보권자의 신뢰를 보호하여야 한다. 그러니 가등기담보설정 당시 건물이 토지와 동일소유자 아래 존재하여야만 관습법상 법정지상권이 성립한다는 것입니다.

참고: 판례전문(1994. 11. 22. 선고 94다5458판결)
　【판시사항】
　가. 대지상에 담보가등기가 경료되고나서 대지소유자가 그 지상에 건물을 신축한 후 본등기가 경료되어 대지와 건물의 소유자가 달라진 경우, 건물을 위한 관습상 법정지상권이 성립하는지 여부
　나.'가'항의 경우 건물의 강제경매절차 진행 중에 본등기가 경료되었다면 건물경락인이 관습상 법정지상권을 취득하는지 여부
　다. 대지에 관한 임차권이 민법 제622조에 따른 대항력을 갖기 위한 전제요건
　라. 소유권의 행사가 권리남용에 해당되기 위한 요건
　【판결요지】
　가. 원래 채권을 담보하기 위하여 나대지상에 가등기가 경료되었고, 그 뒤 대지소유자가 그 지상에 건물을 신축하였는데, 그 후 그 가등기에 기한 본등기가 경료되어 대지와 건물의 소유자가 달라진 경우에 관습상 법정지상권을 인정하면 애초에 대지에 채권담보를 위하여 가등기를 경료한 사람의 이익을 크게 해하게 되기 때문에 특별한 사정이 없는 한 건물을 위한 관습상 법정지상권이 성립한다고 할 수 없다.
　나. '가'항의 건물에 강제경매가 개시되어 압류등기가 경료되었고, 강제경매절차가 진행 중에 그 이전에 각 대지에 관하여 설정된 채권담보를 위한 가등기에 기하여 그 본등기가 경료되었으므로 건물경락인은 각 대지에 관하여 건물을 위한 관습상 법정지상권을 취득한다고 볼 수 없다.
　다. 갑이 대지와 건물의 소유자였던 을로부터 이를 임차하였는데 그 후 갑이 그

건물을 강제경매절차에서 경락받아 그 대지에 관한 위 임차권은 등기하지 아니한 채 그 건물에 관하여 갑 명의의 소유권이전등기를 경료하였다면, 갑과 을 사이에 체결된 대지에 관한 임대차계약은 건물의 소유를 목적으로 한 토지임대차계약이 아님이 명백하므로, 그 대지에 관한 갑의 임차권은 민법 제622조에 따른 대항력을 갖추지 못하였다고 할 것이다.

　라. 토지소유자가 그 토지의 소유권을 행사하는 것이 권리남용에 해당한다고 할 수 있으려면, 주관적으로 그 권리행사의 목적이 오직 상대방에게 고통을 주고 손해를 입히려는 데 있을 뿐 행사하는 사람에게 아무런 이익이 없을 경우이어야 하고, 객관적으로는 그 권리행사가 사회질서에 위반된다고 볼 수 있어야 하는 것이며, 이와 같은 경우에 해당하지 않는 한 비록 그 권리의 행사에 의하여 권리행사자가 얻는 이익보다 상대방이 잃을 손해가 현저히 크다 하여도 그러한 사정만으로는 권리남용이라고 할 수 없다.

　【참조조문】 민법 제366조

　가. 나. 가등기담보등에관한법률 제10조

　다. 민법 제622조

　라. 제2조

　【참조판례】

　라. 대법원 1988.12.27. 선고 87다카2911 판결(공1989,289), 1991.3.27. 선고 90다13055 판결(공1991,1261), 1993.5.14. 선고 93다4366 판결(공1993하,1707)

　【전문】

　【원고, 피상고인】 이상만

　【피고, 상고인】 이부귀 소송대리인 변호사 이주성

　【원심판결】 대구고등법원 1993.12.16. 선고 92나3275 판결

　【주 문】

　상고를 기각한다. 상고비용은 피고의 부담으로 한다.

　【이 유】 상고이유 제1점을 본다.

원심판결 이유에 의하면, 원심은 원심판결의 별지목록 기재 각 대지(이하 이 사건 각 대지라고 한다)는 원고의 소유이고, 피고가 이 사건 각 대지상에 원심판결 별지목록 기재의 건물(이하 이 사건 건물이라고 한다)을 소유하고 있으면서 이 사건 각 대지를 점유 사용하고 있는 사실, 이 사건 각 대지는 원래 소외 양만진의 소유로서 위 양만진에 의하여 담보로 제공되어 이 사건 제1대지에 관하여는 1982.5.21. 소외 이동헌 앞으로, 이 사건 제2 대지에 관하여는 1981.4.24. 소외 박태락 앞으로 각 소유권이전청구권보전을 위한 가등기가 경료되어 있었는데, 그 후 1984.5.12. 소외 최부금 앞으로, 1985.3.26. 소외 민동식 앞으로 이 사건 각 대지에 관한 소유권이전등기가 각 경료되었다가, 이 사건 제1 대지에 관하여는 1985.4.27.자로, 이 사건 제2 대지에 관하여는 1985.10.11.자로 위 각 가등기에 기하여 본등기가 경료됨에 따라 위 최부금 및 민동식 앞으로 경료된 각 소유권이전등기는 모두 직권말소된 사실, 그 후 1988.5.27. 원고앞으로 이 사건 각 대지에 관하여 소유권이전등기가 경료된 사실, 한편 이 사건 건물은 위 최부금이 1984.10.2. 완공하여 1984.10.29. 그 명의로 소유권보존등기를 경료한 후 1985.3.26. 위 민동식에게 양도한 것인데, 그 후 소외 이제인이 1985.8.10. 신청한 강제경매절차에서 피고가 1986.4.25. 이를 경락받은 사실을 인정하고 이 사건 각 대지에 관한 위 이동헌, 박태락 명의의 위 각 가등기가 담보가등기로서 그 피담보채무가 모두 소멸되어 무효이라거나, 위 각 가등기 이전에 이미 이 사건 각 대지상에 위 양만진 소유의 이 사건 건물이 존재하였다고 볼 만한 증거도 없고, 피고가 위 강제경매절차에서 이 사건 건물을 경락받을 당시 내지 위 각 가등기 당시에 이 사건 각 대지와 이 사건 건물이 동일인의 소유에 속하였다는 점을 인정할 만한 아무런 증거가 없다는 이유로 피고 또는 소외 양만진, 민동식등이 이 사건 각 대지에 관하여 이 사건 건물을 위한 관습상 법정지상권을 취득하였다는 피고의 주장을 모두 배척하였다.

원래 채권을 담보하기 위하여 나대지상에 가등기가 경료되었고, 그 뒤 대지소유자가 그 지상에 건물을 신축하였는데, 그 후 그 가등기에 기한 본등기가 경료되어 대지와 건물의 소유자가 달라진 경우에 관습상 법정지상권을 인정하면 애초에 대지에 채권담보를 위하여 가등기를 경료한 사람의 이익을 크게 해하게 되기 때문에 특별한 사정이 없는 한 위 건물을 위한 관습상 법정지상권이 성립한다고 할 수 없다. 따라서 위 가등기에 기한 본등기 당시에 이 사건 대지와 건물의 소유자였던 소외 민동식이 관습상 법정지상권을 취득한다고 볼 수는 없는 것이다.

또한 이 사건 건물에 강제경매가 개시되어 압류등기가 경료되었고, 강제경매절차가 진행 중에 그 이전에 이 사건 각 대지에 관하여 설정된 채권담보를 위한 위 가등기에 기하여 그 본등기가 경료되었으므로 이 사건 건물경락인인 피고는 이 사건 각 대지에 관하여 이 사건 건물을 위한 관습상 법정지상권을 취득한다고 볼 수도 없다고 할 것이다.

같은 취지에서 피고의 관습상의 법정지상권에 관한 주장을 모두 배척한 원심의 판단은 정당한 것으로 수긍이 가고, 거기에 관습상 법정지상권에 관한 법리를 오해한 위법이 있다고 할 수 없다. 이 점에 관한 논지는 이유가 없다.

상고이유 제2점을 본다.

원심판결 이유에 의하면, 원심은 피고가 1984.9.6. 이 사건 각 대지와 이 사건 건물의 소유자였던 소외 최부금으로부터 임차보증금은 금 50,000,000원, 임차기간은 5년으로 이를 임차하였는데, 피고는 1986.4.25. 이 사건 건물을 앞서 본 바와 같이 강제경매절차에서 경락받아 1987.7.3. 이에 대한 소유권이전등기를 경료받아 이 사건 각 대지에 대한 위 임차권을 등기하지 아니한 채 이 사건 건물에 관한 피고명의의 소유권이전등기를 경료한 사실을 인정하고, 이 사건 각 대지에 관한 위 임차권은 민법 제622조에 따른 대항력을 갖추고 있으나 한편 이 사건 각 대지에 관한 위 각 가등기나 그에 기한 본등기가 이 사건 건물에 관한 임차인인 피고명의의 위 소유권이전등기 보다 모두 앞서 경료되었으므로 위 임차권으로 위 본등기권자나 그로부터 이 사건 각 대지에 관한 소유권이전등기를 경료받은 원고에게 대항할 수 없다고 판시하면서 피고의 위 주장을 배척하였다.

그러나 원심판시 이유에 의하더라도, 피고와 위 최부금 사이에 체결된 이 사건 각 대지에 관한 임대차계약은 건물의 소유를 목적으로 한 토지임대차계약이 아님이 명백하므로, 이 사건 각 대지에 관한 피고의 임차권은 민법 제622조에 따른 대항력을 갖추지 못하였다고 할 것이다. 비록 이유를 달리하고 있으나 피고의 위 주장을 배척한 원심의 판단결과는 옳다고 보아야 할 것이고, 거기에 민법 제622조의 건물등기 있는 임차권의 대항력에 관한 법리오해의 위법이 있다고 할 수 없다. 결국 논지는 이유가 없다.

상고이유 제3점을 본다.

토지소유자가 그 토지의 소유권을 행사하는 것이 권리남용에 해당한다고 할 수 있으려면, 주관적으로 그 권리행사의 목적이 오직 상대방에게 고통을 주고 손해를 입히려는데 있을 뿐 행사하는 사람에게 아무런 이익이 없을 경우이어야 하고, 객관적으로는 그 권리행사가 사회질서에 위반된다고 볼 수 있어야 하는 것이며, 이와 같은 경우에 해당하지 않는 한 비록 그 권리의 행사에 의하여 권리행사자가 얻는 이익보다 상대방이 잃을 손해가 현저히 크다 하여도 그러한 사정만으로는 권리남용이라고 할 수 없다.

원심판결 이유에 의하면, 원심은 원고의 이 사건 청구가 신의칙에 반하는 권리남용에 해당하지 않는다고 하여 피고의 권리남용의 항변을 배척하였는바, 기록에 의하여 살펴볼 때 원심의 위 인정과 판단은 정당한 것으로 수긍이 가고, 거기에 채증법칙을 위배하였거나 권리남용에 대한 법리를 오해하여 판결에 영향을 미친 위법이 있다고 할 수 없다. 논지도 이유가 없다.

그러므로 상고를 기각하고 상고비용은 패소자의 부담으로 하기로 하여 관여 법관의 일치된 의견으로 주문과 같이 판결한다.

대법관 정귀호(재판장) 김석수 이돈희 이임수(주심)

(6) 저당권 실행으로 임의경매되어 토지와 건물 소유자가 분리될 것

이거 조금 주의하셔야 합니다. 계속 강조했죠? 제366조는 저당권자의 신뢰를 보호하기 위한 것이다. 그러니 저당권에 기한 임의경매에만 적용이 된다는 사실! 강제경매의 경우에는 관습법상 법정지상권을 검토하셔야 합니다.

5 ✓ 법정지상권이 성립하면 지료는 어떻게 받나?

법정지상권이 성립하면 토지 주인 입장에서는 기운 빠지는 일이고, 건물 주인 입장에서는 신나는 일입니다. 하지만 그렇다고 해서 모든 게 끝난 건 아니에요. 어쨌든 지료라도 건져야겠죠. 반대로 건물 주인도 지료는 내고 땅을 써야죠. 여기서는 토지를 낙찰받은 입장에서, 앞으로 어떻게 해야 그나마 피해를 최소화할 수 있을지 대책을 알려드리겠습니다.

(1) 우선 지료 결정의 소를 제기하라

법원에 지료 지급의 청구를 할 수도 있고, 지료결정의 소를 할 수도 있습니다. 하지만 지료결정의 소를 하시면 대세효가 발생해요. 그 후에 건물이 다른 사람에게 넘어가도, 그 사람에게 같은 액수의 지료를 청구할 수 있는 것이죠.

(2) 지료, 생각만큼 싸구려는 아니다

지료 받는 것밖에 할 수가 없지만, 반대로 지료만 받아도 어느 정도 먹고 살수 있습니다. 지료를 달라고 하면 건물주들은 항상 이렇게 답변하곤 하죠. '현재 법정지상권이 미치고 있는 토지이므로, 시가가 상당히 저렴합니다. 그 시가 기준으로 지료를 산정해서 드리겠습니다.' 그러면 토지 주인들은 분통터지기 마련인데, 그러실 필요 없습니다. 그냥 지상권 없는 상태의 빵빵한 시가 기준으로 지료를 달라고 하셔도 됩니다. 물론 법정지상권이 어떻게 하다 성립된 것인지, 양측의 합의과정이 어땠는지 이런 제반사정이 참작됩니다만, 법원도 기본적으로는 멀쩡한 땅을 쓰는 게 법정지상권이니, 멀쩡한 땅을 쓰는 값을 내야 한다는 원칙을 지켜 주고 있습니다.

참고: 판례 전문(대법원 1989. 8. 8. 선고 88다카18504 판결)

【판시사항】

법정지상권의 지료산정에 있어서 건물에 의하여 토지소유권이 제한받는 사정의 참작 여부(소극)

【판결요지】

법원은 법정지상권자가 지급할 지료를 정함에 있어서 법정지상권설정 당시의 제반사정을 참작하여야 하나, 법정지상권이 설정된 건물이 건립되어 있음으로 인하여 토지의 소유권이 제한을 받는 사정은 이를 참작하여 평가하여서는 안 된다.

【참조조문】 민법 제366조

【참조판례】

대법원 1966.9.6 선고 65다2587 판결, 1975.12.23 선고 75다2066 판결

【전문】

【원고, 피상고인】 하정웅 외 1인 원고들 소송대리인 중부종합법무법인 담당변호사 고형규

【피고, 상고인】 나성산업주식회사 소송대리인 변호사 김정현

【원심판결】 서울고등법원 1988.5.24. 선고 87나1625 판결

【주 문】 상고를 기각한다. 상고비용은 피고의 부담으로 한다.

【이 유】

1. 피고 소송대리인의 상고이유 제1점을 본다.

법원은 법정지상권자가 지급할 지료를 정함에 있어서 법정지상권설정 당시의 제반사정을 참작하여야 함은 소론과 같으나, 법정지상권이 설정된 건물이 건립되어 있음으로 인하여 토지의 소유권이 제한을 받는 사정은 이를 참작하여 평가하여서는 안 되는 것이다(당원 1966.9.6. 선고 65다2587 판결 및 1975.12.23. 선고 75다2066 판결 각 참조).

원심이 위와 같은 취지에서 이 사건 토지 위에 이 사건 건물이 건립되어 있지 않음을 전제로 이 사건 토지의 이용상황 및 위 법정지상권설정 당시의 제반사정을 참작하여 평가한 제1심 감정인 우재영의 감정결과에 따라 지료를 정한 조치는 정당하고, 소론과 같이 이 사건 토지가 원고 취득전부터 피고 소유건물의 부지로만 사용되어 왔으며 법정지상권이 설정되어 있는 상태로 원고가 매수하였다는 사정을 참착하지 아니한 것이 잘못이라고 할 수 없다.

또 원심이 채용한 위 감정인 우재영의 감정결과에 의하면 이 사건 토지가격을 감정기준일 현재 평당 360만원으로 보고 그 임료를 토지가격의 7%로 평가하였으며 건축이 불가능한 공법상의 제한을 그 토지가격의 30% 감가사유로 판단하고 있음은 소론과 같으나, 기록에 의하여 살펴보아도 이 사건 토지가격과 그에 따른 임료액 평가가 부당하다고 볼만한 근거가 없고 또 건축이 불가능한 공법상의 제한을 30% 감가사유로 본 점은 소론이 원용하는 1심감정인 한영희의 감정서에서도 건축 불능한 점과 법정지상권이 있는 점을 합쳐서 40% 감가사유로 평가한 점에 비추어 보아도 그다지 부당하다고는 보여지지 않는다.

결국 원심판결에 법정지상권의 지료산정에 관한 법리를 오해한 위법이 있다는 논지는 모두 이유없다.

2. 같은 상고이유 제2점

기록에 의하면 이 사건 토지의 지료와 시가에 관한 제1심감정인 우재영의 감정결과는 1심감정인 한영희 및 2심감정인 김종구의 각 감정결과와 한국감정원의 감정결과에 비추어 현격하게 차이가 있음은 소론 지적과 같으나, 뒤의 3자의 감정은 모두 이 사건 토지의 소유권이 지상건물을 위한 법정지상권에 의하여 제한되는 사정을 참작하여 평가한 결과임이 기록상 명백하므로, 위와 같은 차이가 생기는 것은 당연하다.

그러므로 원심이 위와 같은 차이가 생긴 원인과 적정성 유무를 심리조사하지 아니한 것이 위법이라는 논지는 이유없다.

또 논지는 원심이 1심감정인 우재영의 감정내용만 취신하고 나머지 감정인들의 감정결과를 배척한 것은 채증법칙에 위반되는 증거취사를 한 위법을 저지른 것이라고 주장하나, 기록에 의하여 검토해 보아도 소론과 같은 위법사유를 발견할 수 없으므로 이점 논지도 이유없다.

3. 같은 상고이유 제3점을 본다.

소론 주장사유는 원심이 적법하게 확정한 사실관계외의 사실이거나 또는 이와 저촉되는 사실을 기초로 한 것으로서 원심판결의 파기이유로 삼을 수 없는 사유이므로 이점 논지도 이유없다.

4. 그러므로 상고를 기각하고, 상고비용은 패소자의 부담으로 하여 관여 법관의 일치된 의견으로 주문과 같이 판결한다.

대법관 김상원(재판장) 이회창 배석 김주한

[3] 2년분을 연체하면 지상권소멸청구를 하라!

이것이 핵심입니다. 이 지료라는 것이 생각보다 적은 액수가 아니에요. 그리고 경매로 건물이 넘어가고 또 다시 팔리고 하다 보면 기간도 매우 길어지지요. 게다가 지료를 순순히 납부하는 사람들도 없습니다. 차일피일 미루고, 지료가 너무 비싸다며 미루다가 소송까지 가는 일이 비일비재합니다. 거기에 연체 이자가 붙으면 지료 연체액은 생각보다 금방 눈덩이처럼 불어나지요.

바로 이때, 민법 제287조가 효력을 발휘합니다. 바로 지료연체로 인한 지상권소멸청구권 조항이지요.

> 지상권자가 2년 이상 지료를 지급하지 아니한 때에는 지상권설정자는 지상권
> 자에게 지상권의 소멸을 청구할 수 있다.
>
> 민법 제287조

간단합니다. 지료를 계속 밀리면, 너 땅 그만 쓰고 나가라는 겁니다. 그런데 이게 무서운 권리에요. 일단 2년분 연체만 되면, 토지 소유자가 '너 나가!'라고 의사표시를 하는 즉시 바로 지상권이 소멸해 버립니다. 다른 잡다한 요건 없이, 연체액만 쌓이면 되는 거죠. 지상권자가 방심하고 있다가, 이거 한 방에 건물 철거당하는 경우도 꽤 있습니다.

제가 아까부터 '지료확정 소송을 해라', '지료청구를 해라'하는 것이 바로 이것을 위한 거였습니다. 판례는 무턱대고 지료를 달라고 조른다고 연체가 되는 게 아니라, 정당한 지료를 합의든 소송이든 확정해서, 그 확정된 지료를 청구한 다음, 그 정당한 청구에도 불구하고 지료가 연체되어야 비로소 소멸청구를 때릴 수 있다고 보거든요.

이렇게 말씀드리면 몇몇 학생분들은 항상, '그럼 2년이나 기다려야 해요?'하고 볼멘소리를 하십니다. 그러나 여기서 반전! 이 지상권소멸청구는 특이하게, 2년의 '기간'이 아니라, 2년분의 '액수'를 요건으로 봅니다. 즉, 1년 지료가 1억인데 계속 안 내서 이자가 누적되면, 1년 반만에 2억 연체가 될 수도 있겠지요? 그러면 2년이 아니라 1년 반만 지났어도, 2년분 지료가 연체되었다는 사실을 근거로 지상권소멸청구를 할 수 있게 되는 것입니다. 이제 왜 제가 그토록 빨리 지료 확정하고, 청구해서, 연체액을 쌓아나가라고 말씀드렸는지 아시겠죠?

이 제도의 취지는 뭘까요? 토지 소유자, 즉 지상권설정자를 보호하자는 겁니다. 토지라는 것은 정말 사이즈가 큰 부동산이고, 그만큼 토지 주인에게는 치명적인 문제예요. 그 지료를 못 받고 있는데, 무한정 기다리게 할 수 없기 때문에

지상권소멸청구권이라는 강력한 무기를 하나 준 겁니다. 그래서 이건 토지 소유자 기준이에요. 예를 들어 지료가 2년분 연체되고 있어도, 그 연체 중간에 토지 소유자가 교체되었다면(토지를 누군가에게 팔아넘겼다면) 그 토지소유자 각각에게는 1년분밖에 연체가 안 되었을 수 있겠죠. 그러면 아직 지상권소멸청구를 하실 수 없습니다. '2년분이나 연체를 당한 토지소유자'여야 비로소 지상권소멸청구를 할 수 있게 되는 거죠.

그러면 토지가 아니라 건물 소유권이 이전된 경우는 어떨까요? 간단합니다. 지료를 등기했거나 지료결정의 소 판결을 받아서 대세효를 취득했다면 지료연체 효과도 승계됩니다. 즉 지료결정의 판결이 났는데도 1년분 지료를 연체하고 있던 건물소유자로부터 건물을 샀다면, 지료연체 효과가 승계되기 때문에 이미 1년분 연체하고 있는 상태로 건물주가 된 것입니다. 1년분만 더 연체하면, 자기는 1년분만 연체했지만 지상권소멸청구를 당하는 것이에요. 이제 제가 왜 지료결정의 소로 판결을 받아놓으라고 했는지, 잘 아시겠죠?

이것도 상식적으로 보면 당연한 겁니다. 새로 건물을 사는 사람이, 지료가 얼마 밀려있다는 사실을 알기는 어렵죠. 알지도 못하는데 연체되었다고 책임을 지라고 할 수는 없잖아요. 하지만 등기가 되었다거나, 지료결정의 소로 대세효 있는 판결이 있었다면 지료가 있었구나, 연체되었구나 하는 사실을 알 수 있었으니, 연체에 대한 책임도 승계받아야 하는 것이죠.

참고: 판례전문(대법원 2001. 3. 13. 선고 99다17142 판결)

건물철거등

【판시사항】

[1] 법정지상권에 관한 지료가 결정되지 않은 경우, 지료 지급이 2년 이상 연체되었다는 이유로 지상권소멸청구를 할 수 있는지 여부(소극) 및 지료에 관한 당사자 사이의 약정 혹은 법원의 결정이 제3자에게도 효력이 미치기 위한 요건

[2] 토지의 양수인이 지상권자의 지료 지급이 2년 이상 연체되었음을 이유로 지

상권소멸청구를 함에 있어서 종전 소유자에 대한 연체기간의 합산을 주장할 수 있는지 여부(소극)

【판결요지】

[1] 법정지상권의 경우 당사자 사이에 지료에 관한 협의가 있었다거나 법원에 의하여 지료가 결정되었다는 아무런 입증이 없다면, 법정지상권자가 지료를 지급하지 않았다고 하더라도 지료 지급을 지체한 것으로는 볼 수 없으므로 법정지상권자가 2년 이상의 지료를 지급하지 아니하였음을 이유로 하는 토지소유자의 지상권소멸청구는 이유가 없고, 지료액 또는 그 지급시기 등 지료에 관한 약정은 이를 등기하여야만 제3자에게 대항할 수 있는 것이고, 법원에 의한 지료의 결정은 당사자의 지료결정청구에 의하여 형식적 형성소송인 지료결정판결로 이루어져야 제3자에게도 그 효력이 미친다.

[2] 민법 제287조가 토지소유자에게 지상권소멸청구권을 부여하고 있는 이유는 지상권은 성질상 그 존속기간 동안은 당연히 존속하는 것을 원칙으로 하는 것이나, 지상권자가 2년 이상의 지료를 연체하는 때에는 토지소유자로 하여금 지상권의 소멸을 청구할 수 있도록 함으로써 토지소유자의 이익을 보호하려는 취지에서 나온 것이라고 할 것이므로, 지상권자가 그 권리의 목적이 된 토지의 특정한 소유자에 대하여 2년분 이상의 지료를 지불하지 아니한 경우에 그 특정의 소유자는 선택에 따라 지상권의 소멸을 청구할 수 있으나, 지상권자의 지료 지급 연체가 토지소유권의 양도 전후에 걸쳐 이루어진 경우 토지양수인에 대한 연체기간이 2년이 되지 않는다면 양수인은 지상권소멸청구를 할 수 없다.

【참조조문】

[1] 민법 제287조, 제366조, 부동산등기법 제136조

[2] 민법 제287조

【참조판례】

[1] 대법원 1994. 12. 2. 선고 93다52297 판결(공1995상, 424), 대법원 1996. 4. 26. 선고 95다52864 판결(공1996상, 1702)

【전문】

【원고, 피상고인】 이병창 외 11인(소송대리인 변호사 김동환)

【피고,상고인】 이규웅 외 4인(소송대리인 변호사 정태웅)

【원심판결】 서울고법 1999. 1. 29. 선고 98나31167 판결

【주문】 원심판결을 파기하고 사건을 서울고등법원에 환송한다.

【이유】

　　법정지상권의 경우 당사자 사이에 지료에 관한 협의가 있었다거나 법원에 의하여 지료가 결정되었다는 아무런 입증이 없다면, 법정지상권자가 지료를 지급하지 않았다고 하더라도 지료 지급을 지체한 것으로는 볼 수 없으므로 법정지상권자가 2년 이상의 지료를 지급하지 아니하였음을 이유로 하는 토지소유자의 지상권소멸청구는 이유가 없고(대법원 1994. 12. 2. 선고 93다52297 판결, 1996. 4. 26. 선고 95다52864 판결 등 참조), 지료액 또는 그 지급시기 등 지료에 관한 약정은 이를 등기하여야만 제3자에게 대항할 수 있는 것이고, 법원에 의한 지료의 결정은 당사자의 지료결정청구에 의하여 형식적 형성소송인 지료결정판결로 이루어져야 제3자에게도 그 효력이 미친다고 할 것이다.

　　원심판결 이유에 의하면, 원심은 이 사건 대지에 관한 1년분의 지료는 소외 주식회사 민국상호신용금고(이하 '민국금고'라고 한다)와 피고 이규웅, 박학년 사이의 서울지방법원 95가합66264 사건의 판결에서 1995. 4. 10.부터 1996. 3. 13.까지는 금 27,695,710원, 1996. 3. 14. 이후는 연 금 26,655,270원으로 결정되었다고 할 것이고, 민국금고가 위 판결 확정 후 이 사건 대지를 원고들에게 매도하는 한편, 그 매도에 따른 원고들의 소유권 취득일 이전에 이미 발생한 민국금고의 피고 박학년에 대한 지료청구채권도 원고들에게 양도하고 그 통지까지 마쳤으므로, 위 피고는 이 사건 대지에 관한 지상권을 취득한 1995. 4. 19.부터 위 지료를 원고들에게 지급할 의무가 있다고 할 것인데, 위 피고가 원고들에게 위 지료를 전혀 지급한 바가 없다는 점은 자인하고 있고, 위 지상권 성립일로부터 2년 이상의 지료를 지급하지 아니하였음을 이유로 하는 원고들의 지상권소멸청구의 의사표시가

담긴 이 사건 1997. 12. 29.자 준비서면이 위 피고에게 1998. 1. 17. 도달하였음이 기록상 명백하므로, 위 피고의 이 사건 대지에 관한 지상권은 1998. 1. 17.경 소멸하였다고 판단하고 있다.

그러나 기록에 의하면, 위 판결은 그 주문에서 피고 이규웅, 박학년에 대하여 민국금고에게 금 29,742,710원을 지급할 것을 명하면서 그 이유에서 1995. 4. 20.부터 1996. 5. 19.까지의 기간 동안의 지료를 산정하기 위한 선결 문제로 1995. 4. 10.부터 1996. 3. 13.까지는 연 금 27,695,710원, 1996. 3. 14. 이후는 연 금 26,655,270원으로 지료를 결정한 사실이 인정되므로, 앞에서 본 법리에 비추어 볼 때, 위 판결 이유에서 정한 지료에 관한 결정은 원고들과 피고 박학년 사이에는 그 효력이 없다고 할 것이어서, 법원에 의하여 제3자에게도 효력이 미치는 지료가 결정되었다고 할 수도 없고 달리 원·피고 사이에 지료에 관한 협의가 있었다는 주장·입증이 없으므로, 원고들은 위 박학년의 지료연체를 이유로 지상권소멸청구를 할 수 없다고 할 것이다.

또한 민법 제287조가 토지소유자에게 지상권소멸청구권을 부여하고 있는 이유는 지상권은 성질상 그 존속기간 동안은 당연히 존속하는 것을 원칙으로 하는 것이나, 지상권자가 2년 이상의 지료를 연체하는 때에는 토지소유자로 하여금 지상권의 소멸을 청구할 수 있도록 함으로써 토지소유자의 이익을 보호하려는 취지에서 나온 것이라고 할 것이므로, 지상권자가 그 권리의 목적이 된 토지의 특정한 소유자에 대하여 2년분 이상의 지료를 지불하지 아니한 경우에 그 특정의 소유자로 하여금 선택에 따라 지상권의 소멸을 청구할 수 있도록 한 것이라고 해석함이 상당하다.

그런데 기록에 의하면, 이 사건 법정지상권은 1995. 4. 19. 성립되었고, 원고들은 법정지상권 성립 당시의 이 사건 대지 소유자인 소외 민국금고로부터 이 사건 대지를 매수하여 1997. 6. 25. 그 소유권이전등기를 마쳤는데, 피고 박학년이 위 지상권 성립일로부터 2년 이상의 지료를 지급하지 아니하였음을 이유로 이 사건 1997. 12. 29.자 준비서면을 통하여 지상권소멸청구의 의사표시를 하여 1998. 1.

17. 위 피고에게 도달하였는바, 원고들이 위 피고에게 이 사건 지상권소멸청구를 한 때는 위 피고가 이 사건 대지의 소유권을 취득한 원고들에 대하여는 2년 이상의 지료를 연체하지 아니하였음이 역수상 명백하므로, 원고들의 위 지상권소멸청구는 부적법하다고 할 것이다.

　그럼에도 불구하고 이와 달리 판단한 원심판결에는 법정지상권의 지료 결정 및 지료 연체로 인한 소멸청구에 관한 법리를 오해하여 판결 결과에 영향을 미친 위법이 있다고 할 것이므로 이 점을 지적하는 상고이유의 주장은 이유 있고, 따라서 나머지 상고이유에 대하여 판단할 필요도 없이 원심판결은 파기를 면치 못한다고 할 것이다.

　그러므로 원심판결을 파기하고 사건을 원심법원에 환송하기로 하여 관여 법관의 일치된 의견으로 주문과 같이 결정한다.

대법관 박재윤(재판장) 서성 유지담(주심) 배기원

[4] 지료연체는 법정지상권이 성립한 순간부터!

　절대 지료결정판결이 확정된 날부터 연체되는 게 아닙니다. 지료를 얼마 낼지가 판결로 확정되는 거지, 지료를 내야 한다는 채무 자체는 지상권 성립 순간부터 발생하는 거죠. 생각해 보면 당연한 거예요. 지료결정소송을 몇 년씩 질질 끌면, 그동안 지료를 안 내도 된다는 건 이상하잖아요?

참고: 판례전문(대법원 2005. 10. 13. 선고 2005다37208 판결)

건물철거및대지인도등

【판시사항】

[1] 토지소유자가 법정지상권자를 상대로 특정 기간에 대한 지료의 지급을 구하기 위하여 제기한 소송에서 재판상 화해로 그 기간에 대한 지료가 결정된 경우, 그 후의 기간에 대한 지료도 종전 기간에 대한 지료를 기초로 산정하여, 지체된 지료가 2년분을 초과하는 이상 토지소유자는 법정지상권의 소멸을 청구할 수 있다고 판단한 원심판결을 수긍한 사례

[2] 법정지상권의 지료액수가 판결에 의하여 정해진 경우, 지체된 지료가 판결 확정의 전후에 걸쳐 2년분 이상일 경우에도 토지소유자가 지상권의 소멸을 청구할 수 있는지 여부(적극)

[3] 채무의 일부에 대한 변제공탁의 효력(한정 무효) 및 계속적 거래에서 발생하는 다수의 채무의 일부에 대하여 공탁한 경우, 공탁금액에 상응하는 범위에서 채무가 소멸하는지 여부(소극)

【참조조문】

[1] 민법 제287조, 제366조 [2] 민법 제287조 [3] 민법 제487조

【참조판례】

[2] 대법원 1993. 3. 12. 선고 92다44749 판결(공1993상, 1164)

[3] 대법원 1998. 10. 13. 선고 98다17046 판결(공1998하, 2662)

【전문】

【원고, 피상고인】 주식회사 상업상호저축은행(소송대리인 법무법인 서석 담당 변호사 박도영)

【피고(선정당사자), 상고인】 이태근(소송대리인 변호사 손건웅)

【원심판결】 광주지법 2005. 6. 1. 선고 2004나10097 판결

【주문】 상고를 기각한다. 상고비용은 피고(선정당사자)가 부담한다.

【이유】

1. 원심은, 그 채용 증거들을 종합하여 판시와 같은 사실을 인정한 다음, 원고가 피고(선정당사자)를 상대로 지료지급청구를 한 종전 소송에서의 제1심, 제2심 재판 진행 과정이나 제2심에서 재판상 화해가 이루어진 경위에 비추어, 화해조서에 이 사건 지료의 기준기간이나 지료액이 명시되지는 않았다고 하더라도, 재판상 화해 당시 원고와 피고(선정당사자) 사이에는 원고가 청구한 2000. 12. 16.부터 2001. 11. 28.까지(이하 '이 사건 지료 기준기간'이라 한다) 기간 동안의 지료를 8,560,020원으로 확정하는 것에 대한 의사의 합치가 있었다고 보는 것이 상당하고, 특정 기간에 대한 지료의 지급을 구하기 위하여 소송이 제기되고, 그 소송에서 그 기간에 대한 지료가 결정되었다면 당사자 사이에서는 그 후 민법에서 정하는 바에 따른 지료증감청구를 하여 지료증감의 효과가 새로 발생하는 등의 특별한 사정이 없는 한 그 후의 기간에 대한 지료 역시 종전 기간에 대한 지료를 기초로 하여 그와 같은 비율로 산정하여야 할 것이므로, 이 사건 지료 기준기간 이후인 2001. 11. 29.부터의 지료도 위와 같이 확정한 액수를 기초로 하여 산정하여야 하며, 피고(선정당사자가)가 2001. 11. 29. 이후의 지료를 지급하지 않아 이 사건 소제기 당시 지급하지 않은 지료가 2년분을 초과하는 이상, 원고는 피고(선정당사자)에 대하여 법정지상권의 소멸을 청구할 수 있다고 판단하였는바, 관련 법령에 비추어 기록을 살펴보면, 이러한 원심의 사실인정과 판단은 옳고, 거기에 채증법칙을 위배하여 사실을 오인하거나 지료 연체로 인한 법정지상권 소멸청구에 관한 법리 등을 오해한 위법이 있다고 할 수 없다.

2. 법정지상권이 성립되고 지료액수가 판결에 의하여 정해진 경우 지상권자가 판결확정 후 지료의 청구를 받고도 책임 있는 사유로 상당한 기간 동안 지료의 지급을 지체한 때에는 지체된 지료가 판결확정의 전후에 걸쳐 2년분 이상일 경우에도 토지소유자는 민법 제287조에 의하여 지상권의 소멸을 청구할 수 있고, 판결확정일로부터 2년 이상 지료의 지급을 지체하여야만 지상권의 소멸을 청구할 수 있는 것은 아니라고 할 것이므로(대법원 1993. 3. 12. 선고 92다44749 판결 참조), 종전 소송에서 확정판결과 동일한 효력이 있는 재판상 화해가 이루어진 것이

2002. 9. 13.이라고 하더라도, 피고(선정당사자)가 그 이전인 2001. 11. 29. 이후 2년 이상 지료를 지급하지 않은 이상 토지소유자인 원고는 민법 제287조에 의하여 법정지상권의 소멸을 청구를 할 수 있다고 할 것이다.

재판상 화해의 확정력에 의하여 그 이전의 지료 연체를 이유로 지상권소멸청구를 할 수 없다는 상고이유 주장은 이유 없다.

3. 변제공탁이 유효하려면 채무 전부에 대한 변제의 제공 및 채무 전액에 대한 공탁이 있어야 하고, 채무 전액이 아닌 일부에 대한 공탁은 그 부족액이 아주 근소하다는 등의 특별한 사정이 있는 경우를 제외하고는 채권자가 이를 수락하지 않는 한 그 공탁 부분에 관하여서도 채무소멸의 효과가 발생하지 않으며, 채무 전액이 아닌 일부에 대하여 공탁한 이상 그 채무가 계속적인 거래에서 발생하는 다수의 채무의 집합체라고 하더라도 공탁금액에 상응하는 범위 내에서 채무소멸의 효과가 발생하는 것은 아니라고 할 것인바, 2001. 11. 29.부터 이 사건 소 제기 이전인 2004. 2. 29.까지 27개월 1일 동안 이미 발생한 지료채무가 20,226,686원에 달하고, 원고가 피고(선정당사자)의 변제공탁을 수락하였다고 인정할 아무런 증거가 없을 뿐만 아니라, 원고가 이 사건 소 제기 당시 연체 지료가 이미 2년분을 초과하였음을 이유로 이 사건 소장에 의하여 지상권소멸청구를 한 이 사건에서, 피고(선정당사자)가 이 사건 소송이 진행중이던 2004. 4. 23. 광주지방법원 순천지원 2004년 금제1443호로 한 6,818,812원의 변제공탁은 변제로서의 효력을 인정할 수 없다는 취지의 원심 판단은 옳고, 거기에 일부 공탁에 관한 법리를 오해한 위법이 있다고 할 수 없다.

4. 그러므로 상고를 기각하고, 상고비용은 패소자가 부담하도록 하여 관여 법관의 일치된 의견으로 주문과 같이 판결한다.

대법관 김영란(재판장) 강신욱 고현철(주심)

6 ✓ 특수한 지상권 - 담보지상권

  등기부를 보다 보면, 저당권과 지상권이 같은 날 연속적으로 등기된 경우를 자주 만나게 될 거예요. 특히 은행 등 금융기관에서 돈을 빌린 경우가 그렇습니다. 금융기관은 담보를 확실하게 잡아 놓는 것을 좋아하기 때문에, 토지에 근저당권을 설정해 놓은 것만으로는 만족하지 못하는 경우가 대부분입니다. 그래서 아예 토지의 가치가 떨어지지 않도록, 그 위에 지상권까지 설정해놓습니다. 이걸 소위 담보지상권이라고 하지요.

  이런 담보지상권은 말 그대로 '담보'물권입니다. 실제로 금융기관이 그 땅을 쓰겠다는 '용익'물권이 아니에요. 그래서 이런 담보지상권을 무시하고 그 위에 누군가 건물을 지어도, 그 건물을 철거해 버리는 '방해배제청구'는 할 수 있어도, 지료만큼 손해를 보았으니 지료를 내놓으라는 '손해배상청구'는 할 수가 없습니다. 생각해 보세요. 손해가 있어야 손해배상청구를 할 수 있는 것인데, 애초에 담보지상권자인 금융기관은 이 땅을 실제로 사용할 의도는 없었잖아요? 그럼 누가 그 땅을 쓰건 안 쓰건, 금융기관에는 손해가 없는 겁니다. 왜 손해가 없냐구요? '방해배제청구'로 철거해버리면 되니까요. 담보지상권이란 '남들이 쓰지 못하게' 하는 권리이지, '내가 쓰겠다'는 권리가 아니라는 점을 주의하세요. 담보지상권에 방해배제청구만 있고 손해배상청구가 없다는 것은 바로 이런 의미입니다(물론, 지상권이 침해되었다고 손해배상청구할 수 없다는 의미입니다. 저당권 침해를 이유로는 손해배상청구를 할 수 있습니다. 2006다586판결).

법정지상권의 꽃, 공유관계

이제 법정지상권에 대해서는 어느 정도 전문가가 되셨습니다. 웬만한 건물은 등기부만 보고도 법정지상권 판단이 가능하신 수준이지요. 하지만 마지막 단계가 남아 있습니다.

(1) 공유지분이 보이면 조심하라

어떤 법률관계든, 공유지분이 얽히면 상당히 복잡해집니다. 특히 한국에는 구분소유적 공유(실제로는 특정부분을 따로따로 소유하면서, 등기부상으로만 전체에 대한 공유지분으로 등기해놓는 것)가 많은데, 이 경우에는 또 법리가 달라지지요. 어떤 문제든 공유지분이 끼어들어 있다면, 웬만하면 주위 변호사에게 자문을 받는 편이 좋습니다.

(2) 공유 유형별 분석

공유관계의 법정지상권 판단은 단순히 말로 설명하면 이해하기 어렵습니다. 법대생들도, 심지어 현직 변호사들도 그림을 그려가면서 유형을 나누어 분석하지요. 여기서는 알아보시기 쉽도록, 지금까지 실제 사건에서 문제된 공유 유형별로 나누어 하나하나 같이 분석해 보겠습니다.

1. 제1유형 : 토지가 공유, 토지 공유자 중 일부가 건물 소유자인 경우
   ➜ 토지가 공유면 웬만하면 법정지상권은 없다!

이 경우 제3자가 등장하여 토지를 취득하거나(이때 토지에 대해 건물 소유자의 지분이 남아 있으면 문제가 되지 않습니다. 아직 건물 소유자는 토지에 대해 지분으로나

마 토지사용권을 갖고 있으니까요. 제3자가 건물 소유자의 토지지분을 다 사버리거나, 토지를 통째로 사버리는 경우 등이 문제되겠지요), 건물을 취득하는 경우가 문제됩니다. 그런데…

결론부터 말씀드릴게요. 이렇게 토지를 여럿이 공유하고 있으면, 웬만하면 법정지상권이 성립하지 않습니다. 아마 여러분이 만나시는 케이스에서는 거의 다 안 될 겁니다. 왜 그런지 법리적으로 설명하면 상당히 복잡하지만, 그럴 필요 없습니다. '법정지상권은 건물을 위한 권리다'라는 원칙만 기억하시면 됩니다.

잘 생각해 보세요. 법정지상권은 건물이 땅 써도 된다는 권리지요? 그래서 법정지상권이 성립하면 건물 가격은 올라가고(땅 써도 되니까), 땅값은 폭락합니다(내가 못 쓰고 건물이 써야 하니까).

그러면, 땅 주인 입장에서 생각해 봅시다. 법정지상권이 성립하면 내 땅값이 폭락하는 겁니다. 그래서 필사적으로 땅 주인들이 법정지상권 성립을 막는 거죠.

그렇다면 이 사안에서, 법정지상권이 성립해서 이득을 보는 건 누구입니까? 건물주죠? 콕 찝어서 말하면, 토지 공유자들 중에 건물 가진 사람, 그 한 사람뿐입니다. 나머지 토지 공유자들은 그냥 자기 토지지분에 법정지상권이 설정되는 손해만 보는 겁니다. 한마디로, 건물 가진 공유자를 위해서, 다른 공유자들 토지지분에 법정지상권을 성립시켜 주는 꼴이 되는 것입니다.

그래서 토지가 여러 사람의 공유이고 그 공유자 중 한 사람이 건물을 단독 소유할 때, 원칙적으로는 법정지상권이 성립하지 않습니다. 얼핏 보면 공유긴 하지만 토지지분과 건물이 같은 사람 소유였다가 달라지는 것이니, 관습법상 법정지상권이 성립할 것처럼 보이지요? 하지만 법이라는 게 그렇게 딱딱하게 요건만 따지지는 않습니다. 항상 그 법이 만들어진 취지, 당사자들 간의 형평성을 따져서 적용되는 것이에요. 무언가 이건 객관적으로 봐도 불공평하다! 싶으시면 항상 변호사를 찾아 상담을 해보세요. 항상 방법이 있기 마련입니다.

참고: 판례전문(대법원 2004. 6. 11. 선고 2004다13533 판결)

공유토지의 공유자 1인이 그 지상에 건물을 소유하면서 그의 토지공유지분에 대하여 저당권을 설정한 후 그 저당권의 실행으로 그 토지공유지분의 소유권이 제3자에게 넘어간 경우에 그 건물의 소유를 위한 법정지상권의 성립을 인정하게 되면 이는 마치 토지공유자의 1인으로 하여금 다른 공유자의 지분에 대하여서까지 지상권 설정의 처분행위를 허용하는 셈이 되어 부당하므로 이러한 경우에는 당해 토지에 관하여 건물의 소유를 위한 법정지상권이 성립될 수 없다(같은 취지의 판결로는 대법원 1988.9.27. 선고 87다카140 판결, 대법원 1987.6.23. 선고 86다카2188 판결, 1993.4.13. 선고 92다55756 판결).

참고: 판례전문(대법원 1987.6.23. 선고, 86다카2188 판결【건물철거등】)

원심판결 이유에 의하면, 원심은 그 거시증거에 의하여 성남시 ○○동 466의9 대 2,945평방미터(이하 이 사건 토지라 한다)는 원래 소외 황금0의 소유였는데 위 소외인의 아들인 피고가 1960.경 이 사건 토지 중 원심판시의 별지도면표시 (마)부분 위에 그 판시의 별지목록 (1), (2), (3) 기재의 건물(이하 이 사건 건물이라 한다)을 신축하여 소유하고 있는 사실과 위 소외인이 1973.3.5. 사망함에 따라 이 사건 토지는 동인의 상속인들인 피고, 소외 서○○, 황경○, 황순○, 황희○가 상속하여 공동소유하고 있다가 같은 해 4.6. 위 황희○를 제외한 피고 등 나머지 상속인들이 그들의 소유지분을 위 황희○에게 양도함으로써 동인의 단독소유로 되었고 그 뒤 이사건 토지에 관한 소유권이전등기가 소외 이완○를 거쳐 원고들 앞으로 경료되어 있는 사실을 인정한 다음, 피고가 그를 포함한 공동상속인들의 공유토지인 이 사건 토지위에 이 사건 건물을 소유하고 있다가 이 사건 대지가 위 황희○의 단독소유로 된 결과 토지와 그 지상의 건물이 그 소유자를 달리하게 되었으므로 이 사건 건물을 철거한다는 등 특별한 사정이 엿보이지 아니하는 이 사건에 있어서 피고는 이 사건 토지 중 위(마) 부분 위에 이 사건 건물의 소유를 위한 관습상의 법정지상권을 취득한 것으로 보아야 한다는 취지로 판시하였다.

그러나 토지의 공유자 중의 1인이 공유토지 위에 건물을 소유하고 있다가 토지 지분만을 전매함으로써 단순히 토지 공유자의 1인에 대하여 관습상의 법정지상권이 성립된 것으로 볼 사유가 발생한 경우에 있어서도 당해 토지자체에 관하여 건물의 소유를 위한 관습상의 법정지상권이 성립된 것으로 보게 된다면, 이는 마치 토지공유자의 1인으로 하여금 다른 공유자의 지분에 대하여서까지 지상권설정의 처분행위를 허용하는 셈이 되어 부당하다 할 것이므로 위와 같은 경우에 있어서는 당해 토지에 관하여 건물의 소유를 위한 관습상의 법정지상권이 성립될 수는 없다고 봄이 상당하다.

원심이 확정한 사실관계에 의하면, 피고는 이 사건 토지의 공유자중의 1인으로서 그 공유토지 위에 이 사건 건물을 소유하고 있다가 이 사건 토지에 관한 소유지분만을 소외 황희○에게 매각하였다는 것에 지나지 아니하므로 앞에서 본 견해에 비추어 원심판시의 특별사정이 엿보이지 않는다는 사유만으로써 피고가 이 사건 토지 중 그 판시의 토지부분 위에 이 사건 건물의 소유를 위한 관습상의 법정지상권을 취득한 것으로는 볼 수 없다 할 것이니 결국 원심판결에는 관습상의 법정지상권의 성립요건에 관한 법리를 오해하여 판결에 영향을 미친 위법이 있다고 아니할 수 없다.

(3) 건물소유자의 지분이 과반수여도 마찬가지!

참고: 판례전문(대법원 1993.4.13. 선고 92다55756 판결 【건물철거등】)

토지공유자의 한 사람이 다른 공유자의 지분 과반수의 동의를 얻어 건물을 건축한 후 토지와 건물의 소유자가 달라진 경우 토지에 관하여 관습법상의 법정지상권이 성립되는 것으로 보게 되면 이는 토지공유자의 1인으로 하여금 자신의 지분을 제외한 다른 공유자의 지분에 대하여서까지 지상권설정의 처분행위를 허용하는 셈이 되어 부당하다.

【이 유】 상고이유를 본다.

1. 원심이 인정한 사실에 의하면, 원고들은 1990.6.5. 이 사건 제1,2토지를 경락받아 같은 해 6.20. 그 경락대금을 납부함으로써 그 소유자가 되었다는 것인바, 그렇다면 그 경매 전에 피고 이대○가 그 지상에 이 사건 건물을 건축하면서 건축 당시의 이 사건 토지의 공유자들의 과반수 이상의 승낙을 받았고, 원고 최치○은 그 후 이 사건 토지의 공유자들로부터 169분의 57지분을 매수하여 공유물분할청구를 하고, 이에 따른 경매절차에서 원고들이 이 사건 토지를 경락받아 취득하였다고 하여도 그것만으로는 같은 피고가 이 사건 토지에 관하여 관습법상의 법정지상권을 취득하였다고 할 수 없으므로, 이와 같은 취지의 원심판단은 정당하다.

2. 논지는, 이 사건 제2토지의 공유자의 한 사람이던 피고 이대○가 다른 공유자의 지분 과반수의 동의를 얻어 이 사건 건물을 건축하였고, 원고들은 그 후 공유자 일부로부터 공유지분을 취득하여 공유물분할방법으로 경매를 통하여 이 사건 토지 전부의 소유권을 취득한 것이므로, 이는 토지와 건물이 동일인 소유였다가 경매를 통하여 토지의 소유권만이 원고 등에게 속하게 된 경우에 해당하여 피고 이대○는 그 토지에 관습법상의 법정지상권을 취득하였다는 것이나, 이와 같은 경우 이 사건 토지 자체에 관하여 관습상의 법정지상권이 성립되는 것으로 보게 되면 이는 토지공유자의 1인으로 하여금 자신의 지분을 제외한 다른 공유자의 지분에 대하여서까지 지상권설정의 처분행위를 허용하는 셈이 되어 부당하다 할 것이므로 받아들일 수 없고(당원 1987.6.23. 선고 86다카2188 판결), 피고 이대○가 건축 당시 토지공유자의 과반수의 동의를 얻었다면 이는 공유물의 관리행위에 해당하여 피고 이대○에 대하여 한 사용승낙이나 사용대차는 적법할지 몰라도, 이로써 경락취득인인 원고들에게는 대항할 수 없다고 할 것이다. 따라서 논지는 이유가 없다.

참고: 민법 제265조(공유물의 관리, 보존)

공유물의 관리에 관한 사항은 공유자의 지분의 과반수로써 결정한다. 그러나 보존행위는 각자가 할 수 있다.

(4) 다른 토지공유자가 건물을 사들여도 법정지상권은 NO!

참고: 판례전문(대법원 2001.10.12. 선고 2001다48002 판결)

甲이 건물을 매수할 무렵 건물은 乙의 단독소유였으나, 토지는 甲·乙·丙·丁의 공유에 있었던 경우에, 토지의 공유자 중 1인이 공유토지 위의 단독소유인 건물을 매도한 경우에 당해 토지 전부에 대하여 건물의 소유를 위한 관습상의 법정지상권이 성립된 것으로 보게 된다면 이는 마치 토지공유자의 1인으로 하여금 다른 공유자의 의사에 기하지 아니한 채 다른 공유자의 지분에 대하여서까지 지상권설정의 처분행위를 허용하는 셈이 되어 부당하므로 관습상의 법정지상권을 부정한 원심의 판단을 수긍하였다.

(5) 토지공유자 전원이 합의하면 법정지상권 OK!

이제 슬슬 토지가 공유면 법정지상권이 성립하기 어려운 이유가 이해가십니까? 한마디로 네 사정 때문에 내 땅에 법정지상권 성립시킬 수 없다! 이거죠. 다른 토지공유자들이 피해를 보기 때문입니다. 그렇다면 아예 아무도 불만이 없도록, 토지공유자 전원이 합의한 경우는 어떨까요?

사안은 똑같습니다. 토지는 여러 사람 공유, 그런데 그 지상에 있는 건물은 공유자들 중 일부 사람 소유. 그런데 이번에는 토지공유자들 전원이 합의해서 토지를 분할한 겁니다. 커다란 한 필지 전체를 3분의 1, 4분의 1씩 나누어 갖던 공유관계를 끝내고, 필지를 마음대로 잘라서 분할하고 각자 분할된 작은 필지의 소유자가 되기로 한 것이죠. 그러다 보니 당연히 건물이 다른 사람의 필지 위에 걸치게 되었겠죠?

　이런 경우에는 문제가 없습니다. 공유자 전원이 합의해서 분할한 것이잖아요. 그러면 합의 과정에서 당연히 건물이 대지 위에 있는 것도 감안해서 분할했을 것이고, 그러면 건물을 철거하지 않아도 된다는 묵시적인 합의가 있었겠죠. 묵시적인 합의? 여기서 번뜩 감이 오셔야 합니다. 그렇죠. 바로 토지와 건물의 소유자가 달라질 때 암묵적인 동의, 즉 관습법상 법정지상권이 성립하게 되는 것입니다.

참고: 대법원 1973.2.12. 선고 73다353 판결, 대법원 1967.11.14. 선고 67다
　　　1105 판결
　공유대지 위에 공유자 1인 또는 수인 소유의 건물이 있을 때 공유자들이 그 공유대지를 분할하여 각기 단독소유로 귀속케 한 결과 그 대지와 그 지상건물의 소유자를 달리하게 될 경우에는 다른 특별한 사정이 없다면 건물소유자는 그 건물부지상에 그 건물을 위하여 관습상의 지상권을 취득한다고 봄이 상당하다.

[6] 상속분할이 소급하면 법정지상권도 소급한다!

　관습법상 법정지상권을 한 마디로 줄이면, 토지와 건물 소유자가 달라질 때 성립하는 지상권이지요? 여기서 토지와 건물 소유자가 같았다가 달라지는 것은 등기부만 보면 딱 알 수 있는 거니까, 별로 어렵지 않습니다. 하지만 단 하나, 상속재산을 만나면 주의하실 게 있습니다.

　자, 토지 소유자가 돌아가신 상황을 가정해 봅시다.

　토지 소유자가 돌아가시면, 상속재산은 자동으로 상속자들의 공유 상태가

됩니다. 이건 등기가 필요없습니다. 법률에 의해 자동으로 상속자들이 토지 공유자가 됩니다. 그리고 나서 상속자들이 모여서 상속재산을 어떻게 나눠가질 것인지, 분할협의를 하게 됩니다. 그러고 나면 토지를 쪼개서 가지든지, 아니면 장남이 갖고 다른 형제자매들에게 돈으로 주든지 하게 되는 것이죠. 그런데 이때, 협의 전까지는 공유상태였다가 장남에게 소유권이 이전되는 것일까요? 즉, 돌아가신 분(망인) 단독소유 ➡ 상속자들 공유 ➡ 장남 단독소유 이렇게 될까요?

사실상은 그렇지만, 법적으로는 그렇지 않습니다. 중간의 상속자들 공유는 없었던 것이 되고, 바로 망인 단독소유 ➡ 장남 단독소유로 넘어간 것이 됩니다. 왜 그러냐면, 상속재산분할협의에 소급효가 있기 때문입니다. 소급하는 효력, 그러니까 분할협의된 대로 소유권 변동이 일어나는데, 그 시점이 망인 돌아가신 시점으로 소급하는 겁니다. 실제로는 돌아가시고, 잠깐 상속자들 공유상태였다가 장남 소유가 되었지만, 법적으로는 돌아가시자마자 장남 소유로 넘어간 게 되는 거죠. 이게 어려운 말로 '상속재산분할협의의 소급효'인 겁니다. 별거 아니죠?

그런데 이 소급효 때문에 법정지상권에 문제가 발생합니다. 다시 위 사안을 생각해보세요. 망인이 돌아가시고 나서 토지가 상속인들 공유였죠? 그러다가 장남이 토지 위에 집을 지었다면 어떻게 됩니까? 토지 공유, 공유자들 중 장남이 건물 소유. 어디서 많이 본 상태가 됩니다. 이 상태에서 장남이 건물을 팔든가 하면 법정지상권이 성립하지 않아야 하겠죠?

그런데 상속재산분할협의를 나중에 해버립니다. 장남이 토지를 단독소유하는 걸루요. 그러면 어떻게 되나요? 소급해서! 장남이 처음부터 토지 단독소유였고, 그 위에 자기 건물 단독소유한 게 됩니다. 그러면 흠잡을 데 없는 법정지상권 성립 상황이죠. 그런데 상속재산분할협의를 그렇게 해버릴 줄 모르고 땅을 산 사람은 얼마나 억울하겠습니까. 당연히 토지 공유였으니 법정지상권 안 되겠지요? 땅 사서 건물 철거해 버려야지 하는 마음으로 샀을 텐데 말이예요. 갑자기 뒤늦게 장남이 나타나서 그래? 그럼 분할협의 지금 해버리지 뭐. 어차피 소급효니까 지금 해도 처음부터 내 땅이었던 걸로 되는 거야, 하고 법정지상권 성립시켜 버리는 거죠.

바로 이런 이유 때문에 좋은 물건을 만났어도, 소유자가 돌아가셔서 상속 문제가 발생하면 주의해야 한다는 겁니다. 상속법의 법리는 생각보다 복잡해요. 우선 가장 기본적으로, 상속자들끼리 분할협의를 하면 그 효력이 상속시점, 즉 망인 돌아가신 시점으로 소급한다는 것을 주의하셔서 법정지상권 검토를 하시기 바랍니다. 물론, 이 방법은 건물주 입장에서는 훌륭한 무기가 됩니다. 경매 입찰 자는 토지냐 건물이냐, 양쪽 포지션을 검토해서 어느 쪽에 투자하는 것이 유리한 지 결정할 수 있습니다. 그것만으로도 대단한 특권이지요. 법정지상권 공부가 제대로 되어 있다면 그 특권을 마음껏 누릴 수 있겠지요?

참고: 판례전문(대법원 1996. 3. 26. 선고 95다45545,45552,45569 판결 【건물철거등·소유권이전등기말소·지상권설정등기】)

원심은, 소외 망 정천0은 1954. 8. 31. 귀속재산인 이 사건 이리시 ○○동 446 전 407㎡를 불하받아 대금을 완납함으로써 그 소유권을 취득하였는데, 위 망 정천 0이 사망하자 그의 공동 재산상속인들 중의 1인인 소외 정규○이 혼자서 위 토지 를 관리하면서 그 지상에 1980.경 이 사건 미등기 건물을 신축하여 1981. 4. 4. 소 외 강○○에 매도하였고, 위 강○○은 같은 해 11. 2. 피고 김수○에게 위 건물을 다시 매도한 사실을 인정한 다음, 관습상의 법정지상권이 성립하기 위하여는 토지 와 그 지상 건물이 동일인의 소유에 속하다가 매매 기타 원인에 의하여 토지와 건 물의 소유자가 달라져야 하는데, 위 정규○은 이 사건 토지의 공유자 중의 1인에 불과하므로 그가 위 공유토지 위에 건물을 소유하고 있다가 그 건물을 다른 사람 에게 매도하였다고 하여 관습상의 법정지상권이 발생할 수 없다는 이유로, 위 피 고가 원고의 건물철거 및 부지인도 청구에 대하여 한 관습상의 법정지상권의 항변 을 배척하였다.

그러나 기록에 의하면, 위 정규○은 1989. 5.경 이 사건 토지를 원고에게 매도

하고 1991. 4. 11.자로 소유권이전등기를 경료하여 주었는데, 위 매매계약을 체결하기 전에 공동상속인들로부터 상속포기를 받은 사실을 인정할 수 있는바, 위와 같이 상속재산을 공동상속인 1인에게 상속시킬 방편으로 나머지 상속인들이 한 상속포기 신고가 민법 제1019조 제1항 소정의 기간을 초과한 후에 신고된 것이어서 상속포기로서의 효력이 없다고 하더라도 공동상속인들 사이에서는 1인이 고유의 상속분을 초과하여 상속재산 전부를 취득하고 나머지 상속인들은 이를 전혀 취득하지 않기로 하는 내용의 상속재산에 관한 협의분할이 이루어진 것으로 보아야 할 것이고, 상속재산의 분할은 상속이 개시된 때에 소급하여 효력이 있는 것이며, 한편 미등기 건물을 양수한 자가 그 건물이 미등기인 관계로 건물에 대한 소유권이전등기를 경료받지 못하였다면 그 소유권은 여전히 건물 양도인에게 남아 있는 것이므로, 이 사건에서 다른 공동상속인들이 상속포기의 의사표시를 함으로써 이 사건 토지와 건물은 모두 위 정규○의 단독 소유에 속하게 되었다고 할 것이고, 그 후에 이 사건 토지가 원고에게 양도되어 원고 앞으로 소유권이전등기가 경료됨으로써 비로소 건물의 소유자와 토지의 소유자가 달라지게 되어 건물의 소유자인 위 정규○이 관습상의 법정지상권을 취득하게 되었다고 할 것이며, 건물소유자가 건물의 소유를 위한 법정지상권을 취득하기에 앞서 건물을 양도한 경우에도 특별한 사정이 없는 한 건물과 함께 장차 취득하게 될 법정지상권도 함께 양도하기로 하였다고 보지 못할 바 아니므로 건물 양수인인 위 피고는 채권자대위의 법리에 따라 양도인인 위 정규○ 및 그로부터 이 사건 토지를 매수한 대지 소유자인 원고에 대하여 차례로 지상권설정등기 및 그 이전등기절차의 이행을 구할 수 있다 할 것이고, 법정지상권을 취득할 지위에 있는 건물 양수인에 대하여 대지 소유자가 건물의 철거를 구하는 것은 지상권의 부담을 용인하고 지상권설정등기절차를 이행할 의무가 있는 자가 그 권리자를 상대로 한 것이어서 신의성실의 원칙상 허용될 수 없다 할 것이므로, 원고의 위 피고에 대한 건물철거 청구는 결국 신의성실의 원칙상 허용될 수 없다 할 것이다.

그럼에도 불구하고 원심은, 위 정규○이 위 강○○에게 위 미등기 건물을 매도

하고 그 점유를 이전하여 줌으로써 등기 여부와 관계없이 당연히 그 건물의 소유권이 위 정규○으로부터 위 강○○에게 이전된 것으로 잘못 판단한 나머지 위 강○○이 건물을 매수한 시점을 기준으로 하여 관습상의 법정지상권의 발생을 부정하고 곧바로 피고의 관습상의 법정지상권에 관한 항변을 배척하고 말았으니, 원심판결에는 관습상의 법정지상권에 대한 법리를 오해한 나머지 심리를 제대로 다하지 아니한 위법이 있다고 할 것이고, 그러한 위법은 판결에 영향을 미쳤음이 명백하므로, 이 점을 지적하는 논지는 이유가 있다.

2. 제2유형: 토지는 단독소유, 지상건물은 공유인 경우

제1유형과 반대죠? 이번에는 토지가 단독소유고, 건물이 공유상태입니다. 1유형에서는 어땠나요? 토지가 법정지상권의 부담을 안아야 하니까, 토지 주인 입장에서 합의 없이 피해를 보지 않도록 고려했었죠? 이 상태라면 어떨까요? 토지 주인이 한 명뿐입니다. 그리고 이 사람은 건물 소유자이기 때문에, 어차피 자기 건물(단독소유는 아니고 공유이긴 하지만, 공유도 지분율에 따라 사용이 좀 제한될 뿐이지, 건물 전체를 갖는 권리잖아요)을 쓰려면 땅을 써야 해요. 법정지상권이 성립해도 자기 건물을 위해 성립하는 것이니, 손해가 없죠. 자기 땅값은 좀 떨어지지만, 자기 건물값은 올라가는 거잖아요? 그래서 이 경우, 즉 토지가 공유가 아니라면 법정지상권은 웬만하면 성립하게 됩니다.

참고: 판례 전문(대법원 1977.7.26. 선고 76다388 판결)
대지소유자가 그 지상 건물을 타인과 함께 공유하면서 그 단독소유의 대지만을 건물철거의 조건 없이 타에 매도한 경우, 즉 건물은 甲과 乙의 공유였고 그 부지인 대지는 甲의 단독 소유였는데 대지의 소유권이 丙에게 이전된 경우에 특히 건

물을 철거한다는 조건이 없는 한 甲의 그 부지에 대한 소유권변동행위는 자기의 이익 즉 건물에 대한 자기의 지분권을 위하여 법정지상권을 취득한 것일 뿐만 아니라 다른 공유자인 乙의 이익, 즉 乙의 건물지분권을 위하여서도 법정지상권을 취득한 것으로 보아야 할 것이며, 또 위 대지들을 매수하여 그 소유권을 취득한 丙도 甲을 위하여 법정지상권을 수인하지 않으면 안 되는 것과 마찬가지로 건물의 다른 공유자인 乙을 위하여서도 법정지상권을 수인하지 않으면 안 되는 것으로 보아야 한다는 이유로 건물공유자들은 각기 건물을 위하여 대지 전부에 대하여 관습상의 법정지상권을 취득한다고 판시

(7) 토지 단독소유 상태라면 366조 법정지상권도 마찬가지!
- 0.1%지분만 동일해도 소유자 동일로 보아준다 -

법정지상권에는 항상 두 종류가 있다고 말씀드렸지요? 관습법상 법정지상권이 된다면 제366조도 될까요? 토지 단독소유라면 제366조 법정지상권도 당연히 성립합니다. 저당권 임의경매를 만나면 항상 제366조를 생각하라고 말씀드렸지요? 제366조를 만나면 항상 저당권자의 기대가치를 생각하라고 했구요. 이 사안에서는 어떤가요?

저당권자는 애초에 건물이 있다는 사실을 알고 저당권을 잡았습니다. 그런데 그 건물이 공유상태라고 해서 저당권자가 담보가치를 낮게 생각했을까요?

아닙니다. 애초에 토지 소유자가 건물을 공유하고 있는 게 등기부에 나와 있었잖아요. 그러면 당연히 자기 건물을 부수려고 생각했을 리가 없으니, 건물이 계속 살아남을 것이라는 것은 저당권자도 예측 가능했겠지요. 그러면 건물이 서 있는 상태, 즉 법정지상권에 의해 제한받는 상태의 토지 가치대로 담보를 잡지 않았을까요? 그래서 저당권자에게 불측의 손해가 없다는 것입니다.

또 다른 측면에서 생각해 볼까요? 토지 소유자이자 건물 공유자였던 분(편의상 갑이라고 부릅시다)을 생각해 봅시다. 갑은 최소한 법정지상권이 무조건 성립하

는 분이죠? 건물 공유지분이 있었으니 최소한 그 지분 범위에서는 내 토지 위에 내 건물!이라고 주장할 수 있는 분이잖아요. 그런데 만약 다른 사람 지분은 토지 －건물 소유자명의가 다르다고 해서 법정지상권을 부정한다고 해 봅시다. 그러면 건물 전체, 아니면 일부가 철거당하겠죠. 그러면 갑에게 엄청난 피해가 발생합니다. 공유라는 건 공유지분비율대로 소유한다는 것이지만, 어쨌든 건물 전체를 소유하는 것이잖아요. 건물 전체를 소유하지만, 단지 그 사용에 있어서 다른 공유자들이랑 사이좋게 같이 쓰라는 의미죠. 그런데 5층짜리 건물 중에 반이 잘려나가면 '건물 전체'를 쓸 수 있는 갑의 권리는 반만큼 날아가 버리지 않겠어요? 그래서 저당권 설정 당시 토지 위에 건물이 있었다면, 그 건물의 아주 약간 지분이라도 토지소유자가 갖고 있었다면, 그것도 '저당권 설정 당시 토지와 건물의 소유자 동일' 상태로 인정되어 법정지상권이 성립하는 것입니다.

참고: 판례 전문(대법원 2003.6.13. 선고 2003다17651 판결)
　　甲이 근저당권설정 당시 토지를 단독 소유하고 있었고 건물을 乙, 丙과 공유하고 있다가 건물에 대한 甲의 지분이 근저당권의 실행으로 丁에게 전부 이전된 사안에서 건물의 소유자들에 대하여 민법 제366조 소정의 법정지상권의 성립을 인정한 원심의 판단을 수긍하였는데, 원심이 법정지상권의 성립을 인정하면서 든 논거는,
　　'① 이 사건 근저당권자들은 이 사건 근저당권설정 당시 이 사건 토지 소유자인 甲이 이 사건 건물의 공유자임을 알고 있었으므로 이 사건 건물에 대한 용익권의 부담을 예상하고 이 사건 토지의 담보가치를 파악했을 터이므로, 이 사건 건물에 대해 법정지상권을 인정하여도 이 사건 근저당권자들에게 아무런 불측의 손해가 없고,
　　② 甲은 이 사건 건물의 공유자로서 공유지분권에 기하여 이 사건 건물 전부를 사용·수익할 수 있으므로, 甲이 이 사건 근저당권 설정 당시 이 사건 건물을 단독

소유하는 경우와 비교할 때 그 사용·수익의 범위에 있어서 아무런 차이가 없어, 이 사건 근저당권 설정 당시 이 사건 토지와 건물이 동일한 소유자에게 속하였다고 볼 수 있고,

③ 甲을 제외한 다른 건물 공유자(乙, 丙)에 대하여는 이 사건 근저당권설정 당시 토지와 건물이 동일인 소유가 아니라고 하여 위 공유자 또는 그 공유 지분을 양수한 자에 대하여 법정지상권을 인정하지 않아 이 사건 건물이 철거된다면, 甲의 건물 지분을 낙찰받은 다른 공유자의 정당한 건물 사용권한을 박탈하게 되는 부당한 결과가 발생하고(甲의 건물 지분을 낙찰받은 자는 甲이 이 사건 근저당권 설정 당시 이 사건 토지의 소유자이자 건물의 공유자이므로 적어도 건물의 공유지분 한도 내에서는 법정지상권이 성립한다고 주장할 수 있다),

④ 민법 제366조 소정의 법정지상권을 인정하는 법의 취지가 저당물의 경매로 인하여 토지와 그 지상 건물이 각 다른 사람의 소유에 속하게 된 경우에 건물이 철거되는 것과 같은 사회경제적 손실을 방지하려는 공익상 이유에 근거하는 점 등을 고려할 때 위와 같은 경우 건물의 소유자에 대하여 법정지상권의 성립을 인정하는 것이 타당하다.'는 점이었다.

3. 제3유형: 토지, 건물이 모두 공유인 경우

그렇다면 토지도 건물도 모두 공유라면 어떨까요? 이렇게 복잡한 경우는 아직 대법원 판례가 없습니다. 큰 고민하지 않으셔도 되고, 이렇게까지 복잡한 게 나오면 어서 변호사에게 들고가셔야죠! 그래도 정리할 수 있는 경우를 나누어서 정리는 해드릴게요.

(8) 깔끔한 공유라면 법정지상권 OK

간혹, 토지 공유관계가 그대로 건물 공유관계인 경우가 있습니다. 예를 들어

토지를 갑을이 반씩, 건물도 갑을이 반씩 공유하는 경우가 있죠. 이럴 때 누군가 제3자 병이 건물을 통째로 사가거나, 토지를 통째로 사가는 경우에는 법정지상권이 성립합니다. 이해가 어렵다구요? 갑을을 갑, 을로 보지 마시고, '갑을'이라는 한 덩어리로 보세요. 그러면 이해가 되시죠? 토지도 건물도 '갑을'이라는 동일인 소유였다가 병에 의해 분리된 것이 되잖아요.

　응용해볼까요? 제3자 병이 건물이나 토지를 깔끔하게 사가지 않고 갑이나 을의 지분 하나만 사갔다면? 그러면 당연히 법정지상권이 될 수가 없겠죠. 왜냐구요? 그러면 전형적인 토지 공유상태에서 지분 한쪽만 취득한 상황이니, 다른 토지공유자 지분에도 법정지상권 성립을 강요하게 되는 것이잖아요.

　정리하면, 깔끔한 공유를, 깔끔하게 사가야 비로소 법정지상권이 성립한다! 는 겁니다.

 8 ☑ 구분소유적 공유를 조심하라
　　- 우리끼린 남남, 남한테는 우리. 미묘한 동거 -

　여러분이 등기부에서 공유를 만나시면, 꼭 현장조사를 나가셔야 합니다. 물론 모든 부동산 투자는 현장조사가 필수지만, 특히 공유관계는 반드시! 현장에 나가서 당사자를 만나보셔야 합니다. 바로, 등기부에는 나오지 않는 '구분소유적 공유'가 있거든요.

　이 구분소유적 공유라는 것은 굉장히 독특합니다. 등기부상으로는 갑과 을이 땅을 반씩 소유하고 있다고 나와요. 그러면 공유라는 건 전체를 나눠쓰는 거니까, 어쨌든 갑도 땅을 전부 쓰고, 을도 땅을 전부 써야 하겠죠. 그게 원칙적인 공유관계예요.

　그런데 구분소유적 공유는 그렇지 않습니다. 등기부만 형식상 공유로 해놓고, 실질적으로는 땅을 반 갈라 금 그어놓고 자기 땅만 씁니다. 초등학교 시절 책상에 금 그어놓고 짝꿍 넘어오면 꼬집던 거 생각하시면 돼요. 그럴 거면 땅을 갈라서 따로따로 등기하지 왜 그렇게 쓰냐구요? 귀찮아서 그렇습니다 귀찮아서. 그리고 분필등기하고 그러는 데 수수료도 들잖아요. 그러다 보니 그냥 형식상 공유로 해놓고, 실제로는 각자 부분을 소유하는 거예요. 어떻게 보면 지분을 명의신탁해놓은 관계죠? 그래서 상호명의신탁이라고도 부릅니다. 아무튼, 말 그대로 '구분'해서 소유하는 '공유'인 거예요.

이런 구분소유적 공유는 우리나라에 상당히 많은데, 법적으로 구분소유적 공유는 이렇게 봅니다. '내부적으로는 구분소유, 외부적으로는 공유.' 그래서 외부인들에게는 마치 공유자인 것처럼 행세하면서 공유물에 대해 누가 쓰레기 버리면 방해제거, 뺏어가면 반환청구권 같은 권리를 행사하지만, 내부적으로는 서로 자기 땅 넘어가지 않고 쓰는 거죠.

그러면 법정지상권 케이스에서는 이걸 어떻게 볼까요? 예를 들어, 갑과 을이 땅 하나를 구분소유적 공유한다 칩시다. 즉 공유등기 해놓고, 실제로는 갑땅 을땅 나눠쓰고, 각자 땅 위에 갑건물 을건물 올려서 잘 살고 있다가, 갑자기 어느 날 을이 갑땅까지 사버린 거예요. 그러면 갑은 건물만 덩그러니 남았는데, 이 건물, 철거해야 할까요?

이 질문을 던지면, 학생 분들은 두 파로 나눕니다.

▸ A파: 외부적으로는 토지 공유잖아? 토지 공유면 법정지상권 성립시켰다간 다른 공유자한테 피해가 가서 안돼.
▸ B파: 아니지. 법정지상권 성립하면 피해보는 놈이 다른 토지공유자잖어? 그런데 이건 서로 이렇게 될 거 다 알고 있던 놈들끼리 사고판 건데 법정지상권 해주면 되지 피해 볼게 뭐 있어?

독자 여러분은 어떻게 생각하십니까? 잠시 차분하게 생각해 보세요. 법정지상권의 취지, 토지공유의 원리를 염두에 두고 누가 피해를 보는지, 피해가 있다면 예측불가능한 피해라서 법이 막아주어야 하는지 생각해 보시지요.

자. 충분히 생각하셨다면 이제 정답 공개의 시간입니다. 빰빠라밤~!

정답은 B입니다. 그렇죠. A분들도 법률요건에 따라 정확하게 분석하셨어요. '다른 토지공유자 지분에 함부로 법정지상권 성립시키면 안된다'는 논리까진 좋았는데, 마지막 디테일이 부족하셨습니다.

자, 꼼꼼하고 세밀하게 생각해 봅시다. 이 피해라는 건, 토지가 공유인데 일부 지분에 문제 생긴 거 가지고 전체 토지에 법정지상권 성립시키면 나머지 지분소유자는 아닌 밤중에 법정지상권 얻어맞는 꼴이라서 피해인 거잖아요? 즉, 모르고 있다 당했다는 거죠.

그런데 이 사안은 어떻습니까? 내부적으로는 철저히 서로 갑땅 을땅이 나뉘어 있고, 그 나뉜 땅 위에 각자 갑건물 을건물 지어놓고 살고 있던 것이에요. 그럼 이건 내부적으로는 서로 단독소유였던 걸 알고 있었던 거죠. 제3자 병이 들어와서 산 게 아니잖아요. 서로 구분소유적 공유 설정한, 상호명의신탁을 한, 그 당사자들끼리 사고판 것이잖아요. 그러면 내부적으로는 단독소유로 본다는 원칙에 따라서 갑땅/갑건물이었다가 을땅/갑건물이 된 걸로 보아 법정지상권 성립시켜도, 이런 사정을 다 알고 있던 구분소유적 공유 당사자 을이 이제 와서 '이럴 줄 몰랐다, 예측불가능했던 피해다'라고 주장해서는 안 되겠죠.

마지막으로 정리합시다. 내부적으로는 구분소유, 외부적으로는 공유!

참고: 판례 전문(대법원 2004. 6. 11. 선고 2004다13533 판결)

공유로 등기된 토지의 소유관계가 구분소유적 공유관계에 있는 경우에는 공유자 중 1인이 소유하고 있는 건물과 그 대지는 다른 공유자와의 내부관계에 있어서는 그 공유자의 단독소유로 되었다 할 것이므로 건물을 소유하고 있는 공유자가 그 건물 또는 토지지분에 대하여 저당권을 설정하였다가 그 후 저당권의 실행으로 소유자가 달라지게 되면 건물 소유자는 그 건물의 소유를 위한 법정지상권을 취득하게 된다.

참고: 대법원 1990. 6. 26. 선고 89다카24094 판결【건물철거등】
　　　[공1990.8.15.(878),1565]

　【판시사항】

　원고와 피고가 1필지의 대지를 구분 소유 적으로 공유하고 피고가 자기 몫의 대지위에 건물을 신축하여 점유하던 중 위 대지의 피고지분만을 원고가 경락 취득한 경우 피고의 관습상의 법원지상권 취득여부(적극)

　【판결요지】

　원고와 피고가 1필지의 대지를 공동으로 매수하여 같은 평수로 사실상 분할한 다음 각자 자기의 돈으로 자기 몫의 대지 위에 건물을 신축하여 점유하여 왔다면 비록 위 대지가 등기부상으로는 원·피고 사이의 공유로 되어 있다 하더라도 그 대지의 소유관계는 처음부터 구분소유적 공유관계에 있다 할 것이고, 따라서 피고 소유의 건물과 그 대지는 원고와의 내부관계에 있어서 피고의 단독소유로 되었다 할 것이므로 피고는 그후 이 사건 대지의 피고지분만을 경락 취득한 원고에 대하여 그 소유의 위 건물을 위한 관습상의 법정지상권을 취득하였다고 할 것이다(이 사건 대지에 관하여 이미 위 경락 전에 소외 갑 앞으로 소유권이전등기가 되어 있었다 하더라도 위 경락은 가압류에 의한 강제경매에 의하여 이루어 졌고 위 갑 명의의 등기는 위 가압류 후에 이루어진 것이 분명하므로 위 경락에 의하여 말소될 운명에 있는 갑의 등기를 들어 피고의 소유권을 부정할 수 없으므로 경락 당시에 대지와 그 지상건물의 소유자가 동일인이 아니라고 할 수 없다).

　【재판경과】

　대구고등법원 1989. 7. 28. 선고 87나1514 판결, 대법원 1990. 6. 26. 선고 89다카24094 판결

　【따름판례】

대법원 1994. 1. 28. 선고 93다49871 판결, 대법원 1997. 12. 26. 선고 96다
34665 판결, 대법원 2004. 6. 11. 선고 2004다13533 판결, 대법원 2012. 10. 18.
선고 2010다52140 전원합의체 판결

【참조법령】 민법 제366조 , 제262조

【전 문】

【원고, 피상고인】 소◎성   소송대리인 변호사 이상희

【피고, 상고인】 송×오   소송대리인 변호사 정기승

【원심판결】 대구고등법원 1989.7.28. 선고 87나1514 판결

【주 문】 원심판결을 파기하고, 사건을 대구고등법원에 환송한다.

【이 유】 상고이유를 본다.

제1점에 대하여,

원심판결 이유에 의하면, 원심은 원. 피고 사이에 이 사건 소송에 관한 부제소
특약이 있었다는 피고의 주장에 대하여 이를 인정할 만한 증거가 없다는 이유로
배척하였는바 기록에 비추어 원심의 판단은 옳게 수긍이 가고 거기에 지적하는 바
와 같은 채증법칙 위배, 이유불비 등의 위법이 없다.

제2점에 대하여,

원심판결 이유에 의하면, 원심은 그 증거에 의하여 원고와 피고가 1977.5.경 이
사건 대지 43평을 공동으로 매수하여 같은 해 7.경 그 위에 건립되어있던 건물을
헐고 그 대지를 같은 평수로 특정하여 나눈 다음 각자가 자기 소유의 건물을 새로
건축하기로 하였고 그에 따라 판시와 같이 피고가 이 사건점포와 방 등을 건축한
사실을 인정하고서도 이 사건 대지가 원. 피고의 공유이고, 토지의 공유자의 1인이
공유토지 위에 건물을 소유하고 있다가 토지지분만이 처분됨으로써 토지공유자의
1인에 대하여 법정지상권이 성립된 것 보여지는 사유가 발생한 경우에 있어서도
당해 토지에 관하여 건물의 소유를 위한 법정지상권이 성립될 수 없다고 판시 하
여 피고의 이에 관한 주장을 배척하였다.

그러나 원심이 확정한 바와 같이 원고와 피고가 이 사건 대지를 공동으로 매수

하여 같은 평수로 사실상 분할한 다음 각자 자기의 돈으로 자기 몫의 대지에 건물을 신축하여 점유하여 왔다면 비록 위 분할 협의 당시 위 대지가 등기부상으로는 원·피고 사이의 공유로 되어 있다 하더라도 그 대지의 소유관계는 처음부터 구분 소유적 공유관계에 있다 할 것이고, 따라서 이 사건 건물과 대지는 원고와의 내부관계에 있어서 피고의 단독소유로 되었다 할 것이므로 피고는 그후 이 사건 대지의 피고지분만을 경락 취득한 원고에 대하여 그 소유의 이 사건 건물을 위한 관습상의 법정지상권을 취득하였다고 할 것이다.

또한 원심은 이 사건 건물을 피고의 구분소유로 본다 하더라도 그 대지는 그 경락 전에 이미 소외 김경한 명의로 등기가 되어 있어서 그 경락 당시에는 위 대지와 그 지상건물의 소유자가 동일인이 아니라는 이유로 이 사건 법정지상권의 성립을 부정하고 있으나 원심이 든 증거에 의하더라도 위 경락은 이 사건 대지부분에 의한 가압류에 기한 강제경매에 의하여 이루어졌고 위 김경한 앞으로 된 위 등기는 그 가압류 후에 이루어진 것임이 분명하므로 위 경락에 의하여 말소될 운명에 있는 위 김 경한 앞으로의 등기를 들어 피고의 소유권을 부정할 수 없을 뿐만 아니라 위 토지부분이 위 김 경한 앞으로 양도되었을때 그 지상건물을 위한 법정지상권이 성립되었다고도 보지 못할 바 아니다.

그런데도 원심이 그 판시와 같은 이유로 이 사건관습에 의한 법정지상권의 성립을 부정한 것은 그에 관한 법리를 오해하여 판결결과에 영향을 미쳤다 할 것이다. 이 점을 지적하는 주장은 이유 있다.

그러므로 원심판결을 파기하고, 사건을 원심법원에 환송하기로 관여법관의 일치된 의견으로 주문과 같이 판결한다.

대법관 배만운(재판장) 김덕주 윤관

고수들만 알아보는 전설의 권리, 대항력 있는 차지권

저는 부동산 재테크를 공부하는 분들을 수없이 만납니다. 대부분 비슷하시죠. 옆구리엔 '부동산 고수'분들이 쓰신 책 한 권, 물건 분석한 파일 하나쯤 끼고 계시고, 경매학원이나 공인중개사학원을 몇 달 다니시면서 공부하셨다고 합니다. '이제 물건 보는 법은 좀 아시겠네요?'하고 물으면, '뭐, 등기부는 이제 좀 볼 줄 아는 정도죠'라고 멋쩍게 웃으십니다. 저도 '아유, 등기부 보실 줄 알면 반은 된 거죠'라고 받아드리곤 하죠.

맞는 말입니다. 등기부를 볼 줄 알면, 반은 된 거죠. 그런데 이 말을 거꾸로 뒤집어서 생각해보면, 등기부만 볼 줄 알아서는, 반쪽짜리라는 겁니다. 실제로, 가장 중요한 법정지상권을 다 배우고 나면, 어깨에 힘이 들어가는 수강생 분들이 꽤 있습니다. 이제 이 건물이 철거될 운명인지 아닌지 정도는 내가 봐줄 수 있다 이거죠. 저도 복잡한 등기부를 정리하고 권리분석을 마쳐 자문의견서를 낸 다음, 괜히 뿌듯한 그 기분을 잘 압니다.

그런데 이것이야말로 초보들이 빠지기 쉬운 함정입니다. 등기부에 모든 것이 다 나와 있고, 나는 그 모든 것을 알고 있는 사람이라는 거죠. 이게 바로 함정입니다. 모든 문제는 현장을 가보아야 비로소 정답이 나온다고 제가 말씀드렸죠? 물론 이론을 공부하는 것도 중요합니다. 99%까지는 책만 보고 인터넷만 뒤져보아도 답이 나옵니다. 그러나 우리의 소중한 자금을 투자할 것이냐 말 것이냐 결정하는 마지막 1%, 확신을 갖게 하는 결정적인 1%는 현장에 있습니다. 그래서 고수들은 마지막 순간까지도 현장을 확인하죠. 그 대표적인 예가 바로 지금부터 제가 말씀드릴 민법 제622조 제1항입니다.

(1) 매매는 임대차를 깬다 – 대항력, 그 무서운 이름 –

여러분, 부동산 관련 법을 공부하실 때 아마 제일 먼저 이것부터 배우셨을 겁니다. '매매는 임대차를 깬다.' 소유권이나 저당권, 지상권 등등 물건을 직접 지배하는 권리인 물권의 변동 앞에, 임차권처럼 임대인이라는 사람에게 행위를 청구해서 물건을 간접적으로 이용하는 권리인 채권은 대항할 수 없다는 것이죠.

▸ 물권: 물건을 직접 지배함. Ex) 소유권은 전체 가치를 지배하고, 저당권은 교환가치를, 지상권은 이용가치를 지배. 다른 어떤 제3자에게도 대항 가능. 즉 대항력 존재.

▸ 채권: 물건을 간접적으로 지배함. Ex) 임차권은 임대인을 통해 임대물을 간접적으로 이용. 임대인이라는 채무자에게만 대항 가능. 즉 대항력 부존재.

그래서 건물주들은 악착같이 그 건물 부지에 물권을 획득하려고 합니다. 토지 소유권이 있으면 가장 좋지만, 그게 안 되면 지상권이라도 확보하려고 하지요. 그래야 건물이 철거당하지 않으니까요. 다른 어느 누가 오더라도 여기 내 건물이 쓰는 땅이야!라고 대항할 수 있는 물권 말입니다. 물권은 이런 대항력을 기본적으로 갖추고 있기 때문에 좋은 것입니다.

반면 채권은 말 그대로 그 채권계약을 맺은 당사자들 간에만 주장할 수 있는 권리입니다. 땅을 임차했다고 칩시다. 그 땅을 빌려준 임대인은 당연히 땅을 빌린 임차인에게 건물 철거하고 나가라고 할 수 없지요. 하지만 임대인이 땅을 팔아버리면? 새 땅 주인은 임차인에게 건물 철거하고 나가라고 당당히 요구할 수 있습니다. 새 땅 주인은 임대차계약을 맺은 적이 없거든요. 네가 땅 빌렸다는 임차권을 주장하고 싶은 건 알겠는데, 그건 너에게 땅을 빌려준 임대인에게 따지라는 겁니다. 나는 너와 그런 계약을 한 적 없으니 그건 내 알 바 아니라는 거죠. 새 땅 주인이 가진 땅 소유권 앞에 대항할 수 있는 권리가 없는 겁니다. '매매'가 '임대차'를 깨버리는 거죠.

이 모든 문제는 채권이 대항력이 없기 때문입니다. 채권계약을 맺은 당사자 사이에만 효력이 있고, 다른 모든 제3자들에게는 대항력이 없어 대항할 수 없으니 이런 문제가 생기는 거죠. 그런데 실제로 가난한 사람들은 물권을 갖기 쉽지 않습니다. 토지 소유권 가지신 분이 어디 흔한가요? 지상권자가 흔한가요? 하다 못해 전세권자도 흔하지 않습니다. 자기 집 가지는 게 서민가정의 평생소원이고, 전세 살기도 쉽지 않고, 결국 대부분은 임차인이죠. 문제는 이런 임차인들이 대부분 사회적 약자들이다 보니, 그 보호가 안 되고 있다는 겁니다.

이쯤 되면 누군가 손을 들고 말하실 타이밍입니다. '변호사님, 저는 주임법인가 그걸로 보호받는다고 하던데요?'

네, 맞습니다. 살 집을 빼앗는 건 정말 너무나 가혹하기 때문에, 국가가 특별히 주택임대차보호법을 제정해 두었죠. 모든 특별법 중에, 아마 가장 국민들에게 잘 알려진 법이 아닐까 합니다. 주택임대차보호법이 뭔지 잘 모르시는 분이라도, 이사가면 전입신고하고, 확정일자 받아라. 이 두 가지는 알고 계시더라구요. 이렇게 해 두면 대항력이 발생합니다. 주택 임차인이지만, 주택을 산 매도인에게 대항할 수 있는 거죠. 너는 내 임대인이 아니었지만, 이제 내 임차권의 대항력에 의해 자동으로 새 임대인이 된다!라는 겁니다. 이건 다들 잘 알고 계시죠.

(2) 임차권으로도 건물을 지킬 수 있다! - 622조 차지권 -

그런데 이 대항력 있는 주택 임차권 말고, 대항력 있는 토지 임차권도 있습니다. 그것도 특별법이 아니라, 일반법인 민법 제622조에 그런 규정이 숨어(?) 있습니다.

민법 제622조(건물등기있는 차지권의 대항력)
① 건물의 소유를 목적으로 한 토지임대차는 이를 등기하지 아니한 경우에도 임차인이 그 지상건물을 등기한 때에는 제삼자에 대하여 임대차의 효력이 생긴다.
② 건물이 임대차기간 만료 전에 멸실 또는 후폐한 때에는 전항의 효력을 잃는다.

바로 이겁니다. 어떤 사람이 건물을 짓고 싶은데, 그 토지의 소유권을 가져오거나, 지상권, 전세권을 설정할 돈이 없다고 생각해 봅시다. 급한 나머지 일단 토지를 빌립니다. 임대차 계약을 맺는 거죠. 그 다음 건물을 지었습니다. 물론 건물은 자기 이름으로 보존등기를 하겠죠. 이 상황에서 토지 주인이 토지를 팔게 되는 겁니다.

음. 이 땅이 좀 싸게 나왔는데? 어디 등기부를 보자… 건물이 위에 있네? 어? 그런데 이거 지을 때부터 소유자가 다르잖아? 그러면 이거 법정지상권도 성립 안 하고, 철거 가능한 건물이네. 대박났네 대박났어! 누가 사기 전에 웃돈 주고라도 얼른 사야겠다!

이 건물, 철거 안 됩니다.

무슨 소리예요? 내 땅 위에 아무 권리도 없이 쟤가 건물 지어놓았는데? 어서 철거해 달라니까요!

안 됩니다. 건물 주인이 차지권을 갖고 있어요.

이보세요. 나도 부동산 고수예요 고수! 차지권이란 게 땅 빌렸다는 임차권 아닙니까? 임차권은 임대해준 옛날 땅주인한테나 주장하는 거지, 저한테는 대항력이 없어요 대항력! 판사 맞아요? 아~주 기초적인 법 공부도 안 하고 말이야 이거.

네 부동산 고수님. 그런데 현장은 안 가보셨나 보군요?

아니 등기부가 이렇게 인터넷으로 딱 나오는데, 그걸 뭐하러 가보나? 답답하네 정말. 시대가 어떤 시댄데 말이야!

어떤 시대인지 모르겠지만 그래도 가보시지 그러셨어요. 이 임대차는 대항력이 있습니다.

아니, 무슨 임대차가 대항력이 있어? 하 참 나!

부동산 고수시라니까 법전은 갖고 계시죠?

스마트폰으로 이렇게 말이야 딱! 갖고 있지!

 그러면 민법 제622조 한번 읽어보시겠어요?

 내가 민법 이런 기본법도 모를 줄 알고? 하참! 읽어주지. 자! 건물의 소유를 위해 토지를 임차한 자는! 어? 그러고 보니 저놈도 건물 지으려고 임차한 놈인가?

 그렇죠. 현장을 가보셨으면 아셨겠죠. 어디 계속 읽어 보시죠.

 뭐야 이거. 건물을 보존등기하면 대항할 수 있다? 뭐야 설마 나한테 대항할 수 있다고? 이런 법이 어디 있어? 그러면 이 건물 등기가 임차권 등기랑 똑같은 거라고?

 네. 맞습니다 부동산 고수님. 안타깝지만 민법 공부부터 다시 하셔야겠습니다. 건물 소유를 위해 토지를 임차하였고, 그 건물을 보존등기하였으므로 토지 임차권, 즉 차지권에 대항력이 인정됩니다. 원고의 철거청구를 기각합니다.

 뭐야! 나 이거 웃돈 주고 산 거라고! 잠깐만! 기다려봐 이거 나 항소할거야! 놔!

　　네. 이런 상황이 연출됩니다. 새 토지 주인이 한심하면서도 한편으로는 불쌍하시죠? 웃돈 주고 비싸게 산 땅이고, 그 위에 건물 철거해버리거나 철거한다는 걸 빌미로 싸게 후려쳐 사려고 잔뜩 기대했을 텐데, 난데없이 대항력이 인정되는 차지권이라니요. 위 사례는 재미를 위해 조금 각색한 것이지만, 실제로 난다긴다 하는 부동산 고수분들도 깜빡 당하기 쉬운 것이 바로 이 제622조 차지권 사안입니다.

　　이 차지권은 대항력이 있는데, 등기부에 나오질 않아요. 그래서 깜빡 넘어가기 쉽습니다. 등기부로만 보면 갑소유 토지에 을이 난데없이 건물을 지어서 건물 보존등기를 해놓은 겁니다. 뭐 이런 바보가 있어~ 하고 넘어가기 마련인데, 반드시 체크해 보셔야 합니다. 을이 건물 소유를 위해서 토지를 임대차해놓고 건물을 지어서 보존등기까지 마쳤다면, 그 보존등기가 마치 임차권등기처럼 대항력을 갖게 되거든요.

이 차지권은 건물 소유자인 임차인을 보호하기 위한 권리입니다. 마치 주임법이 주택 임차인을 보호하기 위한 법인 것과 같죠? 이 제622조의 입법취지는 이겁니다. '최소한 빌린 만큼은 쓰게 해줘야지.' 생각해 보세요. 건물을 짓기 위해 땅을 빌렸으면, 바보가 아닌 이상 빌린 기간만큼은 건물과 땅을 사용할 생각이었을 거고, 빌려준 사람도 그렇게 합의했을 게 아닙니까. 어려운 말로 바꿔 말하면, 최소한 임대차계약에서 정한 임대차기간은 보장받을 수 있는 권리를 토지임차인에게 주는 겁니다. 그 보장이라는 게 바로 대항력 부여구요. 그런데 아무런 공시수단도 없이 대항력을 줄 수는 없겠죠? 그래서 '건물 등기는 해라. 그 등기 하면 공시된 걸로 봐줄게'라고 정한 겁니다. 이제 대충 이해가 가시죠?

(3) 요건 1. 건물 소유를 목적으로 하는 토지임대차

이제 요건을 하나하나 살펴볼까요? 이 제622조 차지권은 요건 자체는 쉽습니다. 제도의 취지만 이해하시면 됩니다. 건물 지으려고 땅 빌린 사람 보호하는 거니까, 당연히 건물 소유를 목적으로 한 토지임대차여야 합니다. 임대차계약서를 확인해 보아야겠죠? 실무상 잘 안 보여주는 경우가 많아서 더욱 확인이 어렵습니다. 그러다 보니, 이게 건물 소유목적으로 임대차한 것이다 아니다를 다투는 경우가 많습니다. 아래 사안 같은 경우가 대표적이지요.

어떻게 된 것이냐면, 토지와 건물을 모두 갑이 갖고 있었고, 그것을 통째로 을이 임차했습니다. 그러다 갑이 가난해져서 건물이 강제경매로 나왔고, 그걸 을이 경락받아서 건물등기를 했지요. 그런데 이렇게 되면 제622조 대항력 있는 차지권이 성립하는 상황처럼 보이지 않나요? 을은 토지 임차인인데, 토지 임차인이 건물 등기를 했잖아요. 딱 제622조의 대항력이 성립하는 사안인 것처럼 보입니다. 2심 법원까지도 그렇게 봤어요.

그런데 대법원에서 뒤집힙니다. 대법원의 논리는 이것이에요. 건물등기는 하면서 임차권등기는 안한 걸 보니, 건물을 위한 임대차가 아니었을 것이다. 그러니 임차권에 대항력이 없다는 것이지요. 임대차계약이 이루어진 전후사정을 모르니, 이렇게 짐작만으로 판단할 수밖에 없는 겁니다. 소송으로 가게 되면 치열한 증거 싸움이 되겠지요. 양쪽 다 싸워볼 만한 싸움입니다. 2심 법원의 입장에서 생각해 볼까요? 임차권 등기를 안 해도 어차피 건물등기만으로 제622조 대항력이 성립하니까, 그래서 안 한 거다. 그걸 가지고 건물소유를 위한 임대차가 아니었다고 봐버리면 어떻게 하느냐. 라고 반박할 수 있겠죠? 대법원 판례의 태도를 익히는 것도 중요하지만, 그걸 기반으로 유사한 물건을 만났을 때 어떻게 대처할 것인가, 피할 수 없이 기존 판례상 불리한 입장에 서게 되었을 때, 어떻게 돌파구를 제시할 것인가를 끊임없이 고민해 보세요. 그러기 위해서는 판례의 결론만 읽지 마시고, 조금 지겹고 어렵지만 판례 전문을 사실관계까지 꼼꼼히 읽으면서 사건을 재구성해보세요. 당사자들은 왜 이런 일을 했을까, 어떤 생각을 갖고 있었을까, 무엇을 주장했을까, 법원은 그런데 왜 이런 결론을 내렸을까, 그게 가장 공평한가… 그것이 법을 배우는 올바른, 그리고 효율적인 자세입니다.

참고판례: 대법원 1994.11.22, 선고, 94다5458 판결

【판결요지】

가. 원래 채권을 담보하기 위하여 나대지상에 가등기가 경료되었고, 그 뒤 대지소유자가 그 지상에 건물을 신축하였는데, 그 후 그 가등기에 기한 본등기가 경료되어 대지와 건물의 소유자가 달라진 경우에 관습상 법정지상권을 인정하면 애초에 대지에 채권담보를 위하여 가등기를 경료한 사람의 이익을 크게 해하게 되기 때문에 특별한 사정이 없는 한 건물을 위한 관습상 법정지상권이 성립한다고 할 수 없다.

나. '가'항의 건물에 강제경매가 개시되어 압류등기가 경료되었고, 강제경매절차가 진행 중에 그 이전에 각 대지에 관하여 설정된 채권담보를 위한 가등기에 기하여 그 본등기가 경료되었으므로 건물경락인은 각 대지에 관하여 건물을 위한 관습

상 법정지상권을 취득한다고 볼 수 없다.

다. 갑이 대지와 건물의 소유자였던 을로부터 이를 임차하였는데 그 후 갑이 그 건물을 강제경매절차에서 경락받아 그 대지에 관한 위 임차권은 등기하지 아니한 채 그 건물에 관하여 갑 명의의 소유권이전등기를 경료하였다면, 갑과 을 사이에 체결된 대지에 관한 임대차계약은 건물의 소유를 목적으로 한 토지임대차계약이 아님이 명백하므로, 그 대지에 관한 갑의 임차권은 민법 제622조에 따른 대항력을 갖추지 못하였다고 할 것이다.

라. 토지소유자가 그 토지의 소유권을 행사하는 것이 권리남용에 해당한다고 할 수 있으려면, 주관적으로 그 권리행사의 목적이 오직 상대방에게 고통을 주고 손해를 입히려는 데 있을 뿐 행사하는 사람에게 아무런 이익이 없을 경우이어야 하고, 객관적으로는 그 권리행사가 사회질서에 위반된다고 볼 수 있어야 하는 것이며, 이와 같은 경우에 해당하지 않는 한 비록 그 권리의 행사에 의하여 권리행사자가 얻는 이익보다 상대방이 잃을 손해가 현저히 크다 하여도 그러한 사정만으로는 권리남용이라고 할 수 없다.

【참조조문】

민법 제366조, 가등기담보등에관한법률 제10조, 민법 제622조

【원심판결】 대구고등법원 1993.12.16. 선고 92나3275 판결

【주 문】 상고를 기각한다. 상고비용은 피고의 부담으로 한다.

【이 유】 상고이유 제1점을 본다.

원심판결 이유에 의하면, 원심은 원심판결의 별지목록 기재 각 대지(이하 이 사건 각 대지라고 한다)는 원고의 소유이고, 피고가 이 사건 각 대지상에 원심판결 별지목록 기재의 건물(이하 이 사건 건물이라고 한다)을 소유하고 있으면서 이 사건 각 대지를 점유 사용하고 있는 사실, 이 사건 각 대지는 원래 소외 양만진의 소유로서 위 양만진에 의하여 담보로 제공되어 이 사건 제1 대지에 관하여는 1982.5.21. 소외 이동헌 앞으로, 이 사건 제2 대지에 관하여는 1981.4.24. 소외 박태락 앞으로 각 소유권이전청구권보전을 위한 가등기가 경료되어 있었는데, 그 후

1984.5.12. 소외 최부금 앞으로, 1985.3.26. 소외 민동식 앞으로 이 사건 각 대지에 관한 소유권이전등기가 각 경료되었다가, 이 사건 제1 대지에 관하여는 1985.4.27.자로, 이 사건 제2 대지에 관하여는 1985.10.11.자로 위 각 가등기에 기하여 본등기가 경료됨에 따라 위 최부금 및 민동식 앞으로 경료된 각 소유권이전등기는 모두 직권말소된 사실, 그 후 1988.5.27. 원고 앞으로 이 사건 각 대지에 관하여 소유권이전등기가 경료된 사실, 한편 이 사건 건물은 위 최부금이 1984.10.2. 완공하여 1984.10.29. 그 명의로 소유권보존등기를 경료한 후 1985.3.26. 위 민동식에게 양도한 것인데, 그 후 소외 이제인이 1985.8.10. 신청한 강제경매절차에서 피고가 1986.4.25. 이를 경락받은 사실을 인정하고 이 사건 각 대지에 관한 위 이동헌, 박태락 명의의 위 각 가등기가 담보가등기로서 그 피담보채무가 모두 소멸되어 무효라거나, 위 각 가등기 이전에 이미 이 사건 각 대지상에 위 양만진 소유의 이 사건 건물이 존재하였다고 볼 만한 증거도 없고, 피고가 위 강제경매절차에서 이 사건 건물을 경락받을 당시 내지 위 각 가등기 당시에 이 사건 각 대지와 이 사건 건물이 동일인의 소유에 속하였다는 점을 인정할 만한 아무런 증거가 없다는 이유로 피고 또는 소외 양만진, 민동식등이 이 사건 각 대지에 관하여 이 사건 건물을 위한 관습상 법정지상권을 취득하였다는 피고의 주장을 모두 배척하였다.

원래 채권을 담보하기 위하여 나대지상에 가등기가 경료되었고, 그 뒤 대지소유자가 그 지상에 건물을 신축하였는데, 그후 그 가등기에 기한 본등기가 경료되어 대지와 건물의 소유자가 달라진 경우에 관습상 법정지상권을 인정하면 애초에 대지에 채권담보를 위하여 가등기를 경료한 사람의 이익을 크게 해하게 되기 때문에 특별한 사정이 없는 한 위 건물을 위한 관습상 법정지상권이 성립한다고 할 수 없다. 따라서 위 가등기에 기한 본등기 당시에 이 사건 대지와 건물의 소유자였던 소외 민동식이 관습상 법정지상권을 취득한다고 볼 수는 없는 것이다.

또한 이 사건 건물에 강제경매가 개시되어 압류등기가 경료되었고, 강제경매절차가 진행 중에 그 이전에 이 사건 각 대지에 관하여 설정된 채권담보를 위한 위 가등기에 기하여 그 본등기가 경료되었으므로 이 사건 건물경락인인 피고는 이 사건 각 대지에 관하여 이 사건 건물을 위한 관습상 법정지상권을 취득한다고 볼 수도 없다고 할 것이다.

같은 취지에서 피고의 관습상의 법정지상권에 관한 주장을 모두 배척한 원심의 판단은 정당한 것으로 수긍이 가고, 거기에 관습상 법정지상권에 관한 법리를 오해한 위법이 있다고 할 수 없다. 이 점에 관한 논지는 이유가 없다.

상고이유 제2점을 본다.

원심판결 이유에 의하면, 원심은 피고가 1984.9.6. 이 사건 각 대지와 이 사건 건물의 소유자였던 소외 최부금으로부터 임차보증금은 금 50,000,000원, 임차기간은 5년으로 이를 임차하였는데, 피고는 1986.4.25. 이 사건 건물을 앞서 본 바와 같이 강제경매절차에서 경락받아 1987.7.3. 이에 대한 소유권이전등기를 경료받아 이 사건 각 대지에 대한 위 임차권을 등기하지 아니한 채 이 사건 건물에 관한 피고명의의 소유권이전등기를 경료한 사실을 인정하고, 이 사건 각 대지에 관한 위 임차권은 민법 제622조에 따른 대항력을 갖추고 있으나 한편 이 사건 각 대지에 관한 위 각 가등기나 그에 기한 본등기가 이 사건 건물에 관한 임차인인 피고명의의 위 소유권이전등기 보다 모두 앞서 경료되었으므로 위 임차권으로 위 본등기권자나 그로부터 이 사건 각 대지에 관한 소유권이전등기를 경료받은 원고에게 대항할 수 없다고 판시하면서 피고의 위 주장을 배척하였다.

그러나 원심판시 이유에 의하더라도, 피고와 위 최부금 사이에 체결된 이 사건 각 대지에 관한 임대차계약은 건물의 소유를 목적으로 한 토지임대차계약이 아님이 명백하므로, 이 사건 각 대지에 관한 피고의 임차권은 민법 제622조에 따른 대항력을 갖추지 못하였다고 할 것이다. 비록 이유를 달리하고 있으나 피고의 위 주장을 배척한 원심의 판단결과는 옳다고 보아야 할 것이고, 거기에 민법 제622조의 건물등기 있는 임차권의 대항력에 관한 법리오해의 위법이 있다고 할 수 없다. 결국 논지는 이유가 없다.

상고이유 제3점을 본다.

토지소유자가 그 토지의 소유권을 행사하는 것이 권리남용에 해당한다고 할 수 있으려면, 주관적으로 그 권리행사의 목적이 오직 상대방에게 고통을 주고 손해를 입히려는 데 있을 뿐 행사하는 사람에게 아무런 이익이 없을 경우이어야 하고, 객관적으로는 그 권리행사가 사회질서에 위반된다고 볼 수 있어야 하는 것이며, 이와 같은 경우에 해당하지 않는 한 비록 그 권리의 행사에 의하여 권리행사자가 얻는 이익보다 상대방이 잃을 손해가 현저히 크다 하여도 그러한 사정만으로는 권리남용이라고 할 수 없다.

원심판결 이유에 의하면, 원심은 원고의 이 사건 청구가 신의칙에 반하는 권리남용에 해당하지 않는다고 하여 피고의 권리남용의 항변을 배척하였는바, 기록에 의하여 살펴볼 때 원심의 위 인정과 판단은 정당한 것으로 수긍이 가고, 거기에 채증법칙을 위배하였거나 권리남용에 대한 법리를 오해하여 판결에 영향을 미친 위법이 있다고 할 수 없다. 논지도 이유가 없다.

그러므로 상고를 기각하고 상고비용은 패소자의 부담으로 하기로 하여 관여 법관의 일치된 의견으로 주문과 같이 판결한다.

대법관 정귀호(재판장) 김석수 이돈희 이임수(주심)

(4) 요건 2. 건물을 등기할 것

대항력 있는 차지권이니까 거의 물권에 가까운 것인데, 최소의 공시는 해두어야 등기부를 보고 땅을 사는 사람들이 예측하지 못한 손해를 피할 수 있겠죠? 그래서 임차권등기는 하지 않아도 되지만, 건물에 대한 등기는 해두어야 합니다. 이 등기가 공시수단이니까, 당연히 순위 싸움도 이 등기 기준입니다. 건물 등기하기 전에 땅에 저당권이나 담보가등기 등 물권이 등기되면, 차지권의 대항력 순위가 밀리므로 대항할 수가 없게 되는 건 당연하겠죠?

물론 등기는 아무 등기나 상관없습니다. 보존등기건 이전등기건, '이 건물

소유하려고 내가 땅 빌린 거야!'임을 나타낼 수 있으면 족합니다. 관련 판례를 보여드리지요.

참고: 대법원 1986.11.25. 선고 86다카1119 판결
　　민법 제622조 제1항의 규정은 그 차지상에 임차인이 소유하는 건물의 등기라고 볼만한 등기가 있으면 임차인은 그 차지권을 가지고 제3자에게 대항할 수 있다는 것으로서 건물등기의 지번이 반드시 토지등기의 지번과 일치할 것을 요구하고 있다고는 해석되지 아니하므로 설사 그 표시가 다르다 하더라도 그 지상건물이 등기부상의 건물표시와 사회통념상 동일성이 있고 그것이 임차한 토지위에 건립되어 있어서 쉽게 경정등기를 할 수 있는 경우라면 경정등기 전이라 하더라도 동조 소정의 대항력을 갖추었다고 보아야 한다.

참고: 대법원 2003. 2. 28. 선고 2000다65802,65819 판결
　　민법 제622조는 건물을 소유하는 토지임차인의 보호를 위하여 건물의 등기로써 토지임대차 등기에 갈음하는 효력을 부여하는 것일 뿐이므로 임차인이 그 지상건물을 등기하기 전에 제3자가 그 토지에 관하여 물권취득의 등기를 한 때에는 임차인이 그 지상건물을 등기하더라도 그 제3자에 대하여 임대차의 효력이 생기지 않는다.

(5) 요건 3. 건물 주인이 바뀌면 안 된다!

이 제622조의 취지가 무엇입니까? 애초에 건물 소유하려고 땅을 빌렸으니, 그 빌린 만큼은 쓰게 해주어야 한다는 것이지요? 한마디로 임대인을 믿고 땅을

빌려 건물을 지은, 임차인을 좀 보호해주자는 겁니다. 따라서 임대인이 배신하고 땅을 다른 사람에게 팔아넘겨도, 임차인은 새로운 땅 주인에게 차지권을 무기로 대항할 수 있는 겁니다.

　　그런데 땅이 아니라, 건물이 팔린 경우는 어떻습니까? 이 경우에는 조금 애매합니다. 구 임차인이 건물을 팔아버리고 떠났으니, 구 임차인을 보호해줄 이유는 전혀 없습니다. 신 임차인은요? 이 사람은 애초에 구임차인에게 사정 설명을 다 듣고 건물을 샀을 테니, 딱히 보호해줄 필요가 없습니다. 오히려 이 경우에는 임대인의 신뢰보호가 문제됩니다. 임대차라는 것은 내 물건을 남이 빌려가서 쓰는 것이지요? 그래서 당사자의 개성, 즉 누구에게 빌려주는가 하는 문제가 매우 중요합니다. 아껴서 곱게 쓰는 사람에게 빌려줬는데, 그 사람이 물건을 막 다루는 험상궂은 사람에게 맘대로 또 빌려줘 버리면 기분 나쁘잖아요? 너 그럴 거면 돌려줘! 라고 하게 되죠. 그게 바로 민법상 동의 없는 전대차를 사유로 한 해지입니다. 아무튼 그건 다른 얘기고, 다시 제622조로 돌아와 봅시다. 이 경우도 똑같아요. 임대인 입장에서는 토지를 A에게 빌려줬는데, 자기 허락도 없이 B에게 임차권이 넘어가서 B가 토지를 마구 쓰고 있는 상황인 거죠. 당연히 불쾌하겠죠? 그래서 이 제622조의 대항력은 토지 주인, 즉 임대인이 바뀐 경우에 인정되는 것이지, 건물 주인, 즉 임차인이 마음대로 자기 임차권을 다른 사람에게 넘겨줘도 임대인이 참아야 한다는 뜻은 아닙니다. 명심하세요. 제622조는 임대차계약을 한 토지임차인 바로 그 사람을 보호하려고 만든 조항입니다. 토지주인이 막 바뀌어도 보호해준다는 것이지만, 건물주인 스스로 건물을 막 넘겨버리면 보호해주지 않아요~

참고판례 전문: 대법원 1996.2.27, 선고, 95다29345 판결

【판시사항】

　[1] 건물등기 있는 토지임차권의 대항력을 규정한 민법 제622조 제1항의 취지

　[2] 임차인의 채무불이행을 이유로 토지 임대차계약이 해지되는 경우에도 임차

인의 지상건물매수청구권이 인정되는지 여부(소극)

【판결요지】

[1] 민법 제622조 제1항은 건물의 소유를 목적으로 한 토지 임대차는 이를 등기하지 아니한 경우에도 임차인이 그 지상건물을 등기한 때에는 토지에 관하여 권리를 취득한 제3자에 대하여 임대차의 효력을 주장할 수 있음을 규정한 것에 불과할 뿐, 임차인으로부터 건물의 소유권과 함께 건물의 소유를 목적으로 한 토지의 임차권을 취득한 사람이 토지의 임대인에 대한 관계에서 임차권의 양도에 관한 그의 동의가 없어도 임차권의 취득을 대항할 수 있다는 것까지 규정한 것은 아니다.

[2] 토지 임대차에 있어서 토지 임차인의 차임연체 등 채무불이행을 이유로 그 임대차계약이 해지되는 경우, 토지 임차인으로서는 토지 임대인에 대하여 그 지상건물의 매수를 청구할 수는 없다.

【참조조문】 민법 제622조 제1항, 민법 제283조, 제643조

【참조판례】

[1] 대법원 1966. 9. 27. 선고 66다1224 판결(집14-3, 민101), 대법원 1968. 7. 31. 선고 67다2126 판결(집16-2, 민331), 대법원 1993. 4. 13. 선고 92다24950 판결(공1993상, 1379)

[2] 대법원 1990. 1. 23. 선고 88다카7245, 7252 판결(공1990, 513), 대법원 1991. 4. 23. 선고 90다19695 판결(공1991, 1464), 대법원 1994. 2. 22. 선고 93다44104 판결(공1994상, 1076)

【원심판결】 대전고법 1995. 5. 25. 선고 93나6612 판결

【주문】 상고를 모두 기각한다. 상고비용은 피고들의 부담으로 한다.

【이유】 상고이유 제1점에 대하여

원심판결 이유에 의하면, 원심은 원고와 피고 고춘순, 고귀환과의 사이에 위 피고들 소유의 건물을 위한 이 사건 대지 부분에 관하여 임대차계약관계가 성립하였고, 그 차임의 지급시기는 매월 말일로 정해져 있었는데, 1985. 3. 31. 이전의 차임에 대하여는 위 피고들이 차임의 지급을 연체한 탓으로 한번에 1년 내지 5년분

씩의 차임을 지급받아 온 사실을 인정한 다음, 위 피고들은 1985. 4. 1. 이후 현재까지 2기 이상의 차임을 연체하였다고 인정하고, 원고가 1985. 4. 1. 이후 차임을 다소 과다하게 증액하여 지급하도록 요구한 것은 사실이나 그렇다고 하여 위 피고들이 상당한 액수로 증액하거나 종전과 같은 차임을 지급하여도 원고가 이를 수령하지 아니하였을 것이라고 인정할 수는 없다고 판단하고 있는바, 원심의 이러한 사실인정 및 판단은 원심판결이 설시한 증거관계에 비추어 정당한 것으로 수긍이 되고, 그 과정에 소론과 같이 채증법칙에 위배하여 사실을 잘못 인정한 위법이 있다고 볼 수 없다. 또 이 사건 건물들이 종전의 건물을 철거하고 다시 신축한 것인지, 아니면 종전의 건물을 단순히 증축한 것에 지나지 아니하여 동일한 건물인지의 여부는 이 사건 청구의 당부를 좌우할 사정이라 할 수 없는 지엽적인 문제에 불과하다. 논지는 모두 사실심인 원심의 전권에 속하는 증거의 취사 판단과 사실의 인정을 비난하거나 원심의 결론에 영향을 미치지 아니하는 점에 관한 사실을 들어 원심판단을 비난하는 것에 지나지 아니하여 받아들일 수 없다.

상고이유 제2점에 대하여

민법 제622조 제1항은 건물의 소유를 목적으로 한 토지 임대차는 이를 등기하지 아니한 경우에도 임차인이 그 지상건물을 등기한 때에는 토지에 관하여 권리를 취득한 제3자에 대하여 임대차의 효력을 주장할 수 있음을 규정한 것에 불과할 뿐, 건물의 소유권과 함께 건물의 소유를 목적으로 한 토지의 임차권을 취득한 사람이 토지의 임대인에 대한 관계에서 그의 동의가 없어도 임차권의 취득을 대항할 수 있는 것까지 규정한 것이라고는 볼 수 없다(대법원 1993. 4. 13. 선고 92다24950 판결, 대법원 1974. 5. 28. 선고 74다212 판결, 대법원 1975. 7. 30. 선고 74다2032 판결 등 참조). 같은 취지의 원심판결에 논지와 같은 민법 제622조 제1항의 법리를 오해한 위법이 있다고 할 수 없다. 논지는 이유 없다.

상고이유 제3점에 대하여

동일한 토지 위에 서로 연결되어 여러 동의 건물이 건축되어 있고, 그 건물의 소유자들이 서로 보조를 맞추어 토지 소유자와 차임이나 토지의 매수에 관한 협의를 하여 왔고, 그 중 일부의 건물 소유자와 토지 소유자 사이에 묵시적 임대차관계가 성립한다고 하여 그러한 사유만으로 다른 건물 소유자에게도 토지 소유자 사이에 묵시적 임대차관계가 성립한다고 할 수는 없을 것이므로 원고가 피고 고춘순, 고귀환으로부터 차임을 지급받았다는 사정을 들어 그들과의 사이에 묵시적 임대차관계가 성립되었다고 인정하면서도 차임의 지급이 전혀 없었던 피고 곽인상, 채정순에 대하여는 그러한 관계를 인정하지 아니한 원심에 어떤 법리오해의 위법이 있다고 할 수 없다.

상고이유 제4점에 대하여

토지 임대차에 있어서 토지 임차인의 차임연체 등 채무불이행을 이유로 그 임대차계약이 해지되는 경우 토지 임차인으로서는 토지 임대인에 대하여 그 지상건물의 매수를 청구할 수 없다고 할 것인바, 같은 취지의 원심판결은 옳고, 거기에 매수청구권에 관한 법리오해의 위법이 있다고 할 수 없다.

상고이유 제5점에 대하여

원심이 그 설시와 같은 이유로 원고의 이 사건 청구가 신의칙에 위배하거나 권리남용에 해당한다는 피고들의 주장을 배척한 것은 수긍할 수 있고, 거기에 신의칙이나 권리남용의 법리를 오해한 위법이 있다고 할 수 없다. 논지는 모두 이유 없다.

그러므로 상고를 모두 기각하고 상고비용은 패소자들의 부담으로 하기로 하여 관여 법관의 일치된 의견으로 주문과 같이 판결한다.

대법관 이임수(재판장) 김석수 정귀호(주심) 이돈희

유사판례: 경락으로 인해 임차권이 이전된 경우
대법원 1993.4.13. 선고 92다24950 판결 【건물철거】
가. 건물의 소유를 목적으로 하여 토지를 임차한 사람이 그 토지 위에 소유하는

건물에 저당권을 설정한 때에는 민법 제358조 본문에 따라서 저당권의 효력이 건물뿐만 아니라 건물의 소유를 목적으로 한 토지의 임차권에도 미친다고 보아야 할 것이므로, 건물에 대한 저당권이 실행되어 경락인이 건물의 소유권을 취득한 때에는 특별한 다른 사정이 없는 한 건물의 소유를 목적으로 한 토지의 임차권도 건물의 소유권과 함께 경락인에게 이전된다.

　나. 위 "가"항의 경우에도 민법 제629조가 적용되기 때문에 토지의 임대인에 대한 관계에서는 그의 동의가 없는 한 경락인은 그 임차권의 취득을 대항할 수 없다고 할 것인바, 민법 제622조 제1항은 건물의 소유를 목적으로 한 토지임대차는 이를 등기하지 아니한 경우에도 임차인이 그 지상건물을 등기한 때에는 토지에 관하여 권리를 취득한 제3자에 대하여 임대차의 효력을 주장할 수 있음을 규정한 취지임에 불과할 뿐, 건물의 소유권과 함께 건물의 소유를 목적으로 한 토지의 임차권을 취득한 사람이 토지의 임대인에 대한 관계에서 그의 동의가 없이도 임차권의 취득을 대항할 수 있는 것까지 규정한 것이라고는 볼 수 없다.

chapter 5

배분절차

공매에 있어서 배분절차의 중요성

변호사님! 드디어 제가 공매로 원하는 물건을 낙찰 받았어요. 이제 매각대금만 내면 제 것이 되는 거죠?

네. 민석 어머님. 그런데 혹시 배분 신청한 선순위 임차인이 있지는 않았나요?

있었어요. 제가 계산해 보니까 낙찰금액에서 다 배당받아 가기 때문에 제가 인수할 임대차보증금은 없더라고요.

다행이군요. 배분금액 계산을 할 때 혹시 세금의 법정기일은 다 고려하셔서 계산하신 거죠?

법정기일?? 그게 뭐죠. 저는 등기부에 압류일이 적혀 있어서 그대로 계산을 했는데. 제가 계산을 잘못 한건가요?

아이고. 큰일 납니다. 세금의 경우는 법정기일에 따라 배분순위를 판단하게 되어 있어요. 계산이 잘못되면 배분 신청한 선순위 임차인이 임대차보증금을 전액 배분 받지 못해서 남은 임대차보증금은 민석 어머님께 달라고 할 수도 있어요. 어머님께서 임대차보증금 잔여분을 인수하게 된다구요.

어머, 큰일 났네. 이를 어쩌나.

일단 진정하시구요. 아래에서 자세히 가르쳐 드릴 테니까 한번 같이 계산해봅시다.

　　민석 엄마는 공매에서 원하는 물건을 분석하여 드디어 낙찰받았습니다. 그런데 민석 엄마는 날벼락 같은 소식을 듣게 됩니다. 바로 배분 신청한 확정일자 있는 선순위 임차인이 배분에 참여하지 못하여 임차보증금은 낙찰자에게 인수될 수도 있다는 소식이었습니다. 민석 엄마는 철저히 권리분석을 하고 입찰을 하였는데 어떻게 된 일일까요?

　　바로 조세채권의 법정기일과 배분순위에 대하여 정확하게 이해하지 못하였기 때문에 발생한 일입니다. 법정기일에 대한 정확한 이해 없이 물건을 덜컥 낙찰받게 되는 경우, 확정일자 있는 선순위 임차인이 배분에 참여하지 못해서 임차보증금의 일부 또는 전부가 낙찰자에게 인수되는 위험이 발생할 가능성이 있습니다. 이런 경우 울며 겨자 먹기로 입찰보증금을 포기는 상황이 생길 수 있기 때문에 공매에 임하는 입찰자는 낙찰 후의 배분까지도 철저하고 정확하게 계산할 수 있어야 합니다.

2 ✓ 조세채권과 배분

(1) 팔았으면 나누어 주는 것: 배분

일단 배분이 무엇인지 차근차근 알아봅시다. 공매를 하는 이유는 결국 채납자로부터 돈을 강제적인 방법으로 받아내기 위한 것입니다. 한 종류의 세금만 체납한 경우라면 매각대금 중에서 밀린 만큼의 세금을 지급하면 되겠지만, 만약 체납된 세금이 여러 건이고, 관련된 채권자들도 여러 명이라면 어떻게 될까요? 거기에다 담보 물권과 대항력 있는 임차인도 있다면 어떨까요? 서로 더 많은 금액을 받아가기 위한 주장을 하겠죠?

따라서 매각 대금을 어느 세금에 우선 충당할지, 어느 채권자에게 얼마를 나눠 주어야 적절한지를 미리 정해둘 필요가 있습니다. 그런 순위는 여러 법령에서 정하고 있어요. 즉, 배분이란 압류재산의 매각대금에 대하여 관계법령이 정하고 있는 순위에 따라서 세금과 다른 채권자들에게 매각대금을 알맞게 교부하는 것을 의미한다고 정리하면 되겠습니다.

✦ 배분과 배당은 어떻게 다른가요?

공매는 국세징수법, 경매는 민사집행법에 따라 절차가 진행됩니다. 배분과 배당은 각 법에서 다른 용어로 나타나 있지만 기본적으로는 매각대금을 채권자들에게 나누어 주는 절차라고 생각하면 됩니다. 이 책은 공매를 주로 다루고 있으므로 배분이라는 용어를 사용하도록 하겠습니다.

(2) 국가의 돈줄: 조세채권

배분이 무엇인지는 이제 잘 아시겠죠? 배분 순서를 이해하기 위해서 가장 중요한 것은 공매의 원인이 되는 '조세채권'이 어떤 특징을 가졌는지에 대한 이해가 필요합니다. 예를 한번 들어보죠.

가게를 운영하려면 어떤 비용이 들까요? 가게 임대료도 내야 되고, 필요한 물건이나 집기도 구입해야죠. 필요한 재료가 있다면 재료도 구입해야 하구요. 이처럼 비용을 투입하여 장사를 하면 돈을 벌 수 있고, 투입된 비용보다 더 많은 돈을 벌었다면 가게를 계속 운영할 수 있겠지요. 그렇지 않다면 가게는 망할 수밖에 없고요.

그럼 가게가 아니라 국가나 지방자치단체의 경우는 어떨까요? 국가나 지방자치단체도 운영을 위해서는 역시 어마어마한 자금이 필요합니다. 이러한 운영비는 국민이나 기관으로부터 여러 명목으로 받게 됩니다. 이를 조세라고 하지요. 즉, 조세는 국가 또는 지방자치단체가 운영에 필요한 돈을 마련하기 위하여 법률에 정해진 규정에 따라 국민에게 강제적으로 받아내는 돈이라고 할 수 있죠.

조세채권은 국가 혹은 지방자치단체의 존립을 위하여 반드시 필요한 재정확보 수단이 되기 때문에 중요한 특징이 있답니다. 바로 '조세채권우선의 원칙'입니다. 조세채권은 공적인 성질을 가지고 있기 때문에 채권자 평등의 원칙이 적용되는 사인들 간의 일반 민사채권에 우선하여 채무자로부터 변제받을 수 있습니다. 예를 들어, 한명의 채무자가 다른 사람에게 빚도 있고, 동시에 세금도 밀려있다면 국가는 다른 채권자보다 우선해서 세금을 징수할 수 있다는 것이지요. 조세는 국가나 지방자치단체의 존립의 기초가 되는 것이므로 일반 민사채권이나 공과금보다 징수에 있어서 우선권을 주는 것이랍니다.

물론 그 근거는 법률에 정해져 있어야겠죠. 국세의 경우 국세기본법 제35조 제1항, 지방세의 경우 지방세법 제31조 제2항 제3호에 조세의 우선권을 규정하고 있어요. 이에 따라서 국세 또는 지방세, 가산금 및 체납처분비는 원칙적으로 납세자의 모든 재산에 대한 강제집행에서 다른 공과금이나 기타 채권에 우선합니다.

그런데 조세를 다른 모든 채권에 우선하여 징수한다면 건물이나 토지에 근저당권 등의 담보를 해놓은 채권자들의 권리까지 지나치게 해칠 수 있겠죠? 따라서 조세의 우선권을 인정하면서도 자본주의의 경제자유원칙을 크게 훼손하지 않는 범위 내에서 조세채권과 다른 담보 채권 등과의 우선순위를 조정할 필요가 있습니다. 그런 이유에서 국세기본법과 지방세기본법은 조세우선의 원칙을 정하면서도 그 예외를 두었습니다.

국세기본법 제35조 제1항을 보면 "국세 · 가산금 또는 체납처분비는 다른 공과금이나 그 밖의 채권에 우선하여 징수한다"라는 내용이 조세채권우선의 원칙을 정한 것이고, "다만, 다음 각 호의 어느 하나에 해당하는 공과금이나 그 밖의 채권에 대해서는 그러하지 아니하다." 부분은 조세채권과 다른 채권간의 형평성과 경제자유원칙을 충족시키기 위한 부분이죠. 자세한 내용은 아래 배분순위에 대해 이야기 하며 배우도록 하죠.

국세기본법

제35조(국세의 우선) ① 국세 · 가산금 또는 체납처분비는 다른 공과금이나 그 밖의 채권에 우선하여 징수한다. 다만, 다음 각 호의 어느 하나에 해당하는 공과금이나 그 밖의 채권에 대해서는 그러하지 아니하다.

지방세기본법

제99조(지방세의 우선 징수) ① 지방자치단체의 징수금은 다른 공과금과 그 밖의 채권에 우선하여 징수한다. 다만, 다음 각 호의 어느 하나에 해당하는 공과금과 그 밖의 채권에 대해서는 우선하지 아니한다.

✓ 배분 결정 방법

자, 위에서 조세채권이 무엇이고 공매의 배분이 무엇인지 간단하게 배워봤어요. 이제 본격적으로 매각대금이 어떤 순서로 배분되는지 결정하는 방법에 대해서 알아보도록 해요. 조금 복잡하지만 아래에 설명하는 몇 가지 원칙들을 잘 이해하고 있으면 어렵지 않게 계산할 수 있을 거예요.

(1) STEP 1: 일단 배분할 금액을 확정하자 - 배분대상

우선 배분하기 위해서는 '무엇'을 배분할지를 알아야 하겠죠? 압류재산을 매각했으니 매각대금이 배분대상일까요? 맞는 말이기도 하지만 정확하진 않아요. 바로 매각대금이 예치이자도 배분대상에 포함되기 때문이지요.

예치이자라는 말이 생소하실 수도 있으실 테지만, 이는 매각대금(계약보증금 및 잔대금)을 금융기관에 맡겨두고 배분할 때까지의 이자입니다. 공매는 공적인 절차니까 이자 한 푼까지 다 공정하게 나누어 주려는 취지이지요.

민사집행법상 경매에 대해서 공부를 많이 하신 분들은 낙찰 받은 매수인이 대금지급을 이행하지 않아 재경매를 하는 경우, 전 매수인이 제공한 매수 보증금은 반환하지 않고 이를 배당할 금액에 포함한다는 사실을 알고 계실 겁니다. 공매의 경우는 어떨까요?

국세징수법상 배분에 있어서는 낙찰자 또는 매수인이 매수계약을 체결하지 않은 경우 그 입찰보증금은 체납자의 체납처분비, 압류와 관계되는 국세·가산금 순으로 충당하고 잔액은 체납자에게 지급할 뿐 배분의 대상에는 포함하지 않고 있답니다. 경매와는 다른 점이죠.

정리하면 배분할 대상은 [매각대금 + 매각대금의 예치이자]임을 기억하세요.

> 국세징수법
> 제80조(배분금전의 범위)
> 3. 압류재산의 매각대금 및 그 매각대금의 예치이자

(2) STEP 2: 공매에 들어간 비용은 일단 빼자 – 체납처분비

공매를 진행하기 위해서는 여러 가지 절차를 거쳐야 합니다. 매각대상의 적정한 공매가격을 정하기 위해서 감정을 하고, 이해관계인들에게 각종 서류를 송달하는 과정이 필요하죠. 이런 과정에 들어가는 비용들은 공매 절차를 진행하는데 필수적인 것이므로 매각비용에서 우선해서 공제하게 됩니다. 구체적으로는 공매수수료, 감정평가수수료, 인지대, 송달비용 등이 있습니다.

(3) STEP 3: 물건을 보존하기 위해 들어간 비용도 마저 빼자
– 유익비 · 필요비

또한 매각대상 물건이 매각될 때까지 소유자가 아닌 다른 사람이 물건을 보존 · 개량하는 경우에는 그러한 비용도 우선적으로 공제하여 줍니다. 법률 용어로는 비용상환청구권이라고 하는데요. 민법 제203조, 제367조에서 이를 규정하고 있지요.

위 규정에 따르면 저당물의 제3취득자인 소유자, 지상권자, 전세권자 및 등기한 임차권자와 임차인, 점유자 등이 그 부동산의 관리, 보존, 개량을 위하여 필요비 또는 유익비를 지출한 경우에는 저당물의 경매대가에서 우선 상환을 받을수 있답니다.

필요비와 유익비라는 말이 생소하실 텐데요, 필요비란 물건을 원래가치대로 보존하기 위해서 꼭 필요한 비용을 의미하고, 유익비란 물건의 객관적인 가치를 증가시켰으나 보존을 위해 필수적이지는 않은 경우에 투입된 비용을 의미합니다. 예를 들어, 살고 있는 집에 창문이 깨진 경우 그 수리를 위해 들어간 비용은 필

요비가 되겠죠. 그러나 이중창을 설치하는 데 비용이 들어간 경우라면 이는 유익
비가 됩니다. 쉽게 설명하면, 돈 없으면 빌려서라도 해야 되는 것은 필요비이고,
돈 없으면 참고 지낼 수 있는 것은 유익비라고 할 수 있겠지요.

이런 필요비와 유익비는 공매의 매각비용에서 우선하여 상환받을 수 있는
데, 실무에서는 대개 배분에 참여하는 경우가 흔하지는 않고, 있다고 하더라도
유치권으로 권리를 행사하는 경우가 대부분입니다.

민법
제203조(점유자의 상환청구권) ① 점유자가 점유물을 반환할 때에는 회복자에 대하여
점유물을 보존하기 위하여 지출한 금액 기타 필요비의 상환을 청구할 수 있다. 그러나
점유자가 과실을 취득한 경우에는 통상의 필요비는 청구하지 못한다.
② 점유자가 점유물을 개량하기 위하여 지출한 금액 기타 유익비에 관하여는 그 가액의
증가가 현존한 경우에 한하여 회복자의 선택에 좇아 그 지출금액이나 증가액의 상환을
청구할 수 있다.
③ 전항의 경우에 법원은 회복자의 청구에 의하여 상당한 상환기간을 허여할 수 있다.
제367조(제삼취득자의 비용상환청구권) 저당물의 제삼취득자가 그 부동산의 보존, 개량
을 위하여 필요비 또는 유익비를 지출한 때에는 제203조 제1항, 제2항의 규정에 의하여
저당물의 경매대가에서 우선상환을 받을 수 있다.

---

(4) STEP 4: 법에서 정해주는 최우선순위 채권에 우선 배분하자
- 소액임차보증금과 임금채권

'물권은 채권에 우선한다'라는 이야기를 들어보셨을 겁니다. 그런데 법에서
는 물권보다 우선하는 채권들을 인정하는 경우가 있어요. 바로 주택임대차보호법
과 상가건물임대차보호법에서 정하고 있는 '소액임차보증금', 근로기준법에 정하
고 있는 '최종 3개월분 임금', 근로자퇴직 급여보장법에 정하고 있는 '최종 3년간
의 퇴직급여'입니다.

위의 경우에 해당하는 채권들은 상호 동등한 순위로서 그 성립시기에 상관

없이 평등하게 나누어서 배분합니다. 이러한 우선권은 무주택서민과 근로자 등 사회적, 경제적 배려계층의 주거안정 및 최저생활을 보장하고자 하는 공익적인 요청에 따른 것이지요.

1) 우선 소액임차보증금에 대해서 알아보도록 하죠.

'주택임차인'과 '상가임차인' 중 보증금이 일정액 이하인 임차인의 경우 법률이 그 우선 변제권을 보장하고 있습니다. 여기서 소액임차인이란 임차보증금이 일정금액 이하이고 공매공고에 대한 등기 또는 압류(경매개시 결정)등기 이전에 주민등록의 전입과 주택의 인도(상가임차인의 경우 사업자등록과 상가의 인도)를 마친 임차인을 말합니다.

소액임차인이 최우선변제를 받기 위해서는 아래와 같은 요건을 갖추어야 합니다.

① 배분요구 종기까지 배분요구를 할 것
② 보증금의 액수가 소액보증금에 해당할 것
③ 공매공고에 대한 등기 또는 압류(경매기입등기) 이전에 대항요건을 갖추어야 할 것
④ 배분요구 종기까지 대항요건을 갖추고 있을 것
* 미등기건물의 임차인도 대지 환가대금에서 우선변제권의 행사가 가능함

다만 소액임차인이라고 해서 보증금 전액에 대하여 우선권을 가지는 것은 아니고, 주택가액의 2분의 1 범위 내에서(상가임대차의 경우 2014. 1. 1.이전 : 3분의 1 범위 내) 법에 정한 일정금액까지의 임대차보증금에 대하여 최우선변제권을 가지는 것입니다. 소액임차인의 구체적인 기준 및 최우선변제액은 다음과 같습니다.

주택임대차보호법상 소액임차인의 기준 및 최우선변제액

시행일자	서울 및 광역시		기타지역
	수도권 중 과밀억제권역	광역시(군지역, 인천광역시 지역제외)	
1984.01.01.	300만원 이하		200만원 이하
1987.12.01.	500만원 이하		400만원 이하
1990.02.19.	2,000만원 이하 임차인 중 700만원		1,500만원 이하 임차인 중 500만원
1995.10.19.	3,000만원 이하 임차인 중 1,200만원		2,000만원 이하 임차인 중 800만원
2001.09.15.	4,000만원 이하 임차인 중 1,600만원	3,500만원 이하 임차인 중 1,400만원	3,000만원 이하 임차인 중 1,200만원
2008.08.21.	6,000만원 이하 임차인 중 2,000만원	5,000만원 이하 임차인 중 1,700만원	4,000만원 이하 임차인 중 1,400만원

시행일자	서울특별시	수도권과밀억제권역 (서울제외)	광역시(인천군 제외) 안산, 용인, 김포, 광주	그 밖의 지역
2010.07.26.	7,500만원 이하 임차인 중 2,500만원	6,500만원 이하 임차인 중 2,200만원	5,500만원 이하 임차인 중 1,900만원	4,000만원 이하 임차인 중 1,400만원
2014.01.01	9,500만원 이하 임차인 중 3,200만원	8,000만원 이하 임차인 중 2,700만원	6,000만원 이하 임차인 중 2,000만원	4,500만원 이하 임차인 중 1,500만원

상가건물임대차보호법상 상가건물 적용대상 및 소액임차인의 기준과 최우선변제액

시행일자	구분	서울특별시	수도권과밀억제권역 (서울제외)	광역시	기타지역
2002.11.01.	법적용 대상	2억 4천만원 이하	1억 9천만원 이하	1억 5천만원 이하	1억 4천만원 이하
	소액 기준	4,500만원 이하 임차인 중 1,350만원	3,900만원 이하 임차인 중 1,170만원	3,000만원 이하 임차인 중 900만원	2,500만원 이하 임차인 중 750만원
2008.08.21.	법적용 대상	2억 6천만원 이하	2억 1천만원 이하	1억 6천만원 이하	1억 5천만원 이하
	소액 기준	4,500만원 이하 임차인 중 1,350만원	3,900만원 이하 임차인 중 1,170만원	3,000만원 이하 임차인 중 900만원	2,500만원 이하 임차인 중 750만원

시행일자	구분	서울특별시	수도권과밀억제권역 (서울제외)	광역시(인천군 제외), 안산, 용인, 김포, 광주	그 밖의 지역
2010.07.26.	법적용 대상	3억원 이하	2억5천만원 이하	1억8천만원 이하	1억5천만원 이하
	소액 기준	5,000만원 이하 임차인 중 1,500만원	4,500만원 이하 임차인 중 1,350만원	3,000만원 이하 임차인 중 900만원	2,500만원 이하 임차인 중 750만원
2014. 01.01.	법적용 대상	4억원 이하	3억원 이하	2억4천만원 이하	1억8천만원 이하
	소액 기준	6,500만원 이하 임차인 중 2,200만원	5,500만원 이하 임차인 중 1,900만원	3,800만원 이하 임차인 중 1,300만원	3,000만원 이하 임차인 중 1,000만원

매각물건에 담보물권이 설정이 되어 있는 경우에는 해당 담보물권 설정당시를 기준으로 하여 소액임차인 여부를 판단하여 배분한 후, 담보물권이 더 이상 없는 경우 현행 법률을 기준으로 하여 소액임차인에 대한 최우선순위 배분을 합니다. ☞ 예제 1(p. 230) 참고

2) 다음으로 임금채권에 대하여 알아봅시다.

최우선임금채권은 '최종 3개월분의 임금채권', '최종3년간의 토직급여 등', '재해보상금'입니다. 공매의 경우 배분계산서 작성일 이전에 위 임금채권에 대한 배분요구를 하면 최우선변제를 받을 수 있습니다. ☞ 예제 2 참고

여기서 최종 3개월분의 임금의 범위는 퇴직의 시기를 따지지 않고 사용자로부터 지급받지 못한 최종 3개월분의 임금을 말합니다. 또한, 최종 3년간의 퇴직급여등은 계속근로기간 1년에 대하여 30일분의 평균임금으로 계산한 금액으로 산정하게 됩니다.

이때 임금채권의 우선권이 적용되는 대상재산은 사용자(사업주)가 소유하는 모든 재산이지만, 사업자가 법인인 경우에는 법인명의의 재산만이 우선권 적용되는 재산이고 법인의 대표자 등의 개인 재산은 포함되지 않는다는 점을 유의하여

야 합니다. 또한, 사용자가 재산을 취득하기 전에 설정된 담보권과 제3자에게 양도한 재산에 대하여는 우선변제권이 인정되지 않습니다.

임금채권은 매각대금중 공매비용에 이어 최우선으로 배분되는 채권이므로, 이에 대한 계산을 잘못하여 낙찰 받게 되는 경우 잘못하면 선순위임차인의 보증금을 인수하게 되는 경우가 발생합니다. 문제는 공매절차에서 임금채권의 존재를 알기 어렵다는 것입니다.

최근에는 근로자가 사업주를 상대로 직접 권리를 행사하기 보다는 근로복지공단을 통하여 체당금 형태로 임금을 수령하고, 재해보상금을 지급받는 경우가 많습니다. 따라서 매각대상의 부동산등기부등본에 근로복지공단의 가압류가 등재되어 있는 경우라면 해당 채권이 임금채권인지 여부를 반드시 확인할 필요가 있습니다.

근로기준법
제38조(임금채권의 우선변제)
② 제1항에도 불구하고 다음 각 호의 어느 하나에 해당하는 채권은 사용자의 총재산에 대하여 질권·저당권 또는 「동산·채권 등의 담보에 관한 법률」에 따른 담보권에 따라 담보된 채권, 조세·공과금 및 다른 채권에 우선하여 변제되어야 한다.
1. 최종 3개월분의 임금
2. 재해보상금
근로자퇴직급여보장법
제12조(퇴직급여등의 우선변제)
② 제1항에도 불구하고 최종 3년간의 퇴직급여 등은 사용자의 총재산에 대하여 질권 또는 저당권에 의하여 담보된 채권, 조세·공과금 및 다른 채권에 우선하여 변제되어야 한다.

---

(5) STEP 5: 당해세 우선의 원칙

당해세란 경매나 공매의 목적이 되는 부동산 자체에 부과된 조세와 가산금을 의미합니다. 즉, 이는 해당 부동산을 소유하고 있다는 사실에 근거하여 부과

되는 국세, 지방세 및 가산금이라는 의미이죠.

당해세의 종류를 정리하면 다음과 같습니다.

국세	지방세
상속세 증여세 종합부동산세	재산세 자동차세(자동차 소유에 대한 자동차세만 해당) 지역자원시설세(특정부동산에 대한 지역자원시설세만 해당) 지방교육세(재산세와 자동차세에 부가되는 지방교육세만 해당)

조세들 사이에서는 압류의 순서에 따라 그 배분의 우선순위를 정하게 되지만, 당해세의 경우 압류여부와 무관하게 다른 조세들에 우선하여 배분하게 됩니다(대법원 2007두2197 참조).

대법원 2007두2197

1개 부동산에 대하여 체납처분의 일환으로 압류가 행하여졌을 때 그 압류에 관계되는 조세는 국세나 지방세를 막론하고 교부청구한 다른 조세보다 우선하고 이는 선행압류 조세와 후행압류 조세 사이에도 적용되지만(압류선착주의 원칙), 이러한 압류선착주의 원칙은 공매대상 부동산 자체에 대하여 부과된 조세와 가산금(당해세)에 대하여는 적용되지 않는다.

다만 물권자들의 지나친 권리침해를 막기 위해 목적 부동산 자체의 담세력에 의한 조세 외에는 부동산등기부등본상에 상속 또는 증여 등의 표시가 있거나 장래에 발생 가능할 것인지에 대하여 예측할 수 있어야 당해세로 인정됩니다. 또한 담보물권 설정 당시의 소유자를 대상으로 발생한 것만을 당해세로 인정할 뿐이고, 이를 양수받은 제3자를 대상으로 부과된 당해세는 선순위담보물권보다 우선하지 못합니다.

(6) STEP 6: 담보물권 등이 있는 경우에는 조세채권과의 우열정리가 필요하다!

앞서 보았듯이 조세는 국가와 지방자치단체의 재정수입의 기초가 되므로 그 징수에 있어서 우선권을 주고 있습니다. 다만 이는 채권자평등의 원칙에 반할 뿐만 아니라 채무자에게 조세가 얼마나 있는지 알 수 있는 공시제도가 없어서 거래의 안전을 해칠 수가 있어요.

예를 들어 채권자가 채무자에게 돈을 빌려주면서 채무자의 부동산에 저당권을 설정하여 두었다고 합시다. 돈을 빌려준 채권자 입장에서는 저당권이 있으니 안심하고 있겠지요? 이때 만약 조세우선의 원칙이 저당권부 채권보다 우선한다면 경우에 따라서는 채권자는 저당권을 설정하여 두었음에도 불구하고 조세채권에 우선순위가 밀려 채무회수를 전혀 할 수 없는 경우도 생기겠지요. 심지어 돈을 빌려줄 때는 조세채권을 전혀 확인할 수조차 없었던 경우에도 말이에요.

이렇게 되면 담보물권자에게 불측의 손해를 입히게 되고, 결과적으로 담보제도가 근본적으로 흔들리는 결과를 초래하게 될 거에요. 따라서 조세 채권에 대하여 우선적 효력을 인정함에 있어서는 물적 담보 제도와의 적절한 조화가 필요하죠.

이처럼 조세와 담보물권간의 우선순위를 정하기 위해 도입된 개념이 '법정기일'입니다. 각 조세의 법정기일과 담보물권의 설정일을 비교하여 빠른 것이 우선하여 배분받게 되는 것이죠. 구체적으로는 조세채권의 법정기일, 저당권 및 전세권 등의 설정일자, 확정일자부 임차보증금반환채권의 확정일자 혹은 전입일 중 늦은 날, 임차권등기된 임차보증금반환채권의 등기접수일 등의 우선순위를 따져서 배분하게 되는 것이지요.

다만, 법정기일과 담보물권의 설정일이 같은 날이라면 이때는 조세채권이 우선하게 된다는 점에 유의해야 해요. 조세채권의 구체적인 법정기일은 아래에 정리한 것과 같습니다.

✦ 조세채권의 법정기일

– 국세(국세기본법 제35조 제1항 제3호)

① 과세표준과 세액의 신고에 따라 납세의무가 확정되는 국세의 경우 신고한 해당 세액에 대해서는 <u>그 신고일</u>(단, 자진신고하지 않은 경우는 납세고지서 발송일)

: 양도소득세, 법인세, 부가가치세, 소득세, 특별소비세, 주세, 증권거래세, 교육세, 교통세

② 과세표준과 세액을 정부가 결정·경정 또는 수시부과 결정을 하는 경우 고지한 해당 세액에 대해서는 <u>그 납세고지서의 발송일</u>

: 상속세, 증여세, 종합부동산세(신고한 경우 제외)

③ 원천징수의무자나 납세조합으로부터 징수하는 국세와 인지세의 경우에는 ①~②항에도 구하고 <u>그 납세의무의 확정일</u>

④ 가산금의 경우 그 가산금을 가산하는 고지세액의 <u>납부기한이 지난 날</u>

⑤ 제2차 납세의무자(보증인을 포함)의 재산에서 국세를 징수하는 경우에는 「국세징수법」 제12조에 따른 <u>납부통지서의 발송일</u>

⑥ 양도담보재산에서 국세를 징수하는 경우에는 「국세징수법」 제13조에 따른 <u>납부통지서의 발송일</u>

⑦ 「국세징수법」 제24조 제2항에 따라 납세자의 재산을 압류한 경우에 그 압류와 관련하여 확정된 세액에 대해서는 ①~⑤항까지의 규정에도 불구하고 <u>그 압류등기일 또는 등록일</u>

– 지방세(지방세기본법 제99조 제1항 제3호)

① 과세표준과 세액의 신고에 의하여 납세의무가 확정되는 지방세의 경우 신고한 해당 세액에 대하여는 <u>그 신고일</u>

: 취득세, 등록세, 사업소득세

② 과세표준과 세액을 지방자치단체가 결정·경정 또는 수시부과결정하는 경

우에 고지한 해당 세액에 대하여는 <u>그 납세고지서의 발송일</u>

: 주민세, 자동차세, 면허세, 재산세, 종합토지세, 도시계획세, 공공시설세, 지역개발세

③ 특별징수의무자로부터 징수하는 지방세의 경우에는 ①~②항에도 불구하고 <u>그 납세의무의 확정일</u>

: 특별징수농지세, 특별징수주민세

④ 양도담보재산 또는 제2차납세의무자의 재산에서 지방세를 징수하는 경우에는 <u>납부통지서의 발송일</u>

⑤ 제91조 제2항에 따라 납세자의 재산을 압류한 경우에 그 압류와 관련하여 확정된 세액에 대하여는 ①~④항까지의 규정에도 불구하고 <u>그 압류등기일 또는 등록일</u>

⑥ 가산금의 경우 그 가산금을 가산하는 고지세액의 <u>납부기한이 지난 날</u>

또한 공과금의 경우 각 개별법에서 납부기한을 기준으로 담보채권과 우선징수에 관한 우열을 정하도록 정하고 있는 경우가 있어요. 이러한 공과금의 경우는 앞의 조세와 유사하게 납부기한을 기준으로 담보물권 등과의 배분순위를 정하게 됩니다. ☞ 예제 7(p. 242) 참고

납부기한을 기준으로 담보채권과 우선징수에 관하여 규정하고 있는 공과금
국민건강보험법 제85조에 의한 징수금: 2000. 7. 1. 시행
국민연금법 제98조에 의한 징수금: 2000. 7. 1. 시행
개발이익호나수에관한법률 제22조에 의한 개발부담금: 2002. 12. 26. 시행
고용보험 및산업재해보상보험의보험료징수등에관한법률 제30조에 의한 징수금: 2005. 1. 1. 시행
우편법 제24조에 의한 우편료 및 행정대집행법 제6조에 의한 대집행비용은 「조세채권 다음순위로 징수함」만을 규정하고 있음.

단, 이런 법률의 규정이 없는 공과금의 경우는 일반채권으로 배분하게 된다는 점에 유의해야 해요. ☞ 예제 8(p. 244) 참고

(7) STEP 7: 이제 남은 일반채권들의 우선순위를 조정하자!

이제 담보물권보다 법정기일이 늦은 조세채권, 납부기한이 늦은 공과금, 일반 임금채권 및 일반채권이 남았습니다. 이 경우에는 ① 일반 임금채권, ② 조세채권, ③ 공과금 채권, ④ 일반채권의 순서로 배분하게 됩니다.

만약 매각대상에 담보물권이 없는 경우였다면 당해세보다도 일반 임금채권이 우선하게 된답니다. 담보물권이 있는 경우와의 차이점이지요. 또한 조세채권들 간에는 아래에 설명하는 압류선착주의에 따라 배분하게 되지요. ☞ 예제 3(p. 234) 참고

(8) STEP 8: 조세채권들 간의 조정
- 압류선착주의, 당해세 우선, 납세담보 우선

그렇다면 여러 조세채권들 간에는 어떻게 배분 순서를 정할까요? 국세나 지방세를 체납하게 되는 경우 국가나 지방자치단체는 체납자의 재산에 압류를 할 수 있어요. 그런 압류를 바탕으로 해당 재산이 공매에 들어가게 되는 경우, 다른 조세채권자는 교부청구를 할 수 있지요. 이런 경우에는 압류에 먼저 착수한 조세채권자에 대하여 우선권을 준답니다. ☞ 예제 4(p. 236) 참고

또한 압류선착주의에도 불구하고 담보 있는 국세와 지방세는 다른 세금에 우선하므로 납세담보를 설정한 경우 우선하여 배분합니다. 그리고 당해세는 조세채권상호간에도 압류선착주의 적용 없이 다른 조세채권에 우선합니다.
☞ 예제 5, 6(pp. 238~241) 참고

압류선착주의의 취지는 다른 조세채권자보다 체납자의 자산상태를 적극적으

로 파악하여 조세징수에 적극적으로 나선 조세채권자에게 우선권을 부여하려는 것이지요. 그러나 경매 실무에서는 배당이 복잡해지는 것을 피하기 위해 압류선 착주의를 배제하고 법정기일을 기준으로 하여 배당을 하는 예도 많이 있습니다.

국세기본법

제36조(압류에 의한 우선) ① 국세 체납처분에 의하여 납세자의 재산을 압류한 경우에 다른 국세·가산금·체납처분비 또는 지방세의 교부청구가 있으면 압류에 관계되는 국세·가산금 또는 체납처분비는 교부청구된 다른 국세·가산금·체납처분비와 지방세에 우선하여 징수한다.

② 지방세 체납처분에 의하여 납세자의 재산을 압류한 경우에 국세·가산금 또는 체납처분비의 교부청구가 있으면 교부청구된 국세·가산금과 체납처분비는 압류에 관계되는 지방세의 다음 순위로 징수한다.

지방세기본법

제101조(압류에 따른 우선) ① 납세자의 재산을 지방자치단체의 징수금의 체납처분에 따라 압류한 경우에 다른 지방자치단체의 징수금 또는 국세의 교부청구가 있으면 압류에 관계되는 지방자치단체의 징수금은 교부청구한 다른 지방자치단체의 징수금 또는 국세에 우선하여 징수한다.

② 납세자의 재산을 다른 지방자치단체의 징수금 또는 국세의 체납처분에 따라 압류하였을 경우에 지방자치단체의 징수금 교부청구를 하였으면 교부청구에 관계되는 지방자치단체의 징수금은 압류에 관계되는 지방자치단체의 징수금 또는 국세의 다음으로 징수한다.

위에서 배분이 무엇이고 어떠한 순서로 배분하는지에 대해서 알아보았습니다. 글로는 잘 이해되지 않는 분도 많으시죠? 뒤에 수록한 예제를 보면서 다시 한 번 차근차근 정리해보면 배분에 대하여 확실히 이해할 수 있을 것입니다.

예제

예제 1

저당권 설정 전후로 소액임차인 기준이 변경된 경우

- 배분할 금액   91백만원
- 체납처분비   1백만원

권리관계

권리관계	권리자	설정일자 (압류일자)	법정기일 (납부기한)	배분요구 채권액	비고
소액임차인	임차인	2009.06.01. 전입		35백만원	서울특별시 소액임차인
		2009.06.01. 확정			
저당권	A은행	2009.01.01.		50백만원	
압류	B세무서	2008.12.31	2009.07.25.	20백만원	
합계				105백만원	

※ 서울특별시 소액임차보증금

2008.08.21. 시행 6,000만원 이하 임차인 중 2,000만원

2010.07.26. 시행 7,500만원 이하 임차인 중 2,500만원

2014.01.01. 시행 9,500만원 이하 임차인 중 3,200만원

배분순위 및 금액

순위	성명	압류 또는 설정일자	금액	비고
1	체납처분비		1백만원	
2	임차인		20백만원	소액임차인 09.01.01.기준
3	A은행	2009.01.01.	50백만원	
4	임차인		12백만원	소액임차인 현행 기준
5	임차인		3백만원	확정임차인
5	B세무서	2009.07.25.(법정기일)	5백만원	
합계			91백만원	

☞ 배분할 금액 91백만원에서

① 체납처분비 1백만원을 공제

② 저당권 설정시인 2009.01.01.기준 소액임차보증금 20백만원을 임차인에게 최우선 배분

③ 국세의 법정기일 이전에 설정된 저당권에 의하여 담보된 채권은 현행 주택임대차보호법에 의한 소액임차보증금보다는 우선하므로 저당권자인 A은행에 50백만원을 배분

④ 더 이상 남은 담보물권자가 없으므로 현행 주태임대차보호법에 의한 소액임차보증금 증액분 12백만원을 배분

⑤ 확정일자에 의한 임대차 3백만원은 저당권의 설정일 이후가 법정기일인 국세채권에 우선하므로 배분

⑥ 남은 5백만원을 B세무서에 배분

예제 2

임금채권·소액임차인과 압류재산에 국세의 법정기일 이후에 질권 또는 저
당권에 의하여 담보된 채권이 있는 경우

- 배분할 금액   101백만원
- 체납처분비   1백만원

권리관계

권리관계	권리자	설정일자 (압류일자)	법정기일 (납부기한)	배분요구 채권액	비고
임금채권	홍길동	3개월 임금과 3년간 퇴직급여 등		10백만원	최우선임금
		기타 임금채권		15백만원	기타임금채권
소액임차인	임차인	2010.08.01.전입		25백만원	서울특별시 소액임차인
		2010.08.01.확정			
압류	A세무서	2008.12.31.	2009.04.25.	20백만원	
저당권	B은행	2010.07.30.		50백만원	
합계				120백만원	

※ 서울특별시 소액임차보증금

　　　　　　2010.07.26. 시행 7,500만원 이하 임차인 중 2,500만원

　　　　　　2014.01.01. 시행 9,500만원 이하 임차인 중 3,200만원

배분순위 및 금액

순위	성명	압류 또는 설정일자	금액	비고
1	체납처분비		1백만원	
2	홍길동		10백만원	최우선임금
	임대차		25백만원	소액임차인
3	A세무서	2009.04.25.(법정기일)	20백만원	
4	B은행	2010.07.30.	45백만원	
5	홍길동		없음	기타임금채권
합계			101백만원	

☞ 배분할 금액 101백만원에서

① 체납처분비 1백만원을 공제

② 홍길동에 대한 3개월 임금과 3년간 퇴직급여 등 10백만원과 임차인의 소액보
   증금 25백만원을 최우선 배분

③ 국세의 법정기일 이후에 설정된 저당권에 의하여 담보된 채권이 있는 경우에는
   기타임금채권보다는 조세채권이 우선하므로, 조세채권의 법정기일과 담보채권
   의 설정일자를 비교하여 순차적으로 법정기일(2009.04.25.)이 빠른 A세무서에
   20백만원, 설정일자(2010.07.30.)인 B은행에 45백만원을 배분

예제 3

임금채권·소액임차인과 압류재산에 국세의 법정기일 이후에 질권 또는 저당권에 의하여 담보된 채권이 없는 경우

- ■ 배분할 금액   101백만원
- ■ 체납처분비   1백만원

권리관계

권리관계	권리자	설정일자 (압류일자)	법정기일 (납부기한)	배분요구 채권액	비고
임금채권	홍길동	3개월 임금과 3년간 퇴직급여 등		5백만원	최우선임금
		기타 임금채권		15백만원	기타임금채권
소액임차인	임차인	2009.06.01.전입		30백만원	서울특별시 소액임차인
		확정일자 없음			
압류	A세무서	2009.03.31.	2009.04.25.	70백만원	
교부청구	B지자체	없음	2009.07.10.	10백만원	당해세
합계				120백만원	

※ 서울특별시 소액임차보증금

2010.07.26. 시행 7,500만원 이하 임차인 중 2,500만원

2014.01.01. 시행 9,500만원 이하 임차인 중 3,200만원

배분순위 및 금액

순위	성명	압류 또는 설정일자	금액	비고
1	체납처분비		1백만원	
2	홍길동		5백만원	최우선임금
	임대차		30백만원	소액임차인
3	홍길동		15백만원	기타임금채권
4	B지자체	2009.07.10.	10백만원	당해세
5	A세무서	2009.04.25.(법정기일)	40백만원	
합계			101백만원	

☞ 배분할 금액 101백만원에서

① 체납처분비 1백만원을 공제

② 홍길동에 대한 3개월 임금과 3년간 퇴직급여 등 5백만원과 임차인의 소액보증
  금 30백만원을 최우선 배분

③ 질권 또는 저당권에 의하여 담보된 채권이 없는 경우 최종 3개월분 이외의 임
  금 및 기타 근로관계로 인한 채권도 조세채권보다 우선하므로 홍길동의 기타임
  금채권 15백만원을 3순위로 배분

④ 당해세는 조세채권상호간에도 압류선착주의 적용없이 우선하므로 B지자체의
  당해세 10백만원을 우선배분

⑤ 잔여금액 40백만원을 A세무서에 배분

예제 4

조세채권(압류·참가압류·교부청구) 상호간 배분순위

- 배분할 금액　　　　51백만원
- 체납처분비　　　　1백만원

권리관계

권리관계	권리자	설정일자 (압류일자)	법정기일	배분요구 채권액	비고
압류	A세무서	2010.06.01.	2010.01.25.	10백만원	
참가압류	B지자체	2011.01.01.	2009.12.25.	20백만원	
교부청구	C세무서	없음	2008.10.25.	50백만원	
교부청구	D지자체	없음	2008.06.10.	50백만원	
합계				130백만원	

배분순위 및 금액

순위	성명	압류 또는 설정일자	금액	비고
1	체납처분비		1백만원	
2	A세무서	2010.06.01.	10백만원	
3	B지자체	2011.01.01.	20백만원	
4	C세무서	없음	10백만원	
	D지자체	없음	10백만원	
합계			51백만원	

☞ 배분할 금액 51백만원에서

① 체납처분비 1백만원을 공제

② 압류선착주의를 적용하여 압류권자 A세무서에 10백만원을 2순위

③ 참가압류 B지자체 20만원을 3순위로 배분

④ 잔여 배분할 금액 20백만원은 교부청구한 C세무서 50백만원과 D지자체 50백
만원은 조세채권간에는 동순위이므로 체납액 대비 안분하여 C세무서와 D지자
체에 각각 10백만원씩 배분

예제 5

조세채권과 납세담보 상호간 배분순위

- 배분할 금액   51백만원
- 체납처분비   1백만원

권리관계

권리관계	권리자	설정일자 (압류일자)	법정기일	배분요구 채권액	비고
압류	A세무서	2009.12.01.	2009.06.30.	10백만원	
참가압류	B세무서	2010.03.01.	2008.12.31.	20백만원	
교부청구	C세무서	없음	2009.01.31.	10백만원	
저당권(국)	D지자체	2010.12.10.	2010.12.01.	30백만원	납세담보
합계				70백만원	

배분순위 및 금액

순위	성명	압류 또는 설정일자	금액	비고
1	체납처분비		1백만원	
2	A세무서	2010.06.01.	10백만원	
3	B지자체	2011.01.01.	20백만원	
4	C세무서	없음	10백만원	
	D지자체	없음	10백만원	
합계			51백만원	

☞ 배분할 금액 51백만원에서

① 체납처분비 1백만원을 공제

② 압류선착주의를 적용하여 압류권자 A세무서에 10백만원을 2순위

③ 참가압류 B지자체 20만원을 3순위로 배분

④ 잔여 배분할 금액 20백만원은 교부청구한 C세무서 50백만원과 D지자체 50백
　　만원은 조세채권간에는 동순위이므로 체납액 대비 안분하여 C세무서와 D지자
　　체에 각각 10백만원씩 배분

예제 6

공매대상 부동산 자체에 대하여 부과된 당해세의 배분순위

- 배분할 금액   51백만원
- 체납처분비   1백만원

권리관계

권리관계	권리자	설정일자 (압류일자)	법정기일	배분요구 채권액	비고
압류	A지자체	2009.01.10.	2008.06.10.	30백만원	
참가압류	B세무서	2010.01.10.	2009.12.10.	5백만원	당해세
저당권	C세무서	2011.01.10.	2010.07.25.	20백만원	납세담보
교부청구	D세무서	없음	2010.09.10.	40백만원	
교부청구	E지자체	없음	2010.09.10.	1백만원	당해세
합계				96백만원	

배분순위 및 금액

순위	성명	압류 또는 설정일자	금액	비고
1	체납처분비		1백만원	
2	B세무서	2010.01.10.	5백만원	당해세
	E지자체	없음	1백만원	당해세
3	C세무서	2011.01.10.(설정일자)	20백만원	납세담보
4	A지자체	2009.01.10.	24백만원	
5	D세무서	없음	없음	
합계			51백만원	

☞ 배분할 금액 51백만원에서

① 체납처분비 1백만원을 공제

② 당해세는 조세채권상호간에도 압류선착주의 적용없이 다른 조세채권보다 우선하므로 B세무서 5백만원과 D지자체 1백만원을 2순위로 배분

③ 납세담보를 설정한 C세무서 20백만원을 3순위로 배분

④ 잔여 배분할 금액 24백만원은 압류선착주의를 적용하여 압류일자가 빠른 A지자체에 24백만원을 배분

예제 7

저당권에 의하여 담보된 채권과 조세채권 · 공과금 상호간 배분순위

- 배분할 금액   51백만원
- 체납처분비   1백만원

권리관계

권리관계	권리자	설정일자 (압류일자)	법정기일 (납부기한)	배분요구 채권액	비고
압류	A세무서	2011.06.01.	2010.01.25.	10백만원	
교부청구	B지자체	없음	2009.09.10.	5백만원	당해세
압류	C공단	2010.03.10.	2010.02.10.	20백만원	건강보험료
근저당권	D은행	2010.06.01.		35백만원	
합계				70백만원	

배분순위 및 금액

순위	성명	압류 또는 설정일자	금액	비고
1	체납처분비		1백만원	
2	B지자체	2009.09.10.	5백만원	당해세
3	A세무서	2010.01.25.(법정기일)	10백만원	
4	C공단	2010.02.10.(납부기한)	20백만원	건강보험료
5	D은행	2010.06.01.	15백만원	
합계			51백만원	

☞ 배분할 금액 51백만원에서

① 체납처분비 1백만원을 공제

② 당해세는 조세채권상호간에도 압류선착주의 적용없이 다른 조세채권보다 우선
하므로 B세무서 5백만원을 2순위로 배분

③ 잔여 배분할 금액 45백만원은 조세채권과 보험료, 담보채권이므로 법정기일과
납부기한, 설정일자를 비교하여 순차적으로 A세무서에 10백만원, C공단에 20
백만원, D은행에 15백만원을 배분

예제 8

일반채권 및 우선순위 없는 공과금에 대한 배분순위

- 배분할 금액   51백만원
- 체납처분비   1백만원

권리관계

권리관계	권리자	설정일자 (압류일자)	법정기일 (납부기한)	배분요구 채권액	비고
압류	A경찰서	2009.10.01.	2006.01.10.	10백만원	
압류	B국세	2010.06.01.	2009.12.10.	10백만원	
근저당권	C은행	2009.02.01.		30백만원	
가압류	D채권	2010.02.31.		40백만원	
합계				90백만원	

배분순위 및 금액

순위	성명	압류 또는 설정일자	금액	비고
1	체납처분비		1백만원	
2	C은행	2009.02.01.	30백만원	
3	B국세	2009.12.10.(법정기일)	10백만원	
4	A경찰서	2009.10.01.	2백만원	
	D채권	2010.02.31.	8백만원	
합계			51백만원	

☞ 배분할 금액 51백만원에서

① 체납처분비 1백만원을 공제

② 잔여 배분액 50백만원을 우선순위 없는 공과금 A경찰서와 가압류 D채권(일반 채권)보다 우선하는 담보권자와 조세채권자에게 설정일자와 법정기일을 비교하여 설정일자가 빠른 C은행에 30백만원을 2순위로, B국세 10백만원을 3순위로 배분하고, A경찰서와 D채권은 동순위이므로 배분요구한 체납액 대비 안분하여 A경찰서에 2백만원, D채권에 8백만원을 배분

예제 9

매각으로 소멸되지 아니하는 전세권자가 배분요구의 종기까지 배분요구를
한 경우

- 배분할 금액   51백만원
- 체납처분비   1백만원

권리관계

권리관계	권리자	설정일자 (압류일자)	법정기일	배분요구 채권액	비고
압류	A세무서	2011.03.25.	2011.01.25.	50백만원	
전세권	B전세	2010.01.01.		30백만원	배분요구서 제출
근저당권	C은행	2011.01.01.		10백만원	
합계				90백만원	

배분순위 및 금액

순위	성명	압류 또는 설정일자	금액	비고
1	체납처분비		1백만원	
2	B전세	2010.01.01.	30백만원	배분대상
3	C은행	2011.01.01.(설정일자)	10백만원	
4	A세무서	2011.01.25.(법정기일)	10백만원	
합계			51백만원	

☞ 배분할 금액 51백만원에서

① 체납처분비 1백만원을 공제

② 조세채권과 담보채권(배분요구한 전세권포함)은 설정일자와 법정기일을 비교하여, 순차적으로 설정일자가 빠른 B전세에 30백만원을 2순위

③ 그리고 잔여 배분할 금액 20백만원은 C은행과 A세무서를 비교하여 순차적으로 C은행에 10백만, 나머지 10백만원은 A세무서에 배분

예제 10

매각으로 소멸되지 아니하는 전세권자가 배분요구의 종기까지 배분요구를 하지 않는 경우

- 배분할 금액   51백만원
- 체납처분비   1백만원

권리관계

권리관계	권리자	설정일자 (압류일자)	법정기일	배분요구 채권액	비고
압류	A세무서	2007.01.01.	2006.01.25.	10백만원	
전세권	B전세	2005.01.01.		30백만원	배분요구서 제출
근저당권	C은행	2006.01.01.		40백만원	
합계				80백만원	

배분순위 및 금액

순위	성명	압류 또는 설정일자	금액	비고
1	체납처분비		1백만원	
2	C은행	2006.01.01.	40백만원	
3	A세무서	2006.01.25.(설정일자)	10백만원	
X	B전세	2005.01.01.(법정기일)	없음	배분대상 제외
합계			51백만원	

☞ 배분할 금액 51백만원에서

① 체납처분비 1백만원을 공제

② 조세채권과 담보채권은 설정일자와 법정기일을 비교하여, 순차적으로 설정일자가 빠른 C은행에 40백만원을 2순위

③ 그리고 잔여 배분할 금액 10백만원은 A세무서에 배분

④ 배분요구하지 않은 최선순위 전세권자는 배분에서 제외

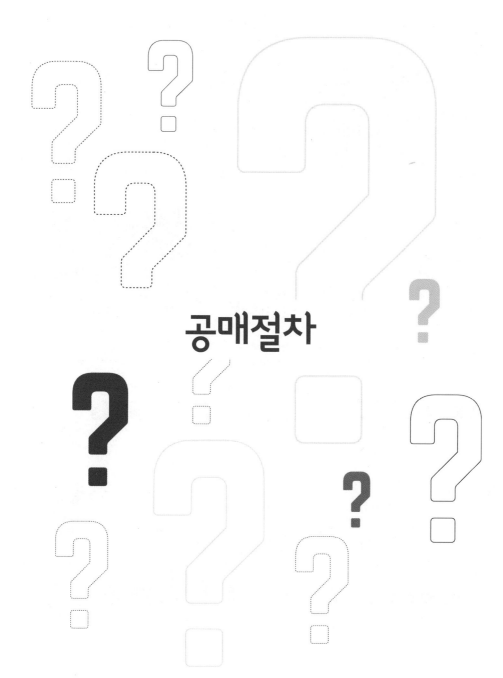

공매절차

1. 회원가입 신청하기

252 공매절차

회원가입

빠짐
없이
기입!

2. 추가 회원가입승인 절차가 필요한 경우

☑ 추가 회원가입 승인절차

/op/mba/memjoin/memberStateSearch.do　경우 : 14세 미만 가입자, 개인사업자, 법인, 단체, 외국인등록번호 미보유 외국인

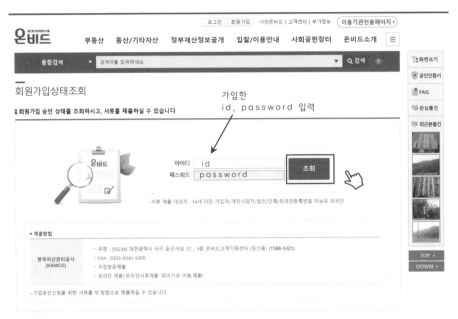

3. 공인인증서 발급(범용 또는 온비드전용)

4. 공인인증서 등록

공매절차   259

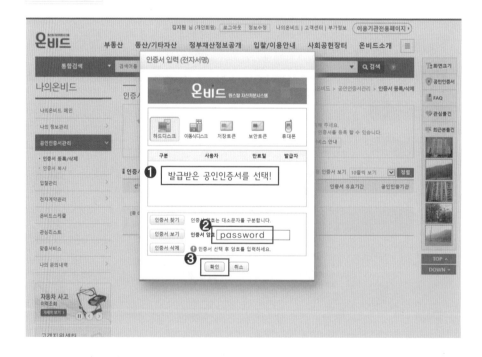

5. 공인인증서 갱신, 재발급

6. 통합검색

264 공매절차

김지원 님 (개인회원) 로그아웃 정보수정 나의온비드 | 고객센터 | 부가정보 이용기관전용페이지 ▶

온비드

부동산 동산/기타자산 정부재산정보공개 입찰/이용안내 사회공헌장터 온비드소개 ☰

통합검색 ▼ 서울 검색어 🔍 검색 ?

🔍 인기검색어 ▶ 자동차 매점 주차장 공매   ☐ 결과내재검색

| 통합검색 | 지도검색 | 입찰물건 | 공고 | 마감된 공고 |
| 입찰결과 | 정부재산정보공개 | 자료실 | FAQ | 게시판 |

🔍 통합검색 (253,429건) / 검색어 '서울' (으)로 검색한 결과입니다.

▶ 입찰물건 (680건)   더보기 +

물건정보	회자/차수	입찰기간	최저입찰가(원) 감정가·최초예정가(원) 최저입찰가율(%)	물건상태 유찰횟수
2016-1000-022183 서울특별시 동작구 노량진동 13-6 기타용도복합건물 [용도복합용건물/기타용도복합건물] [건물 118346㎡] 임대(대부) 일반경쟁	001/001	2016-10-06 14:00 ~ 2016-12-30 18:00	비공개	현장입찰진행중 유찰 0회
2016-1100-029783 서울특별시 강남구 역삼동 701-7 11층 업무시설 [상가용및업무용건물/업무시설] [토지 75.7㎡][건물 1137.63㎡] 매각 일반경쟁	001/001	2016-11-16 18:00 ~ 2016-12-08 16:00	5,551,500,000 5,551,500,000 (100 %)	인터넷입찰진행중 유찰 0회
2016-1100-029789 서울특별시 강남구 역삼동 701-7 12층 업무시설 [상가용및업무용건물/업무시설]	001/001	2016-11-16 18:00 ~	5,326,000,000 5,326,000,000	인터넷입찰진행중

'서울' 키워드로 검색한 결과

김지원 님 (개인회원) 로그아웃 정보수정 나의온비드 | 고객센터 | 부가정보 이용기관전용페이지 ▶

온비드

부동산 ❶동산/기타자산 정부재산정보공개 입찰/이용안내 사회공헌장터 온비드소개 ☰

통합검색 ▼ 자동차 검색어 입력 🔍 검색 ?

🔍 인기검색어 ▶ 자동차 매점 주차장 공매   ❷ ☑ 결과내재검색 🖐

| 통합검색 | 지도검색 | 입찰물건 | 공고 | 마감된 공고 |
| 입찰결과 | 정부재산정보공개 | 자료실 | FAQ | 게시판 |

🔍 통합검색 (253,429건) / 검색어 '서울' (으)로 검색한 결과입니다.

▶ 입찰물건 (680건)   더보기 +

물건정보	회자/차수	입찰기간	최저입찰가(원) 감정가·최초예정가(원) 최저입찰가율(%)	물건상태 유찰횟수
2016-1000-022183 서울특별시 동작구 노량진동 13-6 기타용도복합건물 [용도복합용건물/기타용도복합건물] [건물 118346㎡] 임대(대부) 일반경쟁	001/001	2016-10-06 14:00 ~ 2016-12-30 18:00	비공개	현장입찰진행중 유찰 0회
2016-1100-029783 서울특별시 강남구 역삼동 701-7 11층 업무시설 [상가용및업무용건물/업무시설] [토지 75.7㎡][건물 1137.63㎡] 매각 일반경쟁	001/001	2016-11-16 18:00 ~ 2016-12-08 16:00	5,551,500,000 5,551,500,000 (100 %)	인터넷입찰진행중 유찰 0회
2016-1100-029789 서울특별시 강남구 역삼동 701-7 12층 업무시설 [상가용및업무용건물/업무시설]	001/001	2016-11-16 18:00 ~	5,326,000,000 5,326,000,000	인터넷입찰진행중

7. 용도별 검색

물건 지도

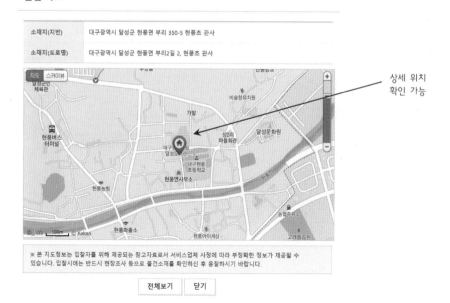

| 소재지(지번) | 대구광역시 달성군 현풍면 부리 350-5 현풍초 관사 |
| 소재지(도로명) | 대구광역시 달성군 현풍면 부리2길 2, 현풍초 관사 |

상세 위치
확인 가능

※ 본 지도정보는 입찰자를 위해 제공되는 참고자료로서 서비스업체 사정에 따라 부정확한 정보가 제공될 수 있습니다. 입찰시에는 반드시 현장조사 등으로 물건소재를 확인하신 후 응찰하시기 바랍니다.

전체보기   닫기

B. 지역별 검색

- 캠코 압류재산 전용관
- 캠코 수탁유입자산 전용관
- 수의계약가능물건

공고   >

테마물건

입찰결과   >

온비드
이용기관 회원
이용수수료 안내
자세히 보기 ▶   ∥ ◀ ▶

고객지원센터
1588-5321 ❗
(해외)82-2-3480-0401)
평일 09:00~18:00

🖥 고객원격지원 서비스

🛡 스파이웨어 무료진단/치료

☐	물건정보	입찰기간	최저입찰가(원) 감정가-최초예정가(원) 최저입찰가율(%)	물건상태 유찰횟수	조회수	공고/상세
캠코 부동산 [지도보기]	**2016-13351-002** **경상남도 남해군 고현면 갈 화리 47** [토지 / 답] [토지 899㎡] 매각 일반경쟁	남은시간 : 2일3시간 2016-12-05 10:00 ~ 2016-12-07 17:00	47,647,000 47,647,000 (100%)	인터넷입찰 진행중 유찰 0 회	642	공고이동 상세이동

[총 1 건]

9. 원클릭 검색

270 공매절차

10. 신규물건 검색

11. 테마물건 검색

12. 관심지역 설정

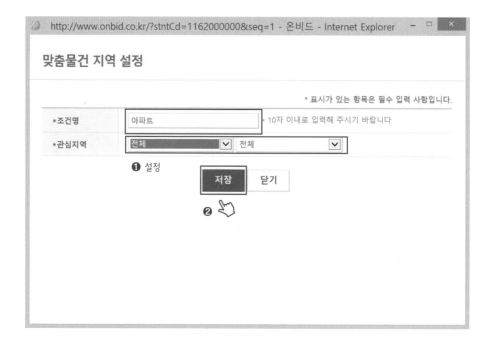

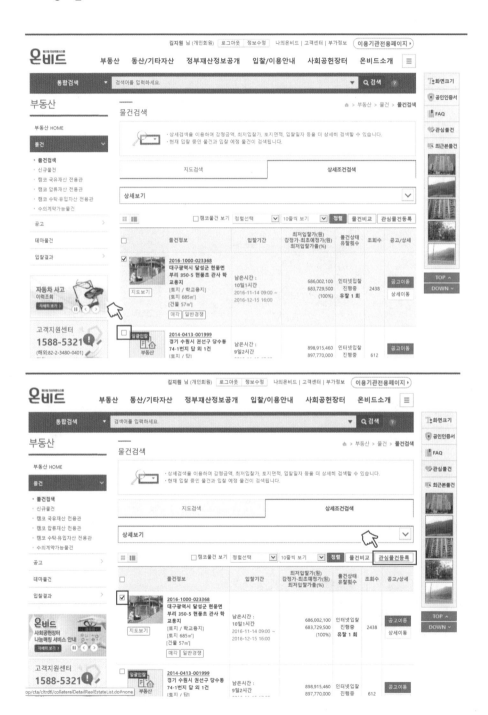

13. 관심물건 등록하기-물건세부정보에서 등록하기

14. 관심물건 확인하기

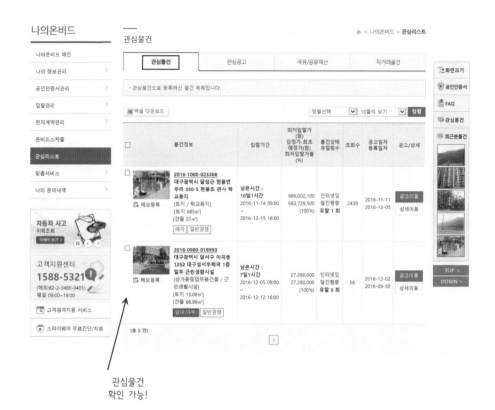

관심물건
확인 가능!

15. 물건비교하기

물건비교 정보
확인 가능!

16. 입찰하기

나의 문의내역 >

온비드
사회공헌장터
나눔매칭 서비스 안내
자세히보기 ⟩

고객지원센터
1588-5321
(해외)82-2-3480-0401)
평일 09:00~18:00

📠 고객원격지원 서비스

👁 스파이웨어 무료진단/치료

▌입찰금액 및 보증금 납부 방식 선택

입찰방법	☑ 본인입찰 ☐ 대리입찰(서류제출방식) ☐ 공동입찰 ○ 전자서명방식 ○ 서류제출방식
최저입찰가	19,338,000원
입찰금액	[20,000,000] 원 (금 이천만원) · 입력하신 금액은 최저입찰가의 103.42%입니다. [🖩 보증금계산]
보증금액	· 보증금액은 '최저입찰가x입찰보증금율(최저입찰금액의 10%)' 로 계산됩니다. [1,933,800] 원 (금 일백구십삼만삼천팔백원) [🖩 납부총액확인]
납부총액	**1,933,800원** (금 일백구십삼만삼천팔백원) ← 자동계산 결과! · 입찰을 위해 납부하실 보증금총액입니다
보증금 납부방식	◉ 현금 ○ 전자보증서 [선택 ▼]
보증금 납부계좌 은행선택 ❓	🔵신한은행 BNK 부산은행 🔴우리은행 ㅎ하나은행
환불계좌 ❓	[선택 ▼] [🖩 환불계좌추가]
잔대금 납부계좌 은행선택 ❓	🔵신한은행 ㅎ하나은행
매각결정통지서/ 잔대금영수증 수령방법	◉ 전자송달(온비드 직접 교부) ○ 현장수령

화면크기
공인인증서
FAQ
관심물건
최근본물건
TOP ▲
DOWN ▼

▌주의사항

· 주의사항을 꼭 모두 읽어보시고 진행해 주시기 바랍니다.   [전문보기]

● 보증금 납부계좌 발급은행관련 주의사항 발급받은 납부계좌로 입찰보증금 납부가 불가능한 경우 은행별로 1회에 한해 타 은행의 입찰보증금 납부계좌 추가 발급 가능합니다. 10억 이상의 입찰보증금을 타행으로 지준이체 시 이체가 지연될 수 있으니 입찰마감 전까지 발급받은 납부계좌로 입금완료될 수 있도록 주의가 필요합니다.

📠 고객원격지원 서비스

👁 스파이웨어 무료진단/치료

납부총액	**1,933,800원** (금 일백구십삼만삼천팔백원) · 입찰을 위해 납부하실 보증금총액입니다
보증금 납부방식	◉ 현금 ○ 전자보증서 [선택 ▼]
보증금 납부계좌 은행선택 ❓	🔵신한은행 BNK 부산은행 🔴우리은행 ㅎ하나은행
환불계좌 ❓	[선택 ▼] [🖩 환불계좌추가]
잔대금 납부계좌 은행선택 ❓	🔵신한은행 ㅎ하나은행
매각결정통지서/ 잔대금영수증 수령방법	◉ 전자송달(온비드 직접 교부) ○ 현장수령

화면크기
공인인증서
FAQ
관심물건
최근본물건
TOP ▲
DOWN ▼

▌주의사항

· 주의사항을 꼭 모두 읽어보시고 진행해 주시기 바랍니다.   [전문보기]

● 보증금 납부계좌 발급은행관련 주의사항 발급받은 납부계좌로 입찰보증금 납부가 불가능한 경우 은행별로 1회에 한해 타 은행의 입찰보증금 납부계좌 추가 발급 가능합니다. 10억 이상의 입찰보증금을 타행으로 지준이체 시 이체가 지연될 수 있으니 입찰마감 전까지 발급받은 납부계좌로 입금완료될 수 있도록 주의가 필요합니다.

● 환불계좌 주의사항 입찰참가 후 낙찰 받지 못한 경우(유찰 혹은 취소) 납부한 입찰보증금을 등록하신 환불계좌로 돌려드립니다. 환불 시 보증금 입금 은행과 환불 은행이 일치하지 않을 경우 은행에 부과하는 타행이체수수료가 발생할 수 있습니다. 이 경우 이체수수료를 제외한 금액이 입금됩니다. 입찰보증금이 10억 이상인 경우, 입금은행과 환불은행이 다르면 은행간 계좌이체 한도 제한으로 환불처리가 안될 수 있으니 가급적 환불계좌는 입금은행의 계좌와 동일하게 사용하기를 권장드립니다 환불계좌는 입찰보증금이 자동 인출되는 계좌가 아닙니다. 환불계좌는 정정/변경이 불가하며, 계좌번호 착오로 인한 책임은 입찰자 부담입니다. 선택하신 환불계좌가 정상적인 거래가 가능한지 여부를 확인해 주십시오.

● 입찰보증금납부 관련 안내주의사항 입찰마감일(시)까지 입찰보증금을 납부하지 않는 경우 제출된 입찰서는 무효 처리됩니다. (입찰참가수수료가 있는 경우 수수료 포함) 천만원을 초과하지 않는 입찰보증금은 분할납부가 불가능하므로 반드시 입찰 참가한 물건에 보증금 납부 계좌번호로 납부할 금액을 한 번에 입금하여야 합니다. 입찰보증금 납부계좌번호 착오 및 이중입금에 의한 책임은 입찰자에게 있습니다. 입찰보증금 납부계좌를 추가 발급받을 경우에는 다음 사항을 주의하여 주시기 바랍니다.

올려드립니다. 환불 시 보증금 입금 은행과 환불 은행이 일치하지 않을 경우 은행에서 부과하는 타행이체수수료가 발생할 수 있습니다. 이 경우 이체수수료를 제외한 금액이 입금됩니다. 입찰보증금이 10억 이상인 경우, 입금은행과 환불은행이 다르면 은행간 계좌이체 한도 제한으로 환불처리가 안될 수 있으니 가급적 환불계좌는 입금은행의 계좌와 동일하게 사용하기를 권장드립니다. 환불계좌는 입찰보증금이 자동 인출되는 계좌가 아닙니다. 환불계좌는 정정/변경이 불가하며, 계좌번호 착오로 인한 책임은 입찰자 부담입니다. 선택하신 환불계좌가 정상적인 거래가 가능한지 여부를 확인해 주십시오.

● 입찰보증금납부 관련 안내주의사항 입찰마감일시까지 입찰보증금을 납부하지 않는 경우 제출된 입찰서는 무효 처리됩니다. (입찰참가수수료가 있는 경우 수수료 포함) 천만원을 초과하지 않는 입찰보증금은 분할납부가 불가하므로 반드시 입찰 참가하신 물건에 보증금 납부 계좌번호로 납부할 금액을 한 번에 입금하셔야 합니다. 입찰보증금 납부계좌번호 착오 및 이중입금에 의한 책임은 입찰자에게 있습니다. 입찰보증금 납부계좌를 추가 발급받으실 경우에는 다음 사항을 주의하여 주시기 바랍니다.

① 입찰보증금 납부계좌 발급은행 장애 등으로 인하여 입찰서 제출시 발급받은 입찰보증금 납부계좌로 입찰보증금 납부가 불가능한 경우 다른 은행의 입찰보증금 납부계좌를 추가 발급받으실 수 있습니다.
② 이 경우 입찰서를 다시 제출하는 것이 아니고 기존 제출된 입찰서의 입찰보증금 납부계좌만을 추가 발급 받는 것으로 입찰조건은 동일합니다.
③ 입찰보증금 납부계좌를 추가 발급받은 경우에는 하나의 계좌로만 입찰보증금을 납부하시면 됩니다.
④ 추가 납부계좌를 발급 받은 경우 먼저 입금하신 금액 중 참가수수료를 제외한 금액이 입찰서상의 입찰보증금이 되며, 먼저 입금된 금액만 납부하신 금액으로 표시됩니다.
⑤ 입찰자의 착오로 입찰보증금을 중복 납부한 경우에는 나중 입금하신 금액은 입찰취소 또는 집행완료 후 입찰서 제출시 지정하신 환불계좌로 환불처리 됩니다.

● 참가수수료 안내 참가수수료는 공고집행기관이 부과하는 수수료이며 유찰 시에도 환불되지 않습니다. 보증금 납부계좌로 입금하신 금액 중 참가수수료를 제외한 금액이 입찰서상의 보증금이 됩니다. 전자보증서로 납부된 입찰보증금은 보험가입금액으로, 향후 낙찰 받은 입찰자가 계약 미체결 시 피보험사(입찰집행기관)가 발급기관 (서울보증보험)에 청구할 보험금의 범위는 보험가입금액을 한도로 하여「입찰참가자준수규칙」이 정하는 바에 따릅니다.

☑ 각 항목의 모든 주의사항을 숙지하였으며, 입찰서를 최종 제출하는 것에 동의합니다.

취소   입찰서 제출

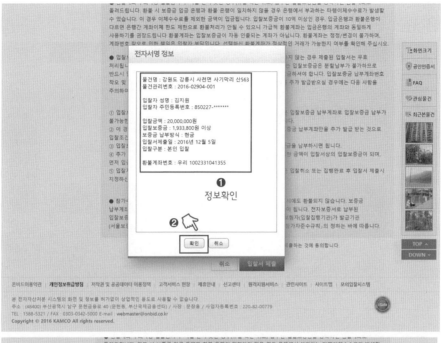

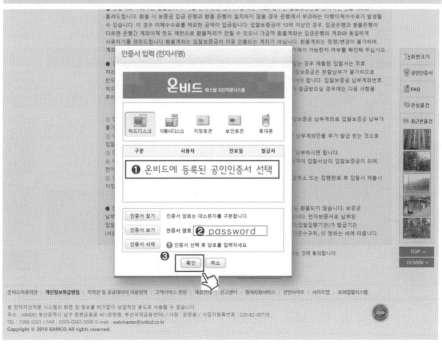

17. 입찰결과 확인

감수

박찬종 법무법인 유담 대표변호사
임정혁 법무법인 산우 대표변호사
장영철 전 한국자산관리공사(KAMCO) 사장

저자

김찬우 전 법무법인 성우 대표변호사
이택준 변호사
김지원 변호사

나만 따라오면 부자되는 공매

초판발행   2017년 9월 10일
초판4쇄발행   2023년 3월 30일

지은이   김찬우·이택준·김지원
펴낸이   안종만·안상준

편 집   전채린
기획/마케팅   임재무
표지디자인   조아라
제 작   고철민·조영환

펴낸곳   (주)**박영사**
               서울특별시 금천구 가산디지털2로 53, 210호(가산동, 한라시그마밸리)
               등록 1959. 3. 11. 제300-1959-1호(倫)
전 화   02)733-6771
f a x   02)736-4818
e-mail   pys@pybook.co.kr
homepage   www.pybook.co.kr
ISBN   979-11-303-2965-9 03360

copyright©김찬우·이택준·김지원, 2017, Printed in Korea

정 가   24,000원